中國學術思想 研究輯刊

三二編

林慶彰 主編

第 **19** 冊

「理」與「上帝」之間：
朱熹與丁若鏞「道心人心論」之比較研究

金 玟 著

花木蘭文化事業有限公司

國家圖書館出版品預行編目資料

「理」與「上帝」之間：朱熹與丁若鏞「道心人心論」之比較
研究／金玟 著 -- 初版 -- 新北市：花木蘭文化事業有限公司，
2020〔民 109〕
目 4+222 面；19×26 公分
（中國學術思想研究輯刊 三二編；第 19 冊）
ISBN 978-986-518-291-5（精裝）
1.（宋）朱熹 2. 丁若鏞 3. 學術思想 4. 研究考訂
030.8   109011254

ISBN-978-986-518-291-5

9 789865 182915

中國學術思想研究輯刊
三二編　第十九冊　　　　　　　ISBN：978-986-518-291-5

「理」與「上帝」之間：
朱熹與丁若鏞「道心人心論」之比較研究

作　　者　金玟
主　　編　林慶彰
總 編 輯　杜潔祥
副總編輯　楊嘉樂
編　　輯　許郁翎、張雅淋　美術編輯　陳逸婷
出　　版　花木蘭文化事業有限公司
發 行 人　高小娟
聯絡地址　235 新北市中和區中安街七二號十三樓
　　　　　電話：02-2923-1455／傳真：02-2923-1452
網　　址　http://www.huamulan.tw 信箱 hml810518@gmail.com
印　　刷　普羅文化出版廣告事業
封面設計　劉開工作室
初　　版　2020 年 9 月
全書字數　228045 字
定　　價　三二編 24 冊（精裝）新台幣 60,000 元　　版權所有·請勿翻印

「理」與「上帝」之間：
朱熹與丁若鏞「道心人心論」之比較研究

金玟　著

作者簡介

金玟，韓國首爾人。建國大學哲學系／國文系雙學士，國立台灣大學哲學研究所碩士，國立臺灣大學哲學研究所博士，成均館大學東洋哲學系 Brain Korea 21PLUS 事業團博士後研究員。現職：韓國學中央研究院太學士課程生（Postdoctoral Researcher）。主要研究方向：中國哲學、韓國哲學、中韓哲學比較、中西哲學比較。

提　要

　　本文透過朱熹與丁若鏞的「道心人心論」進行比較研究，並聚焦於兩者對「道心」的問題意識，以此考察「道心」概念哲學含義的變化與差異。在此問題意識下，本文一方面從程頤與呂大臨關於「中」與「未發已發」之辯論開始，接續討論朱熹中和舊說與新說的理論發展，深入探討朱熹對「道心人心」論的理論含義。另一方面，首先從歷史觀點來考察身為信西派的丁若鏞與天主教的關係；再者從與天主教理論的類似性切入，討論丁若鏞對「上帝」的觀點，深入探討丁若鏞對「道心人心」論的理論含義。本文比較朱熹與丁若鏞對「道心」的觀點，提出（1）朱熹的「道心」是必須先透過「知覺」之後才形成的道德意識，實際上不會賦予「道心」本體的涵義；（2）丁若鏞的「道心」等同於「靈明」、「天命之性」為代表的本體，而「上帝」是這些本體義所根據的終極本體。最後，本文基於以上的論述，延伸探討朱熹與丁若鏞的本體論與工夫論之比較。

第一章　緒　論

第一節　研究背景與動機

　　無論在歷史上或在學術思想的發展上，中國宋明儒學與朝鮮儒學（亦稱「朝鮮性理學」〔註1〕）存在密切的關係，這是無庸置疑的。近代化（modernization）〔註2〕以後，在韓國所進行的朝鮮儒學研究，大部分也是以朱熹哲學為中心，這反映著韓國人想到「儒家」中不能忽視「朱子」內涵的影響力。有關朱子學與朝鮮性理學的關係，林月惠指出：

> 在東亞儒學的發展中，不論中國的宋（960～1276）、元（1277～1367）、明（1368～1643）、清（1644～1911），或是韓國朝鮮時代（1392～1910），乃至日本德川時代（1603～1868），發源於中國的宋明新儒學（Neo-Confucianism）對於韓國與日本的儒學都產生深遠的影響，此乃儒學的第二期發展，成為東亞文明的共同體現，也是漢字文化

〔註1〕關於所謂「性理學」，林月惠在《異曲同調──朱子學與朝鮮性理學》〈導論　朱子學與朝鮮性理學的開展〉詳細論述對「性理學」此名稱的定義：「故在朝鮮儒者的思維裏，『道學』、『程朱學』、『性理學』雖有名言之不同，但實際上都是環繞朱子思想而展開的儒學思想。尤其為彰顯朝鮮時代儒者對朱子學吸收的哲學性高度，本書對於朝鮮時代探究朱子學的儒者思想，就以『朝鮮性理學』指稱之。而在儒學的性格上，朝鮮性理學特別指稱朝鮮儒者所理解與詮釋的程朱學（朱子學），它與朝鮮後期遂漸發展的陽明學、實學有明顯的區隔。」參見氏著：《異曲同調──朱子學與朝鮮性理學》（臺北：臺大出版中心，2010年），頁6～7。本文所使用的「朝鮮性理學」，是指在朝鮮時代圍繞著程朱而所進行的學術，以下一律同稱「朝鮮性理學」。

〔註2〕本文所謂的「近代化」是指就一般而言，在西方列強的主導下所進行的西化。

圈的共同思想資源。值得注意的是，宋明新儒學往韓、日傳播的過程中，朱熹（號晦菴，1130～1200）思想舉足輕重，甚至在朝鮮時代取得正統（orthodoxy）的地位，獨樹一幟，經五百餘年的講習論辯，內化為具有韓國主體性與特色的性理學。因此，就東亞儒學研究而言，朱子學與朝鮮性理學密切相關，朝鮮性理學正是紮根於朱子學所生長出來的豐碩果實，值得關注。〔註3〕

正如林月惠所指出，對所謂的「東亞儒學」這個學術領域而言，不僅在韓國，在漢字文化圈國家的儒學傳統上朱熹哲學早已「取得正統」〔註4〕，而這樣的特色，就淋漓盡致地體現在朝鮮性理學。朝鮮性理學基本上是以朱熹哲學作為判準，因此在朱熹哲學中多種概念範疇以及圍繞著那些概念範疇而形成的理論架構，在朝鮮性理學中幾乎也成為重要哲學理論。例如，朱熹哲學中的「道心人心論」，因明代羅欽順（號整菴，1465～1547）的批評與修正而崛起之後，朝鮮性理學接著批評羅欽順的「道心人心論」並提出意見，且以此為主要內容而進行討論，特別是集中於以李滉（號退溪，1501～1570）與李珥（號栗谷，1536～1584）為首的十六世紀朝鮮性理學界〔註5〕。

〔註3〕林月惠：《異曲同調——朱子學與朝鮮性理學》，頁1。

〔註4〕黃俊傑也指出：「朱子學是東亞近世儒學史上最重要的里程碑。朱子既將漢唐諸儒及北宋諸老先生的學問融於一爐而治之，又為此後東亞儒者建立新典範。自十三世紀以後，東亞各國儒者可以闡朱、諍朱，可以反朱、批朱，但絕不能繞過朱子而建立學問體系。」參見氏著：〈黃序〉，收入蔡振豐：《朝鮮儒者丁若鏞的四書學：以東亞為視野的討論》（臺北：臺大出版中心，2010年），頁ii。

〔註5〕關於這一點，林月惠指出：「雖然朱子對『道心人心』的界定與看法，極具哲學理論的深度，也曾引起宋代陸象山（名九淵，1139～1192）、明代王陽明（名守仁，1472～1529），乃至晚明劉蕺山（名宗周，1578～1645）的討論，但並未成為重要的哲學論辯。倒是明代朱子學者羅整菴（名欽順，1465～1547），特別關注朱子的理氣論與心性論，主張『理氣為一物』，強調『心性之辨』。其中，其『心性之辨』就是建立在『人心道心』的區分上。羅整菴以『道心』為『性』，以『人心』為『情』，來詮釋朱子的『人心道心』說。此說一出，在明代中葉並未引起熱烈的討論與迴響，但卻在朝鮮時代的性理學者中引發激烈的辯論。換言之，『人心道心』成為一個主要的哲學論題與論辯，乃由朱子啟其端，羅整菴修正之，朝鮮性理學者激辯之，影響朝鮮性理學甚深。因而，深入探討羅整菴的『人心道心』說，既可看出羅整菴對朱子心性論的繼承與修正，也可以為理解朝鮮性理學提供一把鎖鑰，藉以展現朱子學多元的面貌。」參見氏著：〈第四章 羅整菴的「人心道心」說〉，《異曲同調——朱子學與朝鮮性理學》，頁193～194。

　　由此可見，從歷史發展的觀點來看，朱熹哲學與朝鮮性理學之間的研究方向呈現大體一致；然而，這未必是指兩者所著眼的重點以及其詮釋是同一的。尤其，關於當代「道心人心論」的研究趨勢方面，目前中韓學界的反應也有所不同。簡言之，在港臺與中國大陸研究朱熹哲學的學者，比較少關注「道心人心論」，主要是將此附屬於心性論以及工夫論中的一部分，並未視之為獨立專題論述；相較於此，對在韓國研究朝鮮性理學的學者而言，「道心人心論」如「四端七情論」一般，已取得一種獨立理論的地位，不斷受到關注。不過，在此現象中也可以發現一種研究偏向。即從明代學者羅欽順的思想傳到朝鮮之後起受到矚目的「道心人心論」研究範圍可說稍受局限。通常朝鮮時代的「道心人心論」研究，其研究內容主要論及李滉與李珥哲學之間的比較，或者是李珥與成渾（號牛溪，1535〜1598）之間的書信來往〔註6〕。由此可見，對朝鮮性理學研究而言，關於「道心人心論」的研究時期與人物，大多限於特定的範圍；尤其，針對朝鮮後期的儒學研究，若說「道心人心論」研究已銷聲匿跡也不為過〔註7〕。

〔註6〕關於十六世紀朝鮮性理學界中所展開的「道心人心」之爭論，林月惠簡明扼要地整理出：「事實上，在李退溪與奇高峰展開四端與七情的論辯期間（1559〜1566），盧蘇齋與李一齋也展開『人心道心』論辯。此論辯從盧蘇齋於嘉靖38年（朝鮮明宗14年，1559）全盤接受羅整菴『人心道心』說，發表〈人心道心辨〉揭開序幕，隨後引起性理學者譁然。同年金河西即批評羅整菴『人心道心』說之失，隨後李一齋乃於1561〜1563年間三次致書盧蘇齋，嚴厲批判羅整菴之說。而李退溪、奇高峰雖然在『四七之辯』上針鋒相對，但對於羅整菴學說的批判，兩人的立場卻是一致的。至於李栗谷雖然不贊同羅整菴的『人心道心』說，但其批判較為溫和。要言之，十六世紀的朝鮮性理學者，針對羅整菴『人心道心』說，除盧蘇齋全面肯定外，金河西、李一齋、李退溪與奇高峰等諸儒，皆駁斥羅整菴之說，而李栗谷則是採取批判地繼承態度。嗣後，成牛溪（名渾，1535〜1598）、李栗谷將『四端七情』與『人心道心』綰合而進行論辯，『人心道心』說才成為一個主要的哲學論爭，與『四七之辯』一樣，辨析入微，影響朝鮮性理學甚深。」參見氏著：〈第五章 十六世紀朝鮮性理學者對羅整菴「人心道心」說的迴響與批判〉，《異曲同調──朱子學與朝鮮性理學》，頁240。

〔註7〕權仁浩在〈人心道心論爭〉中探討朝鮮後期的人心道心論，他以許筠（號蛟山，1569〜1618）、尹鑴（號白湖，1617〜1680）、李玄逸（號葛庵，1627〜1704）作為討論的對象。但此三位儒者處在從朝鮮中期移到朝鮮後期（一般而言，將1623年仁祖政變以後視為朝鮮後期）初的交會時期，與1762年（丁若鏞出生年）時間上的距離比較遠，加上許筠是著名文學家，因此以此三者的論述作為朝鮮後期的「道心人心論」的代表人物，仍然有所不當。雖然權仁浩所提的三位儒者，都對「道心人心」提出與前人不同的解釋，但從內容及範圍來看，他

在上述所提的韓國儒學研究脈絡下，丁若鏞（號茶山，1762～1836）所論的「道心人心」，相較於丁若鏞的其他學說，未受到太多關注。在朝鮮後期，從程朱學之教條化開始浮現反朱子學的學術傾向，因此丁若鏞通常被認為這樣現象的先鋒者。不過，韓國學術界對此仍有不少分歧，較早的丁若鏞研究以「實學」為框架，其結論偏向於反朱子學；後來漸漸地出現反思這樣的研究傾向，如同將丁若鏞哲學視為朱子學的一種發展，或是反省丁若鏞是否有誤讀朱子學的可能性〔註8〕。然而，圍繞著丁若鏞哲學的「贊朱」或「反

們的「道心人心論」不像李滉、李珥那樣成為他們哲學架構中的重要論點。權仁浩也在結論指出：「一般而言，朝鮮時代人心道心爭論的研究，學界主要以李滉與李珥的比較為主，或者是針對李珥與成渾之間的書信討論而提出問題。」參見氏著：〈인심도심 논쟁：도덕심과 욕망 그리고 하늘의 도리는 같은가 다른가〉〔人心道心爭論：道德心與欲望及天道是相同還是不同〕，收入韓國哲學思想研究會編著：《논쟁으로 보는 한국철학》〔從論爭來看的韓國哲學〕（首爾：禮文書院，1998年），頁202。

〔註8〕在韓國歷史上「實學」是具有特殊意義。在中國，實學這個名稱從北宋開始出現，其內涵原來是指不同於老佛之「虛無寂滅之教」的「實體達用之學」；但在韓國，實學是指18世紀前後浮現的學術傾向，其主要意義在於對立過於思辨化、形而上化的朱子學，而強調重視現實情境。從此可見，朝鮮實學基本上蘊含著反朱子學的傾向；除此之外，韓國於1945年獨立之後，韓國歷史界為了克服殖民地近代化論而尋找在朝鮮內部的近代化要素，此時通常將實學視為自主獨立以及經世致用的學術思想。這兩大因素使丁若鏞哲學更凸顯出反抗朱子學的學風，而甚至投射於各種學術觀點，表面上看來丁若鏞哲學似乎優於朱子學的地步。在2001年5月所刊行的《茶山學》第2號，收錄琴章泰、成泰鏞、劉權鐘、柳初夏、李俸珪、張承熙、丁淳佑、崔英辰、韓亨祚（主持人）等九位韓國儒學研究者進行座談會的記錄，名為〈茶山、西學及朱子學〉。這篇記錄除了從上帝概念、靈魂不滅等的角度討論西學對丁若鏞哲學的影響之外，也深入地探討丁若鏞對朱子哲學的觀點以及其繼承與否，而從此開始出現比較均衡一點的觀點。座談會第一發言者琴章泰指出，丁若鏞在根源上動搖朱熹哲學的世界觀（陰陽五行的自然觀及理氣論的心性論）是堅定不移的事實；但即使如此，單純地強調丁若鏞對朱子的批判而將他界定為反朱子學的學者，反而是有問題的，仍需要注意丁若鏞繼承朱子學的要素。丁淳佑指出，在丁若鏞對性理學所做的解釋中，從某種層面上確實是有不太清楚的部分，需要梳理。韓亨祚同意丁淳佑的見解而接著發言，以往研究者僅僅是根據丁若鏞的主張而理解朱子學；朱子學的真正意義反而稍微被忽略，而成泰鏞也支持韓亨祚的主張。由此可見，研究丁若鏞哲學的學者逐漸脫離所謂「實學」的框架所帶來的政治性、歷史性涵義，而從哲學的角度來衡量丁、朱兩者之間的關係，如同韓亨祚的說：「出現了暫時脫離實學觀點而試圖均衡地看朱子學的兩面性傾向。」參見茶山學術文化財團編：〈다산，주자학 그리고 서학〉〔茶山、西學及朱子學〕，《茶山學》第2號（2001年5月），頁210～274。

朱」成分所引起的討論中，「道心人心論」之所以看起來似乎離開這些爭論，是因為「道心人心論」已成為朱熹與丁若鏞哲學之間有著高度相關性的判準〔註9〕。即「道心人心」通常是與「天理人欲」並行討論，在這樣的脈絡下，「道心」等於「天理」，即是本體〔註10〕，「人心」即是人欲；就此而言，無

〔註9〕 這可以說是韓國與中文學界都共有的看法，例如韓國學者李光虎說：「茶山雖然站在否定性理學世界觀與人間觀的立場，但對以人心道心說為中心的道德論而言，茶山卻極為贊成做為批判對象的朱熹所寫的〈中庸章句序〉。茶山甚至說：『朱子之為吾道中興之祖者，亦非他故，其作中庸之序，能發明此理故也。』那麼茶山正好全盤否定朱子性理學世界觀，但對形成道德論核心的人心道心說而言，卻忠實地遵從朱子之說，甚至積極地支持是為何？」參見氏著：〈퇴계이황의 심학적 이학이 다산 정약용의 도덕론 형성에 미친 영향〉〔退溪李滉的心學式理學對茶山丁若鏞的道德論之形成所給的影響〕，《韓國實學研究》12卷（2006年），頁23。臺灣學者蔡振豐比較日本古學派與丁若鏞的朱子學研究方向時，針對丁若鏞的研究方向指出：「但丁若鏞對朱熹猶有崇敬之意，其對四書價值的衡量、對『人心／道心』的理解，基本上與朱熹的構想並沒有太大的不同。因為在根本上肯定《中庸》與《大學》在四書中的重要地位，及闡發朱熹『人心惟危，道心惟微』的意蘊，因此丁若鏞的四書學似乎不能歸於『反朱子學』的陣營中，而只可視為是『後朱子學』的代表。」參見氏著：《朝鮮儒者丁若鏞的四書學：以東亞為視野的討論》，頁312。

〔註10〕 在本文所說的「本體」，基本上是根據張岱年在〈中國元學之基本傾向──「本根」概念之解析〉一文所提的「本根」而論述的。張岱年說：「今所謂本體，古謂之『本根』或『元』。」，而他在此所指出的「本根」之先秦文獻是《莊子》〈知北遊〉：「惛然若亡而存，油然不形而神，萬物畜而不知。此之謂本根，可以觀於天矣。」，這亦可相通於《莊子》〈大宗師〉中所看到的「自本自根」：「夫道……自本自根，未有天地，自古以固存；……」。張岱年對「本根」進行分析而提出「本根」的特徵及從此延伸談『『本根』界說中之所含」：「不生或無待」、「不化或常住」、「無形或形而上」，由這些含義可見，在中國傳統思想中意味著「（自）本（自）根」的「本體」，是不依靠任何存在而永恆不變地獨存的最高、最後實在，而筆者所謂的「本體」之意也不例外。（以上關於「本根」的詳細解釋，參見張岱年：〈中國元學之基本傾向──「本根」概念之解析〉，收錄於《張岱年全集》第一卷，石家莊：河北人民出版社，1996年，頁167～171。）在此值得注意的是，以上基於「本跟」之意的中國哲學之「本體」，無法將西方哲學中所說的「實體」等同起來。其最大的差異就在於，中國哲學的「本體」不僅僅是『是怎樣（to be）』，也必須是蘊含著「應該怎樣（ought to be）」的價值面向。尤其是宋明儒學所說的「本體」，實際上是以「性善」為代表的道德價值本身，也是指已提升到形而上的道德價值，這就是本文所說的「價值本體」之意。這亦意味著，中國哲學所說的「本體」，超越地存在於萬物之外，但卻同時包含萬物且存在於其萬物之內。而正因如此，中國哲學的「本體」與西方哲學溝通之際必須要面對「格義」（matching concepts）問題。自陳榮捷將「substance and function」解釋為「體用」以來（Wing-Tsit Chan.

A Source Book in Chinese Philosophy. Princeton: Princeton University Press. 1963. p.791.），中國哲學的「本體」通常被詮釋為「substance」；然而，將馮友蘭的《新原道》做英譯的休士（E.R.Hughes）早已指出在中國哲學沒有相應於「substance」的詞語（Fung Yu-Lan. *The Spirit of Chinese Philosophy*. Translated and Edited with an Introduction By E.R. Hughes. Boston: Beacon Press, 1962. p.188）；馬克漢姆（John Makeham）也說現在對「體」習用的「substance」不合於新儒家思想的存有論式過程（"Introduction." In John Makeham（ed.）, *Dao Companion to Neo Confucianism*. Dordrecht: Springer, p.xv.）。方嵐生（Franklin Perkins）是從兩點指出在以「體」為「substance」時被誤導的可能：第一、同一事物的「體」與「用」之意是取決於文脈而變；第二、終極之「體」是永遠不會被個體化，而它是像「空」、「氣」、「理」那樣所有存在都共有的。因此方嵐生認為意味著「根（root）」之「*benti*（本體）」更明確地凸顯出新儒家思想，提出以此可代替「substance」之可能。（"Metaphysics in Chinese Philosophy". In *Stanford Encyclopedia of Philosophy*. https://plato.stanford.edu/entries/ chinese-metaphysics/）以上他們的看法基本上都認識到中國哲學的「本體」不同於西方哲學所使用的「實體」，因為針對基於實體與現象的截然二分的西方哲學的「substance」而言，唯有「實體」為真實，其經驗現象為虛假，如此的「substance」與中國哲學的本體根本無法相適合。不過在此筆者想要指出，在程朱理學中可發現的本體與現象之區分傾向，並非等於是將經驗現象視為虛假，正如張岱年所說，中國哲學的本體與現象都是屬於真實（張岱年：《中國哲學大綱》，收錄於《張岱年全集》第二卷，頁 42〜43）；筆者對此更加補充說明：在中國哲學體系中，本體與現象確實是屬於真實，然而兩者之間仍有其道德價值層面上的優劣之別，這就是在程朱理學中凸顯出的本體與現象之區分傾向的意義。回到「本體」的格義問題，對於最後方嵐生所提出的「*benti*」之使用，筆者之所以有所保留，是因為直接音譯並不是解決問題，恐怕導致放棄或避免中國與西方哲學之間的溝通。接著，除了「substance」之外，將中國哲學的「本體」也被詮釋為「ontology」，例如陳來的代表著作《仁學本體論》的「仁本體」英譯為「benevolence ontology」。然而陳來也曾說過：「學者早就指出，中國哲學自己的本體論不同於西方哲學的存有論，中國哲學所說的本體亦不同於西方哲學所說的『ontology』裡面的 onto。」（陳來：〈緒言〉，《仁學本體論》，北京：生活・讀書・新知三聯書店，2014 年，頁 12〜13。）再加上，本體論是研究本體的學問，若研究存在一般的「ontology」來翻譯為「本體論」，其範圍實在太大，本文認為翻譯為「存有論」、「存在論」更適合。總言之，以「ontology」翻譯為「本體」與「本體論」雖然是現在學界的大致傾向，但這也不是沒有問題的。為了盡量避開以上的問題，筆者當初寫博士學位論文的英文摘要時，將「本體」翻譯為「noumenal ontology」、「ultimate ontology」；之後筆者選「noumenon」來英譯中國哲學的「本體」，是因為素來從李澤厚所主張的「由認識論到倫理學」以及李明輝所指出的「物自身是一個倫理學的概念」得到啟發的緣故。（李澤厚：〈（五） 由認識論到倫理學〉，《批判哲學的批判——康德述評》，臺北：三民書局，1996 年，頁 288~293；李明輝：〈再論孟子的自律倫理學〉，《儒家與康德》（增訂版），臺北：聯經出版社，2018 年，頁 84。關於物自身的價值面向更詳細的說明，請

論是韓國或中文學界，皆認為朱熹與丁若鏞的「道心人心論」幾乎沒有差別。至於朱熹與丁若鏞「道心人心論」的個別研究，其研究傾向也實在相似，重點主要聚焦於「人心」與人欲之區分；相較於「人心」，「道心」並未受到太多關注，這是因為依一般的理解，兩者都以「道心」為「天理」本體。

然而，本文卻認為朱熹與丁若鏞「道心人心」的理解仍存有差異。尤其，其重要差異在於兩者對「道心」的觀點，這即是本文將指出的重點。本文認為，朱熹不會賦予「道心」本體的涵義，對他而言「道心」是先必須透過「知覺」〔註11〕之後才形成的道德意識。此時，對「道心」的形成有決定性作用的「知覺」，不僅是從感官而發的一切認知活動，也是指與一般血氣不同的「虛靈知覺」。朱熹對「知覺」所提的「虛靈」或「神明」是屬於心，而與作為本體的「性即理」仍有區別。與此正好相反，丁若鏞將「道心」視為如同「天命之性」的本體。此時，丁若鏞所提出的「靈明」（「靈知」）是成立「道心」的根據，也就是指人不同於萬物而固有的本體，就此而言，「靈明」與「道心」的理論涵義是相同的。並且，此「靈明」是「上帝」與人共有的道德先天性，從此可見丁若鏞對上帝概念進行了相當濃厚的人格化。即對丁若鏞而言，以「靈明」、「天命之性」、「道心」為代表的道德先天性，使它能

參考李明輝：〈康德的「物自身」概念何以有價值意涵——為牟宗三的詮釋進一解〉，《國學學刊》，2018 年第一期，2018 年 3 月。）筆者所進行的格義當然仍有不少問題，也許較為牽強因而不恰當；儘管如此，這都是筆者以後需要進行研究的課題之一。在此筆者為了說明為何用「noumenon」解釋中國哲學的「本體」，故而述之。

〔註11〕本文所使用的「知覺」詞語，是針對一般指稱的認知能力而言，不會賦予特殊的意義。對此，本文由沈享民的論述加以補充：「不過，應該特別指出，朱熹所說的『知覺』與現今哲學語言所說的『知覺』（perception）並不完全等同。後者分內外，『內在知覺』（inner perception）即『內省』（introspection）機能，『外在知覺』（outer perception）指人或動物與外在世界連繫接觸的五種感覺機能，意義較狹；而朱熹所說的知覺往往泛指人的一切認知能力而言，包含了現今『知覺』所說的意義。」參見氏著：〈再探訪朱熹格物致知論：並從德性知識論的視域略論其可能性與限制〉，《哲學與文化》39 卷 2 期（2012 年 02月），頁 83。沈享民在此以德性知識論核心概念的「智的德性」為參考座標，解釋格物窮理是以道德知識為對象的探究活動，並指出格物致知的探究預設了心之虛靈知覺的能力，而此心之知覺即是智的德性。另外，黃瑩暖也詳細地整理朱子思想中「虛靈知覺（明覺）」之意，而她指出目前學界對朱子的「虛靈知覺」幾乎「共同肯認其為認知心的特質與功能者」，參見氏著：〈從「心之知覺」論朱子之「心」的道德動能——從「知覺是智之事」談起〉，《國文學報》57 期（2015 年 06 月），頁 58～59。

夠成立的終極本體是「上帝」；尤其，在此「道心」又成為「上帝」與人承上啟下的一種媒介，顯然地，「道心」已超越經驗範疇，而表示宗教性意涵。

　　本文基於以上要點，探討朱熹與丁若鏞「道心人心論」的理論背景及其問題意識，接著聚焦於兩者對「道心」的闡述，並以此為主題進行論述。

第二節　文獻回顧與評述

一、中文學界的研究

　　在中文學界已汗牛充棟的朱熹研究成果中，朱熹的「道心人心論」卻較少受到學術界的矚目。儘管如此，少數學者仍然注意到「道心人心論」的重要性。

（一）錢穆

　　我們首先以《朱子新學案》一書之首部〈朱子學提綱〉來觀察錢穆（1895～1990）對朱熹「道心人心論」的解釋之大略面貌。〈朱子學提綱〉是熟讀《朱子新學案》之前讓我們比較容易抓住脈絡的一種指南〔註12〕，也可看出錢穆對整個中國學術史所具有的框架是如何。

　　〈朱子學提綱〉的前半部內容是從孔子到朱熹之前的思想史背景為主；後半部就是專門討論「朱子本人學術思想之大概」〔註13〕。錢穆以兩個範疇詮釋朱熹哲學體系，他說：「敘述朱子思想，首先當提出其主要之兩部分。一為其理氣論，又一為其心性論。理氣論略當於近人所謂之宇宙論及形上學。心性論乃由宇宙論形上學落實到人生哲學上。」〔註14〕在此錢穆所使用的「理

〔註12〕錢穆說：「拙著朱子新學案，分篇逾五十，全書超百萬言，恐讀者畏其繁複，作此提綱，冠於書端，庶使進窺全書，易於尋究。」參見氏著：〈朱子學提綱〉代序，《朱子新學案（一）》，收入錢賓四先生全集編輯委員會編：《錢賓四先生全集》11（臺北市：聯經，1995 年），頁 1。〈朱子學提綱〉出版為單行本之後，錢穆在〈弁言〉也有類似的發言：「余自民國五十三年夏，發意撰寫朱子新學案。迄於五十八年十一月，全稿告竣。因念牽涉太廣，篇幅過巨，於五十九年初夏特撰提綱一篇，撮述書中要旨，並推廣及於全部中國學術史。」參見氏著：《朱子學提綱》（臺北市：素書樓基金會出版；蘭臺網路總經銷，2001 年），頁 1。

〔註13〕〈朱子學提綱〉，頁 36。

〔註14〕〈朱子學提綱〉，頁 36。

氣論」與「心性論」，若略加分析，是指「本體論」與「工夫論」。關於「心性論」，他既然提出所謂「落實到人生哲學上」，就意味著以經驗現實上的工夫作為前提；而且錢穆論及屬於「心性論」的「天理人欲論」時，他說：「就內面言，則此心縱在私欲中，天理亦自會時時發露。就外面言，則有禮法可循，有文字可玩，天理亦隨處隨事而見。朱子只教人各就自家日常生活中討取，平平恁地工夫。」〔註15〕由此可見，其實錢穆所說的「心性論」，其重點在於「工夫論」。

筆者之所以首先指出錢穆所使用的「心性論」主要意義是「工夫論」，是因為無論是「道心人心」或「天理人欲」，都是在工夫論上需要論述的，如此才可以避免違背「一心」的邏輯。具體而言，如同「道心」與「人心」、「天理」與「人欲」，以表面上兩個相反的概念來形成一對概念組合，若不在以現實世界作為前提的工夫論上說明，則無法並立共存。從這一點上，錢穆沒有區分「道心人心」與「天理人欲」，而是將這些都在心性論（工夫論）上一起敘述，在〈朱子學提綱〉的第十五節開頭直接說：「人心道心，與天理人欲，幾乎是異名而同指。」〔註16〕，這就意味著，錢穆針對「道心人心」所論述的重點是在於傳統學術史中呈現出朱子學的宗旨；但從哲學理論方面而言，這卻反映著錢穆並沒有將「道心人心」視為一個獨立的論辯，而總是與「天理人欲」或「理氣」概念一同合起來陳述。

對錢穆而言，所謂的「傳統學術史中朱子學之宗旨」是唯一的「心體」，他說：「以上略述朱子論心性，論心之仁與誠，論天理與人欲，人心與道心，凡此諸章，皆是指陳心體。」〔註17〕。由此可見，不只是「道心人心」，錢穆將其他不同意義的概念也同樣放在心性論上詮釋。更具體而言，這樣被歸屬於心性論的這些概念，都是針對正在做工夫時心的運用而所說的，因此在朱熹哲學中所看到的所有分別以及對立，只是在表面上或在現實世界做工夫時所出現的臨時狀態而已，故錢穆斷言：「朱子論宇宙，理氣非對立。論理，善惡非對立。論氣，陰陽非對立。凡說成兩體對立者，皆非朱子說。」〔註18〕由此可見，那些對立及矛盾，完全不會影響到唯一的心之本體（「心體」），也

〔註15〕〈朱子學提綱〉，頁103。
〔註16〕〈朱子學提綱〉，頁104。
〔註17〕〈朱子學提綱〉，頁110～111。
〔註18〕〈朱子學提綱〉，頁109。

不會流於二元論。錢穆不斷地強調，無論是「道心人心」或「天理人欲」，都是「同出一心」，他說：

> 理學家無不辨天理人欲，然天理人欲同出一心，此亦一體兩分兩體合一之一例。朱子論陽不與陰對，善不與惡對，天理亦不與人欲對。〔註19〕

> 此〔註20〕正說人心道心只是一體兩分，又是兩體合一。若只是氣，則宇宙只是此一氣，此氣那有不好。但若分說理氣，則氣字地位自見差了些。若只說心，則此心乃天地自然所賦，那有不好。但若分說人心與道心，則人心地位也自見差些。〔註21〕

> 此〔註22〕心雖有人心道心之別，卻同是一心，非有兩心。故曰「雖上智不能無人心，雖下愚不能無道心。」惟一則原於性命之正，一則生於形氣之私，此則猶是理氣分言之意。〔註23〕

由此可見，錢穆對「道心人心」所具有的問題意識，都集中於強調「一心」。錢穆以「一心」為中心呈現出朱熹工夫論的宗旨，當然可以成立；但筆者認為，從朱熹「道心人心論」可發揮的哲學涵義來看，比「一心」更重要的議題，即是「天理」與「道心」的差別。就是說，能夠使得「道心」與「人心」之別成為「一心」的關鍵，是在於可以「覺」的心之知覺，如同錢穆說：「此云覺於理為道心，覺於欲為人心，歸則同為此心，則人心道心顯然非二。」〔註24〕可見，錢穆也認為所謂「道心」不是本體，而是指「人之知覺」，此點就成為錢穆批評羅欽順的主要論點，他說：「朱子辨人心道心只是一心。心者人之知覺。指其生於形氣之私者謂之人心，指其發於義理之公者謂之道心。

〔註19〕〈朱子學提綱〉，頁198。
〔註20〕「問：人心本無不善，發於思慮，方始有不善。今先生指人心對道心而言，謂人心『生於形氣之私』，不知是有形氣便有這箇人心否？曰：有恁地分別說底，有不恁地說底。如單說人心，則都是好。對道心說著，便是勞攘物事，會生病痛底。」見朱熹，黎靖德編、王星賢點校：《朱子語類》（北京：中華書局，1986年；2007年重印），第4冊，卷62，〈中庸一〉，頁1486。本文以下凡引自《朱子語類》，不再詳註，僅分別標明書名、冊數、卷數、標題、頁數，如《朱子語類》，第4冊，卷62，〈中庸一〉，頁1486。
〔註21〕〈朱子學提綱〉，頁106。
〔註22〕〈中庸章句序〉。
〔註23〕〈朱子學提綱〉，頁105。
〔註24〕錢穆：《朱子新學案（二）》，收入錢賓四先生全集編輯委員會編：《錢賓四先生全集》12（臺北：聯經，1995年），頁227。

今謂道心未發，則道心人心之別，豈即已發未發之別乎？又豈道心未發為大本，而人心已發為違道乎？整庵此等處，大失思理。」〔註 25〕由此可見，錢穆正確地指出朱熹所論的「道心」是認識「理」本體之後在心上所呈現的一種意識狀態。根據此點，「道心人心」與「天理人欲」雖然都屬於工夫論的議題，但這些概念仍然需要區別，因為「天理」與「道心」原來不是在同一層面上所論及的概念。但對錢穆而言，「道心人心論」的宗旨只在於「傳聖人之學與其道」〔註 26〕，對此「傳聖人之學與其道」的終極目標而言，所謂「天理人欲」也不例外，因此在錢穆所論的「道心人心」與「天理人欲」之間，我們無法看出任何差異，他說：

> 此條說性命，即是辨理氣，亦即是辨天人公私，即是辨天理私欲也。
>
> 天理私欲，有時當合一言，有時當分別言。其辨人心道心亦如此。
>
> 發於私欲之人心，實亦即是發於天理之道心，非有二心也。心必附
>
> 於形，猶理必附於氣。有時當分別而觀，有時當合一而觀也。〔註 27〕

在這段引文中，錢穆所解釋的「發於私欲之人心，實亦即是發於天理之道心」，完全符合朱熹所提出的「道心人心」。但在錢穆看來，「道心人心」在朱熹哲學中所包含的理論含義仍然只停留於「非有二心」。可見錢穆對於「道心人心」的定論則是始終歸於看重「一心」〔註 28〕，難以發現錢穆另外獨立探討「道心人心」的理論含義〔註 29〕。

〔註 25〕《朱子新學案（二）》，頁 232。

〔註 26〕《朱子新學案（二）》，頁 214。

〔註 27〕《朱子新學案（二）》，頁 233。

〔註 28〕筆者認為，錢穆強調「一心」的問題意識，有關當代新儒家對朱子學的觀點。錢穆留意於「心學」與「理學」之區分，而朱熹哲學所受到的「理在心外」的批判，他說：「此會講（指鵝湖之會）論不合，後人遂稱陸王為心學，程朱為理學。（…）而後人又因象山喜言心，遂於朱子言心學處，都避去不談。或則曰此朱子早年之學，未定之論，有同於象山。宜乎朱子中庸章句序特著彌近理而大亂真一語，苟非真有得於古人學術之真者，又烏能辨其近與亂之所在乎？蓋程朱論學皆重言心，惟明道常渾言之，伊川稍密，故於伊川朱子皆致不滿，獨於明道無異辭也。故謂理學即心學，則猶之可也。謂程朱陸王以理學心學分宗，則殊未見其允。」參見氏著：《朱子新學案（二）》，頁 218～219。

〔註 29〕錢穆說：「蓋朱子先以天理人欲言，後以形氣性命言，此其先後相異之大致也。然謂人心道心只是一心，則先後之間並無大殊。」參見氏著：《朱子新學案（二）》，頁 229。

（二）唐君毅

在唐君毅（1909～1978）的代表作《中國哲學原論：原性篇》中，他寫出〈朱子之理氣心性論〉，此文第八節名為「人心、道心之開合」。在此唐君毅注意到，朱熹對「道心人心」的看法有早期與晚期之不同，他說：「須知即對此人心道心之界說，朱子前後之言，亦有不一致者」〔註30〕，而唐君毅所認為的最大不同點，是在於「人心」，而不在於「道心」。根據唐君毅，朱子早期對於「人心」的看法，就是「此皆以人心之義同於人之不善之私欲。」〔註31〕若以此來界定「人心」，就意味著形成「道心」與「人心」之間的對立，也可能導致錢穆所擔憂的「兩心」〔註32〕。至於朱熹晚期對於「道心人心」的定論，錢穆與唐君毅都是認同朱熹所說的「人心」不等於是人欲或私欲，這就涉及朱熹「道心人心論」的早期與晚期之不同。

但從哲學理論的角度來看，筆者認為，錢穆與唐君毅對於朱熹的「道心人心」解釋中具有不同的問題意識。唐君毅對「道心人心論」的具體論述，如下：

> 朱子所謂道心，乃由人之表現其心之四德而成，亦即心之天理性理，實際實現或表現於心而成。此即不同於統言人有具性理之心。此道心待於人之實克去己私，以實表現心之四德而成；則尚未去己私之心，即非道心。此非道之心，就其亦可克去己私以成道心言，或就其己私可不妨礙道心之呈現言，便又是另一意義之心。此一意義之心，如其己私足以妨礙道心之呈現，而又不能自克，更是一意義之心。於是人之一心之呈現，即可自其已實現表現其性理者，而名之為道心；就其可實現表現道，或其己私不妨礙道心之呈現者，而名為人心；就其人心之己私之足以妨礙道心之呈現者言，稱其私為私欲，或不善之人欲，而此心即為一具不善之人欲或私欲之心。由此而一心即可開為二心或三心以說。〔註33〕

〔註30〕唐君毅：《中國哲學原論：原性篇》（臺北：臺灣學生書局，1990年），頁418。
〔註31〕《中國哲學原論：原性篇》，頁419。
〔註32〕正因如此，錢穆甚至否定以道心為主宰性的「柁」之比喻，他說：「此說似是淺譬而喻，使人言下明白得道心人心之別。但朱子後來即不贊成自己這一說。因若如此說之，則道心為主宰，人心供運使，在一心中明明有了兩心對立。」參見氏著：〈朱子學提綱〉，頁109。
〔註33〕《中國哲學原論：原性篇》，頁417～418。

正如前一項所述，錢穆對於「道心」的解釋中並沒有出現本體與「道心」的
區分，對他而言，「道心」就是「天理」，也是朱熹心統性情論中的「性」（「本
然之性」或「天地之性」）。然而，唐君毅不同於錢穆，他不會將「道心」視
為「心之天理性理」，因為「道心」是人固有的仁義禮智四端之表現，因此
「道心」是「天理」或「性理」在「實際實現或表現於心」以後才可以成立
的，而不能直接說成先天而內在的「天理」、「性理」。在此，唐君毅所謂的
「表現的道心」不能直接等同「本體的四端」，而這就意味著唐君毅對於「道
心」的理解，其關鍵在於「實際實現」及「表現」，如同「道心」是「待於
人之實克去己私，以實表現心之四德而成。」由此可見，唐君毅不僅明確地
認識「道心人心」是工夫論的議題，也發現在朱熹哲學中「本然之性」並不
是「道心」〔註34〕，因此在引文開頭他就說：「此（「道心」）即不同於統言
人有具性理之心。」

在此脈絡下，兩者對「人心」的解釋也有所差別。錢穆既然說「心必附
於形，猶理必附於氣」〔註35〕，「同出一心」的「道心人心」就自然地被分為
「道心—理」與「人心—氣」。在理氣論的脈絡之下被屬於「氣」的「人心」，
實際上難以分辨出「人心」與人欲的不同之處，因為無論是「人心」或人欲，
都是從「氣」上可以說的概念。更重要的，由於從理氣論上探討「道心人心」，
因此若不是作為「理」的「道心」，「人心」則直接成為人欲。就此而言，「人
心」無法凸顯出在工夫論上以實踐主宰性格來擁有的獨立地位，而只能說是
「（道心與人心）有時當分別而觀，有時當合一而觀也。」〔註36〕

然而，若根據唐君毅對「人心」的解釋，「人心」則不會直接被連結為人
欲。在他看來，「非道之心」雖然是「己私之心」，但這個「己私之心」所具
有的涵義，由能不能「自克」以及是否「妨礙道心之呈現」這兩個條件來區
分為兩個不同意義上的「己私之心」。其一是即使尚未除完「己私」，但仍可
以自主進行除去自私，而其自私又不會阻礙體現出「道心」；另一是其「己私」
的程度已達到阻礙體現出「道心」，又放棄所謂「自克」的工夫。就前者而言，
這是指具有主宰能力而決定是否做工夫的「人心」。這樣的「人心」並不等於

〔註34〕唐君毅指出：「此一心乃具性理或天理，而亦能表現為愛人利物之情，而即具
　　　　成己成物之道之心。然此尚非朱子所謂道心。」參見氏著：《中國哲學原論：
　　　　原性篇》，頁417。
〔註35〕錢穆：《朱子新學案（二）》，頁233。
〔註36〕錢穆：《朱子新學案（二）》，頁233。

後者的人欲，因為「人心」是以「克去己私之意」來進行工夫之後能夠變為「道心」，如同唐君毅說：「人之欲表現實現其仁之性理或天理，即須本此仁說中所言克去己私之意，以化除具私欲之人心，以使不善之人欲淨盡。而對可實現道之人心，則當使之聽命於道心，或化同於道心。」〔註37〕

由此可見，唐君毅對「道心人心」更仔細地分析為：「已實現表現其性理」之「道心」、「尚未道心而又不妨礙道心」之「人心」、「人心之己私之足以妨碍道心之呈現者」之人欲。唐君毅透過以上三個不同層面來解釋的「道心人心」，比錢穆更加凸顯出「人心」與人欲的差異：

> 總此上所述以觀，是見在朱子之學之所歸，其所謂道心、人心，及
> 與道心為對反之不善之人欲，明為三義；而其中之人心，則尅就其
> 本身言，乃雖有危亦可合道，而為可善可惡之中性者也。〔註38〕

唐君毅意識到，在理論上「實現道之人心」〔註39〕都不是「道心」或人欲，因為「人心」就是「可善可惡之中性」。在此，筆者注意到唐君毅所使用的「中性」一詞。所謂「中性」，就是與價值判斷無關的意思。然而，對儒家理論而言，孟子對先天地固有的人性給予了「善」價值，在此脈絡下，儒家在名之為「性善」的價值意識上所建立的存有概念以及其範疇，都抹不去價值意義而必須接受其價值判斷以及其分析。例如，一般認為似乎與價值無關的「氣」概念，亦是分成「清」與「濁」之氣，在此所謂「清濁」不是身體能力的優劣，而是指在道德實踐上的能力。可見儒家在整體理論以及概念上，既然是以性善價值本體作為前提，就必須與其價值意識緊扣，因此實際上並沒有留給「中性」可成立的空間。那麼唐君毅認為，「人心」如何處在「中性」之位？關於這一點，我們可參考唐君毅如下的說明：

> 此〔註40〕即謂人心乃由形氣起見而知覺形氣者也。此中之「形氣之
> 私」與「知覺形氣」，即初無邪惡之義，亦不同於與天理相對反之人
> 欲。此所謂「覺於欲」「知覺形氣」，即自此人心之知覺運動之「於
> 聲色臭味之形氣有所同者」而言。〔註41〕

〔註37〕《中國哲學原論：原性篇》，頁418。
〔註38〕《中國哲學原論：原性篇》，頁421。
〔註39〕《中國哲學原論：原性篇》，頁418。
〔註40〕「形骸上起底見識，或作「從形體上生出來底見識」。便是人心；義理上起底見識，或作「就道理上生出來底見識」。便是道心。」見《朱子語類》，第5冊，卷78，〈尚書一〉，頁2010。
〔註41〕《中國哲學原論：原性篇》，頁420。

在此，不僅是所謂「人心」的「中性」，唐君毅對「道心人心論」所做的整體論述與「知覺」也密不可分。筆者認為，唐君毅所說的「中性」，意味著感官本能上的「知覺」，如同「於聲色臭味之形氣有所同者」。換言之，心之知覺才是「中性」的，而不是心全都是「中性」。並且，唐君毅凸顯出「中性」的知覺之外，更進一步探討在性善價值意義下「知覺」可以成為「道德意識」的可能性：

> 人亦未嘗不可即其知求生延生，能知覺運動之處，以說人之性。如告子所謂「生之謂性」「食色性也」之說是也。若然，則此心之此性、此情、此意，應亦不同仁義禮智之性等，而別為一種。然此心與其性情意等，又未可說即為不善。因此由知覺運動，以自求生延生之心，依朱子形上學言，即亦同依於太極之生生之理、生生之道而有。
> 〔註42〕

由此可見，知覺運動也是根據「理」本體。此「道心」之知覺與「人心」的知覺是共有的，但「道心」仍具有內在之善〔註43〕，這完全符合於朱熹所說的「覺於理，道心也。」唐君毅說：「然此諸活動，亦同可不隔乎理，而能接受當然之理為之主，並可助『理』之發揮者」〔註44〕，而這句話也與引文具有相同脈絡。從以上論述可知，作為道德意識的「道心」能夠發揮其主宰性，雖然是基於「中性」的知覺，然而它與「理」本體並不是無關，而如此「中性」的知覺也畢竟離不開「太極之生生之理、生生之道」。總言之，唐君毅對朱熹「道心人心論」所進行的詮釋，不但從傳統經學的脈絡上可接受，也對與「道心人心」相關性相當高的「知覺」提出哲學性的問題意識，因此研究「道心人心論」時，筆者認為唐君毅的論述是必須要參考的部分。

（三）陳來

以上所述，錢穆及唐君毅對「道心人心論」的解釋，雖然有所不同之處，但整體論述的焦點仍在於區分「人心」與人欲。兩者之所以這樣積極地區分「人心」與人欲，並強調「道心」與「人心」都是「一心」，是因為他們的問

〔註42〕《中國哲學原論：原性篇》，頁427。
〔註43〕唐君毅指出：「自此人心所包涵之知覺之一部份言，與道心中之知覺之一部份，固無別。然道心中除此一部份外，尚有所知覺之道或天理之內在與其中。」參見氏著：《中國哲學原論：原性篇》，頁424。
〔註44〕《中國哲學原論：原性篇》，頁422。

題意識都起因於在工夫論上要保證可善可惡的「人心」升華到「道心」之可能〔註 45〕。於是，他們對朱熹「道心人心論」而言，都致力於論證「人心」並無根本惡而可教化；相較於此，錢穆與唐君毅對「道心」並沒有深入地討論，且視其為不重要的議題。雖然他們都意識到「道心」與本體不是完全相同〔註 46〕，但發於天理之後所形成的「道心」，也可以說是本體的純善義，其實難以發現藉由「知覺」概念而解釋「道心」的含義〔註 47〕。

〔註45〕 就此而言，唐君毅也是注意當代新儒家以陸王為批評程朱的現象。唐君毅始終強調朱子「道心人心論」之三義與陸王所說的「一心」未有不同，說：「（前面唐君毅說明人心雖然是中性，但實際呈現出的心並沒有中立的可能，因此三心仍歸於二心。）然此二者（指道心與不善之人欲之心），既一善一惡，互相對反，『此勝則彼退，彼勝則此退，無中立不進退之理』（語類十三）。二相對反之心不容並存，則實際上人所有之心，又仍只是一心而已矣。此即朱子之所以明言三心，而又極稱陸象山之人心道心只言一心之說之故也。」（《中國哲學原論：原性篇》，頁 425）；總而言之，唐君毅之所以不斷地指出「朱子知此人之性理乃上通太極之理之全者」（〈五 朱子之以心為統攝之概念、及心之涵義〉，《中國哲學原論：原性篇》，頁 396），是因為了擁護朱熹的工夫論也合於「還契於中庸大學論孟之聖教」（《中國哲學原論：原性篇》，頁 429），他說：「由朱子之說，人之不善之人欲與道心，此二者，同依於一虛靈知覺而有，故不善之人欲可化之理，即在此人欲之自身之中；然後去不善成善，乃有一真實之必然可能之根據。」（《中國哲學原論：原性篇》，頁 428）然而，即便唐君毅試圖公平地衡量朱陸思想，仍不足以達到成功。唐君毅對這一段話特別標記一個註解，說：「此根據或只是必須條件，尚非充足條件。充足條件為虛靈明覺與天理合一之形而上的本心。朱子有此義而未透，象山則能透識此義，詳辨亦在原德性工夫之一文。」（同上）由此可見，唐君毅對於朱熹「道心人心論」的最後結論，以必須條件與充足條件為對比朱子與象山，在工夫論上仍比朱子更高舉陸王工夫。由此可見，錢穆與唐君毅對朱熹研究所具有的問題意識無法脫離當時學術界「以程朱為歧出」（牟宗三：《心體與性體》第一冊，臺北市：正中，1966 年，頁 18～19）的研究傾向。

〔註46〕 錢穆說：「朱子辨人心道心只是一心。心者人之知覺。指其生於形氣之私者謂之人心，指其發於義理之公者謂之道心。今謂道心未發，則道心人心之別，豈即已發未發之別乎？又豈道心未發為大本，而人心已發為達道乎？整庵此等處，大失思理。」參見氏著：《朱子新學案（二）》，頁 232。唐君毅也說：「朱子所謂道心，乃由人之表現其心之四德而成，亦即心之天理性理，實際實現或表現於心而成。此即不同於統言人有具性理之心。」參見氏著：《中國哲學原論：原性篇》，頁 417。

〔註47〕 關於這一點，錢穆明顯地說「道心人心」等於是「天理人欲」；唐君毅雖然對「知覺」展開了重要論述（例如知覺的思想淵源及多種意義，見於《中國哲學原論：原性篇》，頁 422～429），然而他說「道心」仍是「清明純粹者，自亦可不隔乎天理」（同上，頁 420），由此可見「道心」與本體義大致相同。

　　陳來與他們不同，他《朱子哲學研究》中闡述朱熹「道心人心論」時，徹底地立足於「心為人之知覺」的觀點而論。陳來指出，所謂「道心人心」概念的出現，是由「必須區分知覺中的真妄邪正」的要求而來〔註48〕。從陳來對「心」的論述來看，可發現他將「心」視為「知覺」本身，而不會將「知覺」視為取決於心之附屬現象，他說：「既然按照朱熹哲學的規定，心亦指人的具體意識，因此善的意念思慮是心，不善的意念思慮也是心，所以說心有善惡、有邪正。」〔註49〕對陳來而言，朱熹對「道心人心」所做的定義非常清楚，他說：「合於道德原則的知覺是『道心』，專以個人情欲為內容的知覺是『人心』。道心指道德意識，人心指感性欲念。」〔註50〕由此可見，陳來將「人心」界定為一種不能完全符合於道德原則的意識活動。筆者認為，像陳來這樣以「知覺」作為「人心」整體，可以得到兩個理論效果：第一、既然「人心」是反應個人情欲而所發的「知覺」，就未必執著「人心」與人欲的區別，因為以具體行為來呈現出之前，以「知覺」來所發生的生物本能，根本無法判定為人欲或私欲，正如朱熹說：「人心是知覺，口之於味，目之於色，耳之於聲底，未是不好，只是危。若便說做人欲，則屬惡了，何用說危？」〔註51〕此時所謂「人心」，不是已包含價值的「不道德意識」（immoral），而是指「非道德」（amoral）的中性知覺。如此一來，「人心」與人欲、私欲是自然而然地被區分的；第二、作為道德意識之「道心」，在工夫論上的角色更會明確。「道心」因「覺於理」而純善無惡，但正是因為如此，「道心」總有與本體混淆的可能性。若是如此，「道心」在工夫論中沒有任何效用，而當屬於本體論的概念。「道心」之所以必須由知覺上而論，又「道心」之所以必須要從非道德意識之「人心」中切割出來，都是因為「道心」要控制、把持、及主宰「人心」，而不是為了使「道心」成為本體。

〔註48〕陳來說：「朱熹認為，心為人之知覺，人的一切思維活動都是心之所發，出入無時，千思萬慮，這是心的神明不測之處。但是『雖皆神明不測之妙，而要其真妄邪正又不可不分耳』（《文集》四十，《答何叔京二十五》）。就是說必須區分知覺中的真妄邪正。」參見氏著：《朱子哲學研究》（上海市：華東師範大學，2000年），頁225～226。
〔註49〕《朱子哲學研究》，頁226。
〔註50〕《朱子哲學研究》，頁227。
〔註51〕《朱子語類》，第5冊，卷78，〈尚書一〉，頁2013。

這就是朱熹批評謝良佐（號上蔡，1050～1103）與胡宏（號五峰，1105～1161）的原因所在。陳來從朱熹對胡宏「心無不仁」[註52]與謝良佐「以覺為仁」[註53]之說所做的批評來著手朱熹「道心人心論」的解釋。筆者認為，此點就反映著陳來對「道心人心」所具有的問題意識與錢穆、唐君毅顯然不同。陳來的問題意識，是在於作為道德意識的「道心」主宰並控制「人心」，而不在於區分「人心」與人欲，他說：

> 由此[註54]可見，朱熹認為無論把人的情欲叫做人心還是人欲、私欲，其中總是包含著人們生存的必要條件，所以不全為惡，不可完全摒除。但是更必須看到人心不受道心控制所可能造成的危害。他說：「心者人之知覺」（《大禹謨解》）形氣所產生的完全是服從個體自身需要的欲念，所以為私。（…）所謂道心為主、人心聽命是指使道德意識支配個人的一切思想和行為，使個人的情欲受到道德觀念的指導和控制。[註55]

依上所述，「道心」之所以不能作為本體，是因為「道心」作為道德意識才可以發揮工夫的作用。本體可以成為要求工夫的價值根源，但眾所周知，朱熹哲學中「理卻無情意，無計度，無造作」[註56]，因此若將「理」改名為「道心」而作為本體，在工夫論中一切主宰「人心」及控制私欲之可能性就會消滅。陳來也意識到這一點，始終堅持「道心」不是本體之觀點[註57]，

[註52] 陳來說：「根據這個思想，朱熹反對胡宏的『心無不仁』之說。（…）朱熹提出，既然賢如顏淵尚且少有私欲，因此不是心無不仁，而是心有不仁，只是心中之仁（理）未嘗不在。」參見氏著：《朱子哲學研究》，頁226。

[註53] 陳來說：「這個思想也就是反對以一切知覺皆為仁（合理）。（…）朱熹認為，如果說知覺痛癢即是仁，那就降低了仁的道德涵義。因此，必須在知覺中區分道德意識活動與非道德意識活動，努力使道德意識最大限度地支配人的行為。」參見氏著：《朱子哲學研究》，頁226。

[註54] 「人心亦不是全不好底，故不言凶咎，只言危。」見《朱子語類》，第5冊，卷78，〈尚書一〉，頁2009；「人心是知覺，口之於味，目之於色，耳之於聲底，未是不好，只是危。若便說做人欲，則屬惡了，何用說危？」參見氏著：《朱子哲學研究》，頁2013。

[註55] 《朱子哲學研究》，頁228～229。

[註56] 《朱子語類》，第1冊，卷1，〈理氣上〉，頁3。

[註57] 陳來指出：「關於朱熹的人心道心思想，一般說來是比較清楚的，但也有幾個問題要注意。第一、道心不是性，道心與人心不是體用關係。馮友蘭先生舊著《中國哲學史》中說『性為天理，即所謂道心也』（下冊918頁）。早如明代羅欽順即有此說。近來有學者亦主此說，認為道心是義理之性，以道心人

而明顯地指出「道心」所具有的工夫論涵義，如同引文的最後一句。就是說，「道心」不是「使人心化為道心」〔註58〕的某種境界，而是在不斷發生心理衝突的情況下積極地發揮及控制「人心」的重要角色。由這樣的脈絡來看，「道心」與「人心」的對立及激烈衝突，雖說是必然的結果，但這不是說在理論上的「二心」，而是指正好在進行工夫的一種檢證。「道心」與「人心」這樣的糾纏狀態，就意味著人在「道心」的主宰下與「人心」所形成的一種交集，而正如陳來所指出：「其實，在朱熹哲學中，對一般人而言，道心作為道德意識，人心作為個體情欲，兩者的關係如同滿圓相交，其重合的部分即道心主宰下的人心」〔註59〕，這才是朱熹說「人心皆道心」〔註60〕所具有的涵義。

　　總而言之，陳來對朱熹「道心人心論」所進行的詮釋，以「知覺」概念為基礎而明顯地呈現出「道心人心」的工夫論意義。尤其，他的論述中十分關注在工夫論上「道心」的主宰、統制等積極的作用，這才是朱熹哲學中「道心人心」的真正涵義。

二、韓國學界的研究

　　李俸珪在〈韓國學界關於茶山學研究的焦點〉一文中指出：

> 在理氣論和心性論方面丁若鏞引進了「嗜好」，「自主之權」等一系列新的凘念，並且從原理，主宰者，以及實際道德名稱的角度對「理」進行了進一步的解釋。丁若鏞進行解釋的過程中所使用的倫理方式，可以充分體現出他哲學思考的獨創性，但是對於丁若鏞是怎樣形成這些思考的研究，還不夠明確。因此對丁若鏞哲學思想的形成背景，即西學和西教的影響的研究，逐步成為研究人員所關注的一個問題。〔註61〕

心為體用之分，為形上下分，這些說法是否合乎朱熹思想皆可商榷。」參見氏著：《朱子哲學研究》，頁229。

〔註58〕《中國哲學原論：原性篇》，頁418。

〔註59〕《朱子哲學研究》，頁230。

〔註60〕「有道心，則人心為所節制，人心皆道心也。」見《朱子語類》，第5冊，卷78，〈尚書一〉，頁2011。

〔註61〕李俸珪：〈韓國學界關於茶山學研究的焦點〉，收入黃俊傑編：《東亞儒學研究的回顧與展望》（臺北市：臺大出版中心，2005年），頁185。

由以上引文可見，無論丁若鏞哲學是批判地繼承或全盤否定朱熹哲學，大多研究結論都認為丁若鏞的理論系統已脫離朱熹的理氣論，而這可以說是學術界的共識。不過丁若鏞對朱熹的理氣論如何形成其批判意識的問題而言，雖然仍未確立共同看法，但韓國研究者所注意的就是丁若鏞哲學與天主教〔註62〕的關係，因為論及朱熹與丁若鏞哲學之間最大不同之處，就在於上帝概念。簡言之，朱熹未曾肯定過有人格的上帝存在；與此相反，對丁若鏞而言，有覺有靈的上帝是包括「道心人心論」在內丁若鏞整個哲學理論的基本前提。於是，圍繞著與天主教的關係，雖然到現在仍不斷出現不同的見解〔註63〕，但這確實是一個不可不面對的問題。

（一）琴章泰

日帝殖民後期開始研究的丁若鏞哲學，主要是從以愛國主義為代表的民族史學的觀點進行討論，因此早期丁若鏞哲學研究的主流立場，是以「實學」之名稱強調丁若鏞哲學的自主性、獨自性。這樣的研究脈絡中所出現的「褒丁貶朱」傾向，筆者認為，是為了從脫離殖民史觀而建立思想的主體性的意圖而來的。具體而言，由於在朝鮮後期朱子學已變成代表「事大主義」（Flunkeyism）的學術思想，「實學」是對此現象的反動而起。以往不少學者以具有這樣背景的「實學」來判定丁若鏞哲學是對朱子學的挑戰，琴章泰也不例外。不過，對琴章泰而言，丁若鏞哲學所呈現出的「挑戰」，不僅僅是針對朱子學，而是丁若鏞對當時面臨的學術思想所做的回應。琴章泰指出，丁若鏞哲學是藉由綜合及揚棄多種思想潮流來形成，也超越「脫朱子學」及「洙泗學」的立場，可說是「茶山經學」系統〔註64〕。

琴章泰主張，丁若鏞之所以能夠擴大儒家經典詮釋的視域，是因為與丁若鏞接觸西學理論有密切的關係。具體而言，丁若鏞再檢討朱熹哲學時，以《天主實義》為代表的西學理論對丁若鏞有決定性作用。例如，丁若鏞區分植物、動物、人之性的「性三品」說是受到利瑪竇所提的「魂三品」說（「生

〔註62〕本文堅持使用「天主教」而不採取引文所提的「西學」或「西教」，因為「西學」或「西教」概念都相當模糊且範圍廣泛。不過以下敘述韓國學界的研究時，按照研究者的說法而暫時使用「西學」名稱。

〔註63〕相關內容，請參本文第四章第一節。

〔註64〕琴章泰：〈제6장 다산의 실학사적 위치와 사상적 특성〉〔第六章 茶山在實學史的位階及其思想特色〕，收入《정약용: 한국실학의 집대성》〔丁若鏞：韓國實學的集大成者〕（首爾：成均館大學出版部，2002年），頁95。

魂」、「覺魂」、「靈魂」）之影響〔註65〕；琴章泰又指出，丁若鏞的「人心」與「道心」含義類似於利瑪竇所說的「獸心」與「人心」。利瑪竇將「一心」分為「獸心」與「人心」，又認為此兩個概念是對立的〔註66〕。就此而言，琴章泰認為，利瑪竇的「獸心」等於是丁若鏞說的「人心」；利瑪竇的「人心」等於是丁若鏞說的「道心」〔註67〕。

　　《天主實義》所含的西學理論，不僅是在丁若鏞哲學中的心性概念範疇，也有助於形成「上帝」概念。琴章泰主張，丁若鏞在發現作為信仰對象的「天」、「上帝」的同時，也從對心性所做的新解釋來再認識人與世界的關係，及全盤地再解釋人實現道德的方式〔註68〕。他又指出，探討丁若鏞的上帝觀時，成為重要文獻的《中庸講義》是丁若鏞在做天主教信仰生活時所寫的；此時丁若鏞的觀點，一直到晚年寫作《梅氏尚書評》都沒有變化。琴章泰認為，丁若鏞哲學的特色，不在於丁若鏞個人信仰的與否，而在於丁若鏞在儒家理念基礎上吸收天主教的教理，試圖建立經典詮釋的新方式，這一點就是哲學史的意義所在〔註69〕。

　　琴章泰對丁若鏞哲學所進行的研究範圍非常廣泛，從傳記、經學、西學、實學、以及與日本儒學的比較等等，從許多研究進路來探討丁若鏞哲學，可以說是丁若鏞思想的專家。然而，因為正好琴章泰所進行的丁若鏞研究涉及太多領域，因此有時發現仍需要再詳細論證的部分，例如琴章泰所論的「道心人心」。利瑪竇在《天主實義》所論的「人心」，雖然不同於「獸心」而有追求「善」的傾向〔註70〕，但利瑪竇所認為的「人心」仍然主要是指以「理

〔註65〕琴章泰：〈茶山의 心개념과 마테오 릿치의 영혼론〉〔茶山的心概念與利瑪竇的靈魂論〕，《宗教與文化》8卷（2002年），頁80。

〔註66〕利瑪竇說：「一物之生，惟得一心。若人則兼有二心，獸心、人心是也；則亦有二性，一乃形性，一乃神性也。故舉凡情之相背，亦由所發之性相背焉。」參見氏著，梅謙立注，譚傑校勘：《天主實義今注》（北京：商務印書館，2014年），頁112。

〔註67〕琴章泰：〈다산의 사천학과 천주교 교리의 활용〉〔茶山的事天學與天主教教理的使用〕，《教會史研究》第39輯（2012年），頁24。

〔註68〕琴章泰：〈茶山의 心개념과 마테오 릿치의 영혼론〉〔茶山的心概念與利瑪竇的靈魂論〕，頁64。

〔註69〕參見琴章泰：〈茶山의 儒學思想과 西學思想〉〔茶山的儒學思想與西學思想〕，收入崔奭祐、琴章泰、朴東玉、金玉姬：《다산 정약용의 서학사상》〔茶山丁若鏞的西學思想〕（首爾：五車（意譯），1997年），頁81～100。

〔註70〕利瑪竇說：「吾人一心，乃有司欲、司悟二官。欲之所屬，善者耳；悟之所屬，真者耳。」參見氏著，梅謙立注，譚傑校勘：《天主實義今注》，頁113。

性」為思考、判斷，及遵從其判斷的意志力。琴章泰將《天主實義》中的「人心」與丁若鏞在本體的層面上所論的「道心」直接等同起來，就此而言，筆者認為仍有需要再檢討的空間。

（二）李光虎

李光虎也肯定，丁若鏞哲學的形成過程中西學的影響占據相當重要位置，他說：「茶山將在性理學的存有論中成為存有之兩個根源的氣與理，視為自立者（氣）與依附者（理），脫離以理為主的有機體性及全一性思考體系的朱子理氣論式存在觀。茶山相信包括鬼神在內創造天地萬物的絕對者上帝，因此他接受以超越者的上帝為頂點的《天主實義》的二元宇宙觀。」〔註71〕由此可見，如同琴章泰，李光虎所論的西學之影響，也主要是以《天主實義》為代表的存在論及上帝觀。就丁若鏞哲學的構成要素而言，兩者都同意西學的理論架構有助於奠定其基礎；但李光虎比琴章泰更強調，在丁若鏞哲學中從李滉、李珥傳下來的朝鮮傳統性理學的宗旨。李光虎主張，丁若鏞雖然因天主教的影響而構成上帝觀，但也不會走向天主教之唯一神觀。他認為，丁若鏞所解釋的《中庸》之「知天」，不是指人都可以理解天所做的人事，而是基於宗教性感受及能夠聽到在心性中所呈現的天之命令。丁若鏞這樣的上帝觀，可以說是似乎天主教的唯一神，但「知天」及「事天」的意義與實踐方法顯然不同於天主教理論。〔註72〕

李光虎認為包括上帝觀，整個丁若鏞哲學雖然天主教的色彩較濃，但仍然畢竟回歸朝鮮性理學的脈絡，李光虎這樣的觀點，主要是根據李滉的「理發」說。李光虎指出，關於四端七情的爭論，丁若鏞早年站在李珥的立場，但後來中年的丁若鏞支持李滉的觀點。對如此的變化，李光虎主張：茶山漸漸地理解李滉哲學之後肯定「理氣互發」說，也積極地接受李滉在「理氣互發」說之下所提出的「道心人心」說。他更進一步說，此「道心人心」說在茶山的經學思想成為最重要的道德原理〔註73〕。整體而言，李光虎對丁若鏞

〔註71〕李光虎：〈동서 융합의 측면에서 본 정약용의 사상〉〔從東西融合的層面看丁若鏞的思想〕，《退溪學報》第113輯（2003年），頁169。

〔註72〕李光虎：〈從《中庸講義補》與《中庸自箴》看茶山之「誠」哲學〉，收入茶山學朮文化財團編、金海鷹譯：《茶山的四書經學》（北京：商務印書館，2008年），頁261。

〔註73〕李光虎：〈퇴계 이황의 심학적 이학이 다산 정약용의 도덕론 형성에 미친 영향〉〔退溪李滉的心學式理學對茶山丁若鏞的道德論之形成所給的影響〕，頁38。

哲學所進行的討論主要脈絡是：丁若鏞立足於有西學要素的上帝觀，透過李滉的「理發」說而繼承朱熹與李滉的「道心人心」說，強調人內在的德性與「道心」，最後建立以慎獨為侍奉上帝的「誠」工夫論。

　　然而，筆者之所以對以上李光虎的觀點有所保留，是因為丁若鏞支持李滉的觀點不等於否定李珥的觀點，更不等於丁若鏞接受「理發」。具體而言，丁若鏞從早年反對李滉的「理發氣隨」到中年轉為肯定此說，雖然屬實，但這僅僅是從「人心」的角度上所做的肯定；而在此丁若鏞所指的「人心」並不意味著形而上之意，因為他從「總執太極以來理氣」的角度來看，明確陳述「四七皆氣發」〔註74〕。這就反映著，丁若鏞是先站在非「理發」的「氣發理隨」之前提上，才肯定透過人在實際從事道德實踐之後的「理發」。換言之，丁若鏞所接受的「理發氣隨」，只限於「治心養性之功」〔註75〕的範圍而已，他的基本立場仍屬於李珥的「氣發理隨」。再說，主張丁若鏞接受李滉「理發氣隨」的學者幾乎將〈陶山私淑錄〉當作其證據，但〈陶山私淑錄〉的內容是丁若鏞閱讀李滉書信的讀書心得，與哲學性論述有所差距。並且在〈陶山私淑錄〉中出現與「理發氣發」有關的唯一一條，丁若鏞連對這一條的引用及解釋也不脫離「理無為」及工夫論意義〔註76〕，由此可見，丁若鏞到中

〔註74〕「蓋退溪專就人心上八字打開，其云理者，是本然之性，是道心，是天理之公，其云氣者，是氣質之性，是人心，是人欲之私，故謂四端七情之發，有公私之分，而四為理發，七為氣發也。栗谷總執太極以來理氣而公論之，謂凡天下之物，未發之前，雖先有理，方其發也，氣必先之，雖四端七情，亦唯以公例例之，故曰四七皆氣發也。其云理者，是形而上，是物之本則，其云氣者，是形而下，是物之形質，非故切切以心性情言之也。」見丁若鏞，茶山學術文化財團校編：《定本與猶堂全書》2冊（首爾：圖書出版松樹，2012年），《文集》卷12，〈理發氣發辨一〉，頁357～358。本文以下凡引自《定本與猶堂全書》，不再詳註，僅分別標明書名、冊數、卷數、標題、頁數，如《定本與猶堂全書》2冊，《文集》卷12，〈理發氣發辨一〉，頁357～358。

〔註75〕「四端由吾心，七情由吾心，非其心有理氣二竇而各出之使去也。（…）退溪一生用力於治心養性之功，故分言其理發氣發，而唯恐其不明。學者察此意而深體之，則斯退溪之忠徒也。」見《定本與猶堂全書》2冊，《文集》卷12，〈理發氣發辨二〉，頁358～359。

〔註76〕「其書又曰：『人之一身，理氣兼備，理貴氣賤。然理無為而氣有欲，故主於踐理者，養氣在其中，聖賢是也，偏於養氣者，必至於賊性，老、莊是。衛生之道，苟欲充其極致，則匪懈匪躬之職，皆當頓廢。』此與《孟子》『大體、小體』之說，一貫義理也。人之一身，合理氣二者而成者。然理寓於氣，如人在於室。人處其室，其棟梁榱桷之或有頹敗者，不得不修而葺之。然一於此而不知其他，則此猶美其櫝而忘其珠也。故有宋諸先生以來，或於道家書

年接受「理發」的主張仍有需要討論的空間。〔註77〕

（三）韓亨祚

若李光虎是強調丁若鏞從李滉受到的朱熹哲學之影響，韓亨祚則是注意到丁若鏞與朱熹之間的差異，其分歧點在於自然與倫理之區分。韓亨祚在他的博士論文《從朱熹到丁若鏞──朝鮮儒學的哲學模式研究》中明顯地主張，朱子學研究之所以有多分歧及走了多少次彎路，是因為藉由「粗糙」的科學來看朱熹的理氣論，而不是從宗教或形而上學〔註78〕來看理氣論。他的意思是，朱熹哲學不分客觀界（自然）與現實界（人），如同以「理」來統攝所有的自然（「性即理」），因此社會與倫理都涵蓋了人類、動植物，及全宇宙的普遍理念。韓亨祚主張，朱熹雖然以「性即理」概念來將其性善價值投影在客觀自然事物〔註79〕，但這樣統轄自然與倫理，就引起所謂「實然」與「應然」的謬誤，丁若鏞認為朝鮮儒學的糾紛縈根於此點。

據上所述，韓亨祚繼續主張，丁若鏞不斷地強調將孟子所說的「人性」與自然界的「物性」無法等同起來，因此否定貫通於所有宇宙生命的普遍性善價值，以此試圖瓦解朱熹的「性即理」與「本然之性」同時，他又批判朱熹以「本然」為主建構起來的形上學是來自於佛教〔註80〕。此外，丁若鏞對「氣」也做批評，他反對將「氣」視為普遍生成資料，而是將「氣」還原為限於身體活動的生命力。丁若鏞相信精神自我不屬於「氣」，因為雖然從父母受到肉身，但精神是來自於超越者（「天」）〔註81〕。由此可見，丁若鏞所理解的人類存在，處在脫離自然界的超越領域〔註82〕，韓亨祚此時引用埃里希·

取其一二者，以其清心寡欲，發精舒氣，或有補於涵養本源之工也。然古者先王之養民也，其養氣之法，不出於『禮樂』二字。禮者，所以拘束筋骸，禁其縱逸而生疾也，樂者，所以動盪血脈，疏其壅遏而致病也。一弛一張，或操或縱，竝行而不悖，兼進而不偏，使理能馭氣，而氣能養理，故古之人皆壽考康寧，休養生息，風淳俗和，入於熙皞之域而不自覺也。」見《定本與猶堂全書》4 冊，《文集》卷 22，〈陶山私淑錄〉，頁 317～318。

〔註77〕相關內容，請參本文第五章第一節之二註 27。

〔註78〕韓亨祚：《주희에서 정약용으로─조선 유학의 철학적 패러다임 연구》〔從朱熹到丁若鏞─朝鮮儒學的哲學模式研究〕（坡州：世界社，1996），頁 7。（以下簡稱《從朱熹到丁若鏞》）

〔註79〕《從朱熹到丁若鏞》，頁 23～120。

〔註80〕《從朱熹到丁若鏞》，頁 173～188。

〔註81〕《從朱熹到丁若鏞》，頁 227。

〔註82〕《從朱熹到丁若鏞》，頁 221～225。

弗羅姆（Erich Fromm，1900～1980）的理論強調，人是追求「超越自己」，及具有宗教性的理想主義者〔註83〕，如同丁若鏞所論的人間觀。

　　整體而言，韓亨祚對丁若鏞哲學所具有的觀點是：丁若鏞不僅拒絕朱熹以「性即理」來建立的、已包含性善價值意義的本體宇宙論，也否定內在而先天地存在的本然之性；然而，這卻不代表丁若鏞哲學流於氣一元論。對丁若鏞而言，重要的仍然是性善道德，但包括自然界的物性及肉身的氣質與道德無關〔註84〕。最後，丁若鏞所找到的出路是：以人的意志來實現普遍價值的超越領域，韓亨祚主張這就是丁若鏞所認為的人類存在之本質。

　　由此可見，韓亨祚的博士論文基於以上非常明顯的問題意識，研討朱熹與丁若鏞哲學之間的比較，其論證的脈絡也相當明晰，可以說是丁若鏞哲學研究者必須要參考的著作。但儘管如此，筆者認為仍有需要再考察的問題，更進一步說這可能牽涉到整個論文的大前提：韓亨祚主張，在丁若鏞看來，朱熹以「理一分殊」論證出自然與人的一致性，這就是朝鮮哲學史的所有矛盾所在。因此丁若鏞選擇所謂「經學」的方法論；也正因如此，丁若鏞占領了有利的位置，因為朱熹哲學體系畢竟是與孔孟思維不同的新儒學（Neo-Confucianism），無法擋住詮釋學的刀刃〔註85〕。筆者之所以對這樣的看法有所保留，是因為丁若鏞對物質性的自然與身為理性存在的人之間做出截然區分，這都是根據天主教理論而進行的，而不是基於「經學」的方法論。具體而言，包括「理一分殊」，丁若鏞對「理氣」概念所提出的批判是基於形（有形）與神（無形）的二分法，而此形神二分法是來自於天主教肉體與精神二分的基本思維〔註86〕。就此而言，丁若鏞為了瓦解朱熹的理氣論的方法，

〔註83〕《從朱熹到丁若鏞》，頁221～225。

〔註84〕《從朱熹到丁若鏞》，頁193。

〔註85〕《從朱熹到丁若鏞》，頁279～280。

〔註86〕宋榮培強調，丁若鏞哲學的基本思考體系相當類似於《天主實義》，例如《天主實義》中所出現的神形二分法就是其許多的類似性中之一：「《天主實義》利用兩分法，將構成宇宙萬物的要素說明為看得見的物體（「形」）和看不見的精神（「神」），同樣地，茶山也是從有形的形體（「形」）和無形的精神（「神」）之二元構圖來看待天地萬物。（…）筆者認為茶山的這種哲學觀點完全接受了我們在前面一節所引用的「理性的主宰者」，即「天主」主宰和安養萬物的觀點。在茶山的思維中，充分體現出（《天主實義》也是同樣）有形而無靈的「氣」與無形而有靈的『神』的二元構圖。（…）茶山不僅完全接受了亞里斯多德以三魂說為依據的事物等次品級論，而且其核心是將人看成由無形的精神（「神」）與有形的肉體（「形」）構成（「神形妙合」）

不是經學，而是天主教理論（就是韓亨祚所說的「西學」），因此韓亨祚非探討在丁若鏞哲學中天主教思維的來源及其理論含義不可。

第三節　研究方法

本文運用多重文本分析研究法、比較研究法及哲學基本問題研究法，來探討朱熹與丁若鏞「道心人心論」之比較研究。

一、多重文本分析研究法

長期以來，對於經典的研究，文本分析最為基本，也最為重要。然而涉及中韓儒學的研究時，我們必須注意到「多重文本分析法」。李明輝分析在朝鮮性理學中四端七情論爭時，曾提出「『多重文本交疊』的特色」〔註87〕，他指出以孔孟及程朱為代表的二重文獻與兩種權威，影響朝鮮性理學者對經典的詮釋。關於這一特色，林月惠有更詳細的說明：

> 依筆者管見，韓國儒學研究所憑藉的「文本」（text），就有其獨特性。
> 因為，研究者首先面對的就是多重文本的交錯。即以性理學為例，
> 先秦儒學如四書、五經等儒學經典，是第一重文本；而朱子對四書、
> 五經的理解與詮釋，便構成第二重文本。而在朝鮮性理學內部，李
> 滉與李珥對朱熹思想的理解與詮釋，又構成第三重文本。有趣的是，
> 此三重文本都具有權威與經典的地位，如何在此三重文本中，取得
> 經典文本與朱熹思想的一致性或融貫性，便構成朝鮮性理學辨析入
> 微的義理世界。因此，展望韓國儒學思想的研究，研究者除了傳統

的存在，因而他將與萬物相區別的「純粹理性」（即「虛靈知覺者」）規定為人的本質特徵。」參見氏著：〈論丁茶山與利瑪竇《天主實義》之間哲學範式的類似性〉，收入古偉瀛編：《東西交流史的新局：以基督宗教為中心》（臺北：臺大出版中心，2005 年），頁 176～178。

〔註87〕「從經典詮釋的角度來看朝鮮儒學中的『四七之辯』，我們可以看到一種筆者所謂『多重文本交疊』的特色。程、朱性理學於高麗時代後期（約十三世紀末）開始傳入韓國，至朝鮮時代已取得絕對的權威地位。因此，參與『四七之辯』的朝鮮儒者必須面對雙重文本的雙重權威：他們除了要面對《禮記》、《孟子》等早期儒學文本及其所代表的權威（即孔、孟的權威）之外，還要面對程、朱性理學的文本及其所代表的權威（即程、朱的權威）。由這雙重文本及其雙重權威所形成的思想史背景本身便成為引發爭論的根源。」參見李明輝：〈朱子性理學與韓儒丁時翰的四端七情論〉，收入黃俊傑、林維杰編：《東亞朱子學的同調與異趣》（臺北：臺大出版中心，2006 年），頁 277～278。

的漢學訓練外，對於多重文本的比較掌握，諸哲學概念與論題的辨

析，是研究韓國儒學不可或缺的基本訓練。〔註88〕

既然朝鮮性理學的根源在於宋明儒學，朝鮮性理學所產生的學術研究，首先就是依據孔孟及程朱文本中共同運作而成的；其次是經過研究者自己不同思考的轉譯才顯現出來的。於是，研究宋明儒學與朝鮮性理學時，研究者必然面對中韓彼此環環相扣卻又各自獨立的狀態。從這樣的研究情況來看，「多重文本分析」是做中韓比較研究的學者必須要運用的研究方法。

二、比較研究法

　　關於比較研究法，李賢中指出：

> 所謂比較研究法，一般說來，「比較」是用來確定事物之間的共同點與差異點的方法。進行比較的兩個事物或對象必須具有類同性與相關性，比較的目的既要注意到事物之間的差異性，又能抓住事物的共同本質，在共性與特性的對立統一中去揭示它們的本質與特點；同時在具體的分析、比較中，形成新的思想，做出科學的創造性的結論。至於求同、求異哪一個更重要，需要從所研究問題的實際出發。例如，運用在《墨辯》邏輯思想的比較研究上，倘若在比較上只強調求同，而忽略求異，則有可能會偏離為「據西釋中」的比附，使《墨辯》與邏輯的比較研究失去了客觀基礎。〔註89〕

以上引文主要是針對中西哲學比較研究而論述的，但中韓哲學之間的比較研究亦不例外。所謂「比較」不能單止於單純地排列出雙方各自的特色，而是根據「可比性原則」〔註90〕探求兩個不同研究對象之間的同異點，這是比較研究法的共同內容。不過，對中韓哲學比較研究而言，尤其針對朱熹哲學與

〔註88〕林月惠：〈高橋亨「主理派/主氣派」解釋框架之批判〉，收入林月惠、李明輝編：《高橋亨與韓國儒學研究》（臺北：臺大出版中心，2015 年），頁 431。

〔註89〕李賢中：〈中國哲學研究方法之省思〉，《哲學與文化》34 卷 4 期（2007 年 4月），頁 17。

〔註90〕「每一個進行比較研究者，都有著自己的研究目的、研究對象、研究角度。那麼具體要比什麼？選擇什麼樣的研究基點？如何避免比較過程中的主觀片面、牽強附會呢？要解決這些問題，進行客觀、有效的比較研究，就要遵循比較研究的基本原則——可比性原則。所謂可比性原則，就是當兩個對象具有相同點又具有不同點時，比較才可得以進行。」見李賢中：〈中國哲學研究方法之省思〉，頁 17。

朝鮮性理學之間的「比較」，在所謂「求同、求異哪一個更重要」的問題上，顯得更為敏感。具體而言，由於朱熹哲學對朝鮮儒學所給的強大影響力的緣故，中韓哲學的比較研究容易偏向於「求同」，導致「據中釋韓」的結果，而此結果不僅是呈現單調的朱子學，也暗示著在雙方之間判定優劣與否；相反地，為了凸顯出韓國本土儒學的主體性，以「獨特性」的口號而只強調「求異」，這亦忽略了朝鮮性理學內不可抹殺並且蘊含的中國儒學之基因。由此可見，就中韓哲學之間的特殊關係而言，連找出相同、相異點在其背後仍然存在著動態的複雜脈絡。

在如此情況下，中韓哲學比較研究的第一步，正如引文所說的，「需要從所研究問題的實際出發」。若要對這句話再做進一步解釋，我們則可以這樣說：比較研究所探討的「求同、求異哪一個更重要」，這都必須要釐清雙方之間存在的相同與差異所內涵的問題意識。換言之，此「比較」當中所存在的同一與差異，在找出學者的問題意識時，就可以成為最有用的切入點。這就是說，朝鮮性理學確實是中國儒學的繼承，然而各自形成的理論結構以及問題解決方法，一定是起因於每個學者所具有的問題意識，由此形成每個理論系統的共同點以及差異。若更進一步說，筆者認為，不僅是作為研究對象的儒學家，身為研究者的問題意識也很重要。即研究者不能只是單純比較兩者之間的問題意識以及解釋結構一致與否，身為進行比較的主體，必須首先清楚自己的問題意識，其次研究對象與研究者之間問題意識的相互作用也必須加以考慮。

以上兩個不同的比較對象以及身為進行比較的研究者之間，會產生一場有交集的對話，筆者認為這就是「問題意識的共同性（同質性）」。具體而言，某個學者具有的問題意識以及從其問題意識所提出的理論，是絕對不可能客觀的；研究某個學者之理論的研究者，也以自己具有的問題意識來考察，進而支持或反對那個學者所提出的理論，這已是含有高程度的主觀性。既然情況是如此，就難以建立一種「是否得到了某個學者的本意」之傳統標準。若以這樣的標準來判定對某個學者之理論的研究成果之是非對錯，恐怕無法避免合理性相當不足的困境。筆者認為，研究者通過自己的研究而所要追求的，不是無條件地進行辯護或否定其研究對象，而是以研究者自己的問題意識來權衡與研究對象的問題意識之間可否形成共同意識。

　　關於「問題意識的共同性」，會有這樣的質疑：處在完全不同的時代、文化、歷史的人們，在問題意識上怎麼可能形成一種同質性呢？筆者認為，「問題意識的共同性」，只要人思考普遍性問題為起點即可，其實這就是我們現在所謂的「哲學」的第一條件。具體而言，問題追求超越所有條件的普遍性，而對此問題的解答具有時空、歷史、文化的特殊性。在這樣的脈絡下，筆者所提出的「問題意識的共同性」只不過是問題的普遍性而已。若從儒家哲學來看「問題意識的共同性」，儒學之為儒學，必須要有其不可或缺的問題意識，而這就是「對於工夫實踐的關懷」。儒學史上沒有人否定工夫實踐的重要性，一旦身為儒家，就必須強調在經驗現實上的道德實踐，這就是儒學公式。所有儒學者共同地具有的問題意識就是對實踐工夫的強烈渴望，而這就是在儒家哲學上可以建立「問題意識的共同性」的原因所在。

　　朱熹與丁若鏞都絕無法脫離「對工夫實踐的關懷」的脈絡，可說已形成「問題意識的共同性」。並且，若這是朱熹與丁若鏞比較當中的相同點，那在此比較當中的差異點就是朱熹與丁若鏞所據的工夫實踐的根據有所不同，這就是筆者想要探索的部分以及本文會具體敘述的部分。

三、哲學基本問題研究法

　　自從出現「中國哲學」（Chinese philosophy）的學術領域，研究中國哲學時所提出的方法論，主要是以西方學術的「哲學」觀念為標準〔註91〕；更具體而言，以西方哲學之分類以及研究方法為主，並進而於中國傳統學術中尋找一種理論上的客觀性〔註92〕。但以西方哲學為參照以及研究中國學術思想，

〔註91〕根據鄭家棟，在中國有了所謂的「哲學」這個門課，是從二十世紀才開始：「與中國史學、文學等不同，哲學在中國作為一個獨立的學科門類是二十世紀的產物。1873 年，日本學者西周最先使用「哲學」兩個漢字來翻譯『Philosophy』一詞。1902 年，《新民晚報》上的一篇文章首次把此一譯名運用于中國傳統思想方面。1914 年，北京大學設立『中國哲學門』；1919 年，新任北京大學校長不久的蔡元培改『中國哲學門』為哲學系，此可以說是標志著作為近現代教育和科研體制下一個專業門類的『哲學學科』在我國的正式確立。而若依據賀麟的說法，直到 1923 年留學美歐的張頤先生回國主持北大哲學系，講授康得、黑格爾哲學，『中國才開始有夠得上近代大學標準的哲學系。』」參見氏著：〈「中國哲學」與「哲學在中國」〉，《哲學動態》第 5 期（2000 年 5 月），頁 28。

〔註92〕關於中國哲學研究，通常被認為是沒有嚴謹的研究方法，不似西方哲學有著嚴密的方法論，而這就導致使人具有某種偏見，例如中國哲學的「哲學性」是不足或中國哲學所涵蓋的主觀性太強。然而，研究中國哲學時所導出的詮

難免會陷於一種「削足適履」的弊端，王邦雄在《中國哲學史》的〈總論〉中說：

> 中國哲學史必須能充分展示出中國哲學有別於西洋哲學的特色，
> （…）易言之，一部成功的中國哲學史，不應該只是將中國思想中
> 屬於哲學的部分加以說明，而應該充分展示「中國哲學」特殊性之
> 所在。因此，完全以西洋哲學的標準來審視、展示中國哲學，都可
> 能只是片面地理解中國哲學，而缺乏對中國哲學全面而又深入的掌
> 握。〔註93〕

以上引文的關鍵在於，所謂「中國哲學有別於西洋哲學的特色」、「『中國哲學』特殊性」。簡言之，西方哲學的研究方法適用於中國哲學研究，這不等於是能夠準確把握傳統中國學術之特質，而恐怕導致「『哲學在中國』」或「『哲學』（指西方哲學）的一個例證。」〔註94〕。但在此要注意，這樣的主張並不是說以「中國哲學的特質」作為一種口號，以此堅持國粹主義或原教旨主義〔註95〕，不要與西方哲學建立任何關係，因為正如李明輝所指：「由於中國哲學這門學科是在西方哲學的參照背景下建構起來的，今日的中國哲學研究根本無法迴避它與西方哲學的關係。」〔註96〕；而只是說，研究中國哲學的學者不能以西方哲學的某種觀點來隨意地闡釋中國學術資源〔註97〕，這就是

釋中含有的主觀性是否為必然的結果，以及所謂客觀性是否有助於真正抓住中國哲學的其內在本質等等，這些問題仍須考慮。

〔註93〕 王邦雄等著：《中國哲學史》上冊（臺北：里仁書局，2005年），頁14。

〔註94〕 此語引用於鄭家棟的觀點，他指出：「它（指「中國哲學」）既是『中國的』，也是『哲學的』。問題的關鍵在於如何維繫（或曰建立）現代語境中的『中國哲學』與本土歷史傳統之間的內在相關性，從而使『中國』與『哲學』之間在文化和思想內涵的層面（而非地理、政治或人類學的層面）建立起某種所屬格的關係，使『中國哲學』真正成為『中國的哲學』，而不只是『哲學在中國』，不只是『哲學』（是指「西方哲學」）的一個例證。」參見氏著：〈「中國哲學之合法性」問題的由來、實質及其對於相關討論的期望〉，《北京行政學院學報》第1期（2005年2月），頁69～70。

〔註95〕 在此所謂的「國粹主義或原教旨主義」，就是如同李明輝所批評的「將『中國哲學』（或『中國思想』）與西方哲學完全分離，以期保持中國哲學的主體性或特殊性。」參見氏著：〈省思中國哲學研究的危機——從中國哲學的「正當性」問題談起〉，《思想》第9期（2008年5月），頁169～170。

〔註96〕 李明輝：〈省思中國哲學研究的危機——從中國哲學的「正當性」問題談起〉，頁165。

〔註97〕 關於這樣的觀點，值得關注陳立勝的看法，他說：「當然，思想問題不可能也不應該完全還原成歷史脈絡、思想者的言說身分及其生活世界之類的事情。

將來研究中國哲學的研究者都必須要具有的研究態度。

關於中國哲學的合法性問題，最合理的結論是：若說我們只能走向「雜種的中國哲學」之路〔註 98〕，在圍繞著中國哲學的研究方法的討論上就有了稍微自由的空間。意思就是說，研究中國哲學的目的，當然是在於最圓滿地呈現出以上所說的「中國哲學的特質」；既然如此，其研究方法也就不一定限於某種特定的條件，而以證明出中國哲學的特質這個目的為優先，如同勞思光說：「它（「方法」）必定不能離開一種『有目的性的活動』。因為一說『方法』，總是就著達成某一目的說。」〔註 99〕可見，論及中國哲學研究方法時，唯一剩下的核心問題，「中國哲學的特質」是指什麼的問題。

所謂「中國哲學的特質」，其核心就是「實踐的優越性」。杜保瑞指出：

> 實踐哲學關切人生理想的追求問題，思辨哲學關切世界真相的認識問題，實踐哲學需要的是實踐的方法，思辨哲學需要的是思辨的邏輯，共同點只有都是講理論的。但西方思辨哲學的傳統對理論建構嚴密度的要求更為重視，在今天，要發展中國哲學，就是要將實踐哲學的理論建構方法予以強化，也就是要向西方學習嚴密的理論。
> 〔註 100〕

中國哲學之所以有別於西方哲學，是因為「實踐的優越性」。換言之，以「實踐的優越性」為特質的中國哲學，是以實踐工夫為優先，如同馮友蘭所謂的中國哲學中「實質的內容」〔註 101〕。就此「實踐的優越性」而言，儒釋道三

（…）真正面對問題的態度應該是，我們在用現代思想（哲學）的『境域』對王陽明的問題加以觀照的時候，必須對我們所使用的觀照框架本身有所自覺：是『利用』王陽明的思想資源並將之置於一個和它好不相干的現代哲學範疇之中任意加以『比較』、『扭曲』、『批判』抑或是『利用』現代哲學資源去觀照、闡發王陽明本身的思想？」參見氏著：《王陽明「萬物一體」論：從「身—體」的立場看》，（臺北：臺大出版中心，2005 年），頁 27。

〔註 98〕 關於中國哲學研究以及其方法的正當性問題，李明輝指出最簡明而正確的解答：「進而言之，如果我們承認：今日研究中國哲學的目的在於進一步發展中國哲學，則我們所要追求的並非『純粹的中國哲學』，而是『雜種的中國哲學』。」參見氏著：〈省思中國哲學研究的危機──從中國哲學的「正當性」問題談起〉，頁 172。

〔註 99〕 勞思光：《思想方法五講新編》（香港：中文大學出版社，2000 年），頁 2。

〔註 100〕 杜保瑞：《中國哲學方法論》（臺北：臺灣商務印書館，2013 年），頁 356。

〔註 101〕 馮友蘭在《中國哲學史新編》緒論中也明顯地表出，形式與實質是不同的，中國哲學雖然有實質的內容，但沒有形式上的系統：「中國古代哲學家們比較少作正式的哲學論著。從古代流傳下的哲學史資料，大多是為別的目的而寫

家所追求的價值都是必定回歸「實踐」，因此強調中國哲學的實踐特性是自然的結果。於是，研究中國哲學時所使用的研究方法，也必須以實踐價值為優先；但這卻不代表只主張實踐，而是意味著以實踐為目的而建立理論體系，就此而言，杜保瑞所指出的「實踐哲學的解釋架構」，值得一提的研究方法：

> 為著建立解釋架構而定義的以儒釋道三教的實踐哲學的基本哲學問
> 題，依筆者之倡議，則應該是「宇宙論、本體論、工夫論、境界論」
> 的四項哲學基本問題，宇宙論是論說世界觀的知識系統，本體論是
> 論斷價值的系統，工夫論是就著宇宙論的知識進行身體修煉工夫，
> 或就著本體論的價值意識進行心理修養工夫的系統，或是同時進行
> 身心兩路的修行工夫系統，境界論是依據宇宙論、本體論與工夫論
> 而說的理想完美人格的理論系統。這是四項哲學基本問題，也是一
> 套解釋架構，形成內部一致的嚴密性推演系統，適合處理儒釋道三
> 教具有實踐性格的哲學體系，當然也適合處理中國三教哲學以外的
> 其他實踐哲學類型的學派之理論。〔註 102〕

以上所說，中國哲學的特質就是「實踐的優越性」，也可以說中國哲學是追求「實踐」價值而展開的理論，常常超越了客觀知識與學術義理的範圍而跨越到主觀實踐的領域。在這樣的脈絡底下，若只用文字上的概念來研究概念之間的單一性、相對性與系統性，其哲學理論的問題意識與主張則會變成模糊〔註 103〕。為了呈現出中國哲學的特質所在的實踐，形成「實踐哲學的解釋架構」的四種研究方法都應具有清楚的哲學基本問題，才可作為筆者研究朱熹與丁若鏞哲學的運用。

的東西，或者是別人所記錄的他們的言語，可以說是東鱗西瓜。因此就使人
有一種印象，認為中國古代哲學家的思想沒有系統。如果是就形式上的系統
而言，這種情況是有的，也是相當普遍的。但是形式上的系統不等於實質上
的系統。（…）中國哲學是工作者的一個任務，就是從過去的哲學家們的沒有
形式上的系統的資料中，找出其實質的系統，找出他的意思體系，用所能看
見的一鱗半瓜，恢復一條龍出來。」參見氏著：《中國哲學史新編》，收入《三
松堂全集》第八卷，（鄭州：河南人民，2000 年），頁 41。

〔註 102〕杜保瑞：《中國哲學方法論》，頁 279。

〔註 103〕關於「概念範疇研究法」的局限，黃連忠說：「任何一位哲學家其著作的典籍
都是一部封閉而內蘊哲學思維的系統，如果吾人存在著某種治學工具或研究方
法的預設，然後再以此預設『硬套』在研究的對象上，在研究方法上是一種主
觀的偏見及謬誤，也有如成語中說的『削足適履』，這對以範疇為中心的研究
方法而言，必須極力避免。」參見氏著：〈從哲學範疇詮釋中國哲學的方法論
思維及其系統架構的局限〉，《台北大學中文學報》1 期（2006 年），頁 230。

第二章　朱熹「道心人心論」的問題意識：從程頤之「未發已發論」談起

第一節　程頤與呂大臨論「中」與「未發已發」（一）

一、「中即性」與「中不可並性而一」

　　眾所周知，宋代儒家受到佛教以「心」與「性」為對象而構成本體論的影響，因而其形上學有了飛躍的發展。此時，宋儒雖然接受佛教的理論性與思辨性，但之所以能夠明確地與佛教有所區隔及避免混淆，乃是因為他們對自家經典所做的詮釋。這即是說，宋儒因佛教而獲得關於心性本體之更深層的問題意識，但在重建自家形上學時，他們從儒家經典挖掘其理論的構成要素。在此脈絡之下，宋儒自原來收錄於《禮記》中的《中庸》抽出並單獨成書，此即反映著他們著眼於《中庸》所包含的天道、性命等豐富的本體義涵。尤其，《中庸》首章無疑是成為儒家形上學的重要根據：

> 天命之謂性，率性之謂道，修道之謂教。道也者，不可須臾離也，可離非道也。是故君子戒慎乎其所不睹，恐懼乎其所不聞。莫見乎隱，莫顯乎微。故君子慎其獨也。喜怒哀樂之未發，謂之中；發而皆中節，謂之和；中也者，天下之大本也；和也者，天下之達道也。致中和，天地位焉，萬物育焉。

《中庸》開宗明義即說「天命之謂性，率性之謂道，修道之謂教」，這句話朱熹註解為「蓋人之所以為人，道之所以為道，聖人之所以謂為教，原其所自，無一不本於天而備於我。」〔註1〕由此可見，對宋儒而言，既然個人之心性成為形上本體，也必須要將此與作為形而上根源的「天」聯繫，因為這樣才可以指出人內在的道德本性之必然性。〔註2〕包括朱熹，整個宋代儒家都出於此問題意識來解釋《中庸》，並且這些詮釋也確實點出許多充滿理論性的問題，《中庸》首章第一段落的末尾所出現的「中和」也是其中之一。

在先秦都沒被人注意的「未發」〔註3〕，從北宋儒者程頤（號伊川，1033～1107）與呂大臨（字與叔，1044～1091）論「中和」開始，不僅在靜坐工夫中被論及，也成為在儒家形上學重要議題。在程頤與呂大臨的討論中，主要環繞著「中」這個概念，並為此進行了反復的辯論，此爭論延伸到「未發已發」問題，而這樣一連串的討論過程記載於程頤與呂大臨往來的書信〈與呂大臨論中書〉。

〔註1〕朱熹：《中庸章句》，收入《四書章句集注》（北京：中華書局，2001 年），頁17。本文以下凡引收入《四書章句集注》，不再詳註，僅分別標明篇名、卷數、標題、頁數，如《中庸章句》，頁 17。

〔註2〕楊儒賓指出，這就是在《中庸》的詮釋上漢唐儒與宋儒的大不同點。就是說，漢唐以氣化論觀點來解釋《中庸》，這不同於理學傳統（指宋儒），他說：「鄭玄、孔穎達的《中庸》注解中不但沒有『超越的體證本心』之義，而且政治導向的詮釋相當濃厚，其證據不僅僅止於此處，整篇《中庸》或整本《禮記》的注疏無不如此。」參見氏著：《從《五經》到《新五經》》（臺北：臺大出版中心，2013 年），頁 198。

〔註3〕在宋代儒學中，「未發已發」問題被「主題化」（topicalization）而成為論述與探究的對象，這比起先秦至隋唐的儒學思想，可說是有些特殊的學術傾向。像段玉裁在《說文解字注》中所指出的解釋那樣，「發」的基本字義是指「凡作起之偁」的動詞，此時所謂「未發」與「已發」也僅僅是指某種現象或事情是否發生而已，並不是與學術相關的詞語。宋代之前儒學思想中有關所謂「發」的論述，其問題意識都是在於「發」這一動詞的對象是什麼，而先秦儒學思想中「發」一動詞主要敘述的對象，是情感。具體而言，維護社會穩定是時至今日儒家所關注的核心主題；隨著此目標，對情感的調節及管理也被認為相當重要，因為若沒有妥善處理民眾的情緒反應，就會威脅社會安全與穩定。孔子、荀子等先秦儒家，都是在這個脈絡之下提倡禮樂制度，用以調理節制人內在過分的情感，並以此維護社會秩序與人倫道德。這樣的禮治思想，基本上是以人的情感對社會穩定度具有一定的影響為前提，而這個前提的成立，當然取決於已發生的情感。可見，先秦儒家所關注的重點，是因外物所激發的像喜怒哀愛那樣許多情感及其處理方式，此時所探討的情感問題總是情感的「已發」狀態；至於情感尚未產生的「未發」，對先秦儒家而言，是全然沒有任何問題的狀態，因此就不足以用來作為思考對象。

在〈與呂大臨論中書〉（以下略稱〈論中書〉）開頭，呂大臨主張「中者道之所由出」，程頤不同意這樣的觀點而說「此語有病」，呂大臨對之作出了說明：

> 大臨云：謂中者道之所由出，此語有病，已悉所諭。但論其所同，
> 不容更有二名；別而言之，亦不可泥為一事。如所謂「天命之謂性，
> 率性之謂道」，又曰：「中者天下之大本，和者天下之達道」，則性與
> 道，大本與達道，豈有二乎？〔註4〕

呂大臨認為，「中」是由於「道」而產生，這個觀點即使稍微有毛病，大致上仍然是可以成立的。因為其名稱雖不同，但若這些概念都論述相同之處，可概括為一體。依此來看，不僅「中」與「道」，使得《中庸》首章所涉及的多項概念（「性與道，大本與達道」）可以成為一體的關鍵，在於「論其所同」，而呂大臨在此所提的相同之處，即是性善價值本體，亦是由性善價值本體所得到的本體與現象之統合。對呂大臨而言，形而上的永恒而普遍地存在的本體，不是價值中立的自然天，而是具有道德價值含義的；在形而下到處都可以呈現的現象，不是一般而言的實然、事實狀態，而是指基於道德價值本體而正在進行的實踐，同時也意為透過此實踐以後所完成的社會人倫的道德境界。因此，無論是在本體或現象哪一個層面上說，其重點都是歸屬於天所賦予的性善價值本體，就此而言，本體與現象之間沒有任何阻隔，可以合而為一。由此可見，呂大臨主張，作為本體的「性」、「大本」與作為道德實踐及其境界的「道」、「達道」並沒有任何不同，而可以成為一體。在此值得注意的是，呂大臨這樣的此觀點必須要預設「本體與現象可以合而為一」的前提。若更進一步說，筆者認為此本體與現象之合一與否，即是〈論中書〉整個辯論的基本框架，因為呂大臨與程頤對本體與現象的關係所具有的不同觀點，必然影響到他們所論述的「中」、「性」、「道」的涵義及關係。

根據上述的理論背景，呂大臨反問程頤說：「則性與道，大本與達道，豈有二乎」，但程頤所想的本體與現象之關係，與呂大臨正好相反：

> 先生曰：中即道也。若謂道出於中，則道在中外別為一物矣。所謂
> 「論其所同，不容更有二名；別而言之，亦不可混為一事。」此語

〔註4〕程頤：〈與呂大臨論中書〉，《河南程氏文集》卷9，收入程顥、程頤，王孝魚點校：《二程集》（北京：中華書局，1981年；2006年重印），上冊，頁605～609。本文以下凡引自〈與呂大臨論中書〉，不再詳註。

固無病。若謂性與道、大本與達道，可混而為一，即未安。在天曰
命，在人曰性，循性曰道。性也、命也、道也，各有所當。大本言
其體，達道言其用，體用自殊，安得不為二乎？

程頤肯定「論其所同，不容更有二名」，這意味著他暫時同意由性善價值本體
可以並論形而上與形而下，而此時「性」、「大本」與「道」、「達道」之間沒
有任何區別。但儘管如此，程頤之所以仍然明確地反對「性與道、大本與達
道，可混而為一」，是因為「命」、「性」、「道」等每個概念所處的層面根本無
法成為同一。「命」在「天」上說；「性」在人身上說；「道」是順著人之性而
做事，由此可見，這些概念「所當」的範疇根本不一致。程頤這樣的觀點，
可概括為引文中最後一句話，他說：「大本言其體，達道言其用，體用自殊，
安得不為二乎？」對程頤而言，形而上道德本體與在形而下以道德實踐來呈
現的現象，兩者是截然二分。

牟宗三對以上程頤之說所做的批評，正是代表呂大臨的觀點：「『道在中
外別為一物』之難亦太過矣。其不如與叔之豁順甚顯。夫『中者道之所由出』
即就『率性之謂道』而言也，亦是剋就『達道』而言也。此語並無過患，而
必穿鑿周納以難之何耶？夫用豈不本於體乎？」〔註 5〕牟宗三最後一句話說
「夫用豈不本於體乎」，可見牟宗三也與呂大臨一樣認為，從形而上的根源來
看，以性善作出來的道德價值本體，以及人根據其本體而在經驗現實上所呈
現出來的道德現象並不存在任何區別。然而，在程頤看來，以「工夫」或「境
界」來指稱的所有道德現象，雖緊根於性善價值本體，但仍將形而下的經驗
現實當作可以實踐道德的基本條件，就此而言，本體與現象之間必然存在根
本無法消滅的差異，程頤就是站在這個立場而反對本體與現象之「混而為
一」。

由此可見，對本體與現象之關係而言，呂大臨堅持「論其所同」的觀點；
而程頤認為必須要「別而言之」。這就意味著，要釐清他們對「本體與現象可
否合而為一」的問題所各有的不同觀點，這才是使得「中」之含義得以清晰
明確的第一步。在此脈絡上，就可以理解程頤為何與呂大臨處於對立狀態：

大臨云：既云「率性之謂道」，則循性而行莫非道。此非性中別有道
也，中即性也。 在天為命，在人為性，由中而出者莫非道，所以言
道之所由出也，與「率性之謂道」之義同，亦非道中別有中也。

〔註 5〕牟宗三：《心體與性體》第二冊（臺北：正中，1968 年），頁 351。

程頤對呂大臨的觀點提出質疑：「大本言其體，達道言其用，體用自殊，安得不為二乎？」對此問題，呂大臨以「率性之謂道」的詮釋做回答並補述。他對「率性之謂道」解釋為「循性而行莫非道」，即順著本性而做事，此結果莫不是「道」，可見對呂大臨而言，作為「體」的「大本」與作為「用」的「達道」並不是兩回事。具體而言，呂大臨所認為的「道」與「達道」，不是單純地按照倫理規範而做出來的道德行為，而是由性善價值本體所展現的境界，呂大臨將此境界義延伸至作為本體之「性」而顯示出一體觀，因此「道」與「達道」，以及本體當然都可以合一而不可分。換言之，原來在形而下實踐人倫道德之「道」，由「循性而行莫非道」的境界而向上提升為本體，因此「道」與作為本體的「性」能夠統一；既然「道」與「性」是同體，那麼由於「道」而產生的「中」就可以等同於「性」。呂大臨這樣的觀點，在楊時所記錄下來的《二程粹言》中也可看到，呂大臨說：「所謂道也，性也，中也，和也，名雖不同，混之則一歟？」〔註6〕可見，對他而言，「性」、「道」、「中」，雖然各有不同名稱，但都能夠扮演性善價值本體的角色並相融為一體，「中即性」是從如此的思考脈絡所發展出來的結論之一：

　　先生曰：中即性也，此語極未安〔註7〕。中也者，所以狀性之體段。

〔註6〕程顥、程頤，〔宋〕楊時訂定、張栻編次：《河南程氏粹言》卷1，〈論道篇〉，收入程顥、程頤，王孝魚點校：《二程集》（北京：中華書局，1981年；2006年重印），下冊，頁1182。本文以下凡引自《河南程氏粹言》，不再詳註，僅分別標明標題、卷數、冊數、書名、頁數，如《河南程氏粹言》卷1，〈論道篇〉，《二程集》下冊，頁1182。

〔註7〕程頤前面肯定「中即道」，但在此又否定「中即性」，表面上看來似乎有矛盾，牟宗三說：「伊川此辨極差謬。一、前既云：『中即道也』，而此又謂『中即性也』為『極未安』。如『中即性』為『極未安』，則『中即道』亦不得為安。此顯伊川之顛三倒四。」參見氏著：《心體與性體》第二冊，頁352。可見牟宗三將「道」與「性」等同為本體義。然而，程頤前面將「性與道、大本與達道」理解為「性」與「大本」是為「體」；「道」與「達到」是為「用」，可見此時「道」不在本體的範圍，而是指工夫意義上所說的「道」。其實，這也牽涉到程顥與程頤所理解的「道」有所不同的問題。張永儁指出，程頤所論述的「道」與程顥有著不同的面貌，相較於程顥所說的「道」意味著內外統一的自然之道，程頤更強調人倫上道德價值。參見氏著：《二程學管見》（臺北：東大，1988年），頁125～127。如張永儁所說，筆者認為〈論中書〉中程頤所提的「道」，是在現象範圍內以實際行為為主的道德實踐，並不能直接等同於形而上本體。不過，筆者也不是否定程頤哲學中「道」的本體義，而只是想要說：在程頤的思維脈絡中，「道」是本體與現象這兩個層面所交集而成的複合概念。換言之，到了宋代「道」概念明確提升到形而上本體，促進以「理」為核心的宋明儒學

（自注：若謂性有體段，亦不可，姑假此以明彼。）如稱天圓地方，遂謂方圓而天地可乎？方圓既不可謂之天地，則萬物決非方圓之所出。如中既不可謂之性，則道何從稱出於中。蓋中之為義，自過不及而立名。若只以中為性，則中與性不合，與「率性之謂道」其義自異。性道不可合一而言。中止可言體，而不可與性同德。

根據程頤的說法，「中」概念的界說可概括為三點：一、「中」是形容本體（性）的「體段」〔註8〕；二、「中」是不偏不倚而得名的修飾詞；三、「中」只能說本體的勢態如何，而不可以與本體具有同樣性質〔註9〕。如此的三種意義，實際上都是意味著「中」是描述本體所體現的形象，即「中」是像描繪「天地」的「方圓」那樣的某種經驗屬性，因此不可將「中」等同於「性」。在此我們很明顯地可以看到，程頤是對「性」賦予本體義的，甚至他擔憂自己所說的「性有體段」恐怕被誤解為「性」類似於某個經驗事物，因此特地做注解說「若謂性有體段，亦不可，姑假此以明彼」，強調若說「性」有態勢，則是為了更加清楚地說明而不得已說的。

程頤這樣堅定「性」的本體義，這就反映著他在本體與現象的架構上對「性」與「中」作為截然不同的觀點，在此脈絡下，「中」是作為本體的「性」在形而下被呈現的現象。具體而言，程頤對「性」與「中」的看法十分清楚，

出現；儘管如此，「道」本身無法排除對現象世界的依賴性，因為「道」是基於人的行為而決定成不成的；相較於此，程頤所認為的本體（「理」）確實更為獨立。本體是包括人性本質的萬物之所以然，為了奠定如此最高價值的地位，此本體不能與其他一切屬性混淆，也無需依賴任何外物。就此而言，「道」仍不是自足獨立的概念，因為「道」必須依靠人類的理性及其選擇，畢竟在某種程度上必須要牽涉到經驗世界的人類行為。筆者認為，這就是程頤不會直接將「道」與本體之「性」等同起來的原因所在。

〔註8〕根據牟宗三的說法，「體段」基本上是與客觀的形象有關的詞彙。他認為，超越的所以然之理對應於事物的存在之理（性）時即有了體段，有體段即有形象。參見氏著：《心體與性體》第二冊，頁282。

〔註9〕「中止可言體，而不可與性同德」之「德」，郭齊將此解釋為「性質」（「德：品德，這裡指性質」），本文採用此翻譯。參見程顥、程頤，郭齊譯注：《二程文選譯》（南京：鳳凰，2011年），頁182。程頤後來又不滿意他自己說的「不可與性同德」此句，所以再改為「以中者性之德」（「又曰：觀此義，謂不可與性同德，字亦未安。子居對以中者性之德，卻為近之。」〈論中書〉）不過這並不意味著程頤的觀點有所改變，因為從「不可與性同德」改到「以中者性之德」的原因在於程頤要將「性」與「中」的性質（「德」）作截然區分，以此加強「性」的本體義。

他說「性」依然是本體論的立場；相反地，「中」是無法擁有本體含義的，確實是屬於現象範圍。若參考《二程粹言》中的〈論中書〉，則更明顯地看出程頤對「中」的理解：

> 子曰：性道可以合一而言〔註10〕，中不可並性而一。中也者，狀性與道之言也。猶稱天圓地方，而不可謂方圓即天地。方圓不可謂天地，則萬物非出於方圓矣。中不可謂之性，則道非出於中矣。中之為義，自過與不及而立名，而指中為性可乎？性不可聲容而論也。
> 率性之謂道，則無不中也，故稱中所以形容之也。〔註11〕

如程頤於前引所說「中止可言體，而不可與性同德」，程頤在此也始終如一地主張「中不可並性而一」，並且其「不可」的原因是因為「中」是描述「性」的詞語。在此「中」所描述（「狀」）的一定牽涉到以「聲容」為代表的經驗屬性，如同程頤在引文後面強調說「性不可聲容而論也。」換言之，「中」只能說「性」本體在現象界呈現出來之後其形狀如何，而「中」這樣的經驗性質，不能等同於本體的形而上屬性。

一般而言，儒學的最大特色，即是所謂「本體」必須扣緊人倫道德意涵，這樣最根本的基礎上，例如「天」、「理」、「性」、「道」、「心」等等構成儒家哲學理論的多項概念，通常被視為同一體及其呈現而不相分離。依此看來，呂大臨對這些概念及《中庸》首章解釋為一切世界可看成是本體及其流行，這是在重視性善價值本體的宋代學術氛圍中，可以通用的看法。如前所述，到了宋代，儒家在心性本體論有極大開展，而此時對於本體論的焦慮及追求，使得作為人性與世界基礎的本體及其體現成為最高的價值。在此脈絡下，其本體觀念中即有著宇宙本體的含義。意思就是說，這個性善價值本體，不僅是在工夫論，也在宇宙論上成為生生不息的道德性動力之唯一源泉，性善價值本體正是基於此點而滲透於現象的特殊性。可見，從宋儒—尤其是北宋儒者—的視角來看，包括宇宙的整個世界，既然被認為是同一本體所展現出來的許多面向，那麼我們所謂的本體與現象即必然是合而為一；甚至可以說，

〔註10〕《二程集》所記錄的是「性道不可合一而言」；《二程粹言》反而是寫成「性道可以合一而言」。不過無論如何，在《二程集》與《二程粹言》的兩句中所出現的「性」都是指本體義，而程頤所說的「循性曰道」確實是屬於「用」，因此筆者認為《二程集》的「性道不可合一而言」更為恰當，本文根據此句。
〔註11〕《河南程氏粹言》卷1，〈論道篇〉，《二程集》下冊，頁1183。

所謂「合」也是不恰當的術語，因為本體與現象、形而上與形而下、天與人都根本不是二〔註12〕。

就此而言，反映出北宋儒家共同心聲的是呂大臨所主張的「中即性」，而不是程頤所主張的「中不可並性而一」。當然，程頤對本體的觀點，未曾脫離過其本體在人倫道德完善的價值向度上具有無限地總括性，但他仍堅持「體用自殊」的態度，對本體與現象作了區分，這其實是與當時北宋儒學思潮的主流傾向不太相應的。程頤這樣獨特的學術傾向，通常被認為二元論，但在此仍須一提的是：他所強調的「體用自殊」，並不是將「體」與「用」視為兩個獨立的本原，而是指在價值的位階上做出差序的一種方式。這也就是說，所謂性善價值本體，絕不依靠任何條件而獨立存在，且恆定不起變化，而程頤為了確保本體的普遍性、超越性以及獨立的自足性，由所有概念分離出本體。換個角度說，除了本體之外，將其餘所有的概念都放在比本體更低一層的位置，並由此給予本體最高價值的位階。在此脈絡下，程頤說「體用自殊，安得不為二乎？」並不意味著此本體（體）與現象（用）是兩個獨立之物而不能渾然一體，而是在價值等級中存在著差別的格局下，由於本體是唯一最高的價值，因此在形式上與其他任何概念無法融合為一。此時值得注意的是，程頤在〈論中書〉以「體用自殊」的方式徹底地聚焦於本體，這也影響到「道」的內涵，即使「道」概念所具有的本體涵義大為褪色〔註13〕。具體而言，在本體與現象相區別的觀點之下，程頤將「性與道、大本與達道」中的 「性」與「大本」理解為「體」；「道」與「達道」理解為「用」，此時「道」不在本體的範圍，而在於透過自我決斷判所進行之實踐的現象範圍。

〔註12〕「觀天理，亦須放開意思，開闊得心胸，便可見，打揲了習心兩漏三漏子。今如此混然說做一體，猶二本，那堪更二本三本！今雖知『可欲之為善』，亦須實有諸己，便可言誠，誠便合內外之道。今看得不一，只是心生。除了身只是理，便說合天人。合天人，已是為不知者引而致之。天人無閒。夫不充塞則不能化育，言贊化育，已是離人而言之。」見程顥、程頤：《河南程氏遺書》卷 2 上，收入程顥、程頤，王孝魚點校：《二程集》（北京：中華書局，1981 年；2006 年重印），上冊，頁 33。本文以下凡引自《河南程氏遺書》，不再詳註，僅分別標明標題、卷數、冊數、書名、頁數，如《河南程氏遺書》卷 2 上，《二程集》上冊，頁 33。

〔註13〕關於程頤在〈論中書〉所理解的「道」之含義，詳參本章本節之一註 7。

二、呂大臨之辯：「喜怒哀樂之未發，則赤子之心」與「中」

在〈論中書〉後半段呂大臨接著以「未發」與「赤子之心」來解釋「中」，從此使得「中和」與「未發已發」問題的討論開始得以深化：

> 大臨云：喜怒哀樂之未發，則赤子之心。當其未發，此心至虛，無
> 所偏倚，故謂之中。以此心應萬物之變，無往而非中矣。孟子曰：「權
> 然後知輕重，度然後知長短，物皆然，心為甚。」此心度物，所以
> 甚於權衡之審者，正以至虛無所偏倚故也。有一物存乎其間，則輕
> 重長短皆失其中矣，又安得如權如度乎？故大人不失其赤子之心，
> 乃所謂允執其中也。大臨始者有見於此，便指此心名為中，故前言
> 中者道之所由出也。今細思之乃命名未當爾。此心之狀，可以言中，
> 未可便指此心名之曰中。所謂以中形道，正此意也。「率性之謂道」
> 者，循性而行，無往而非理義也。以此心應萬事之變，亦無往而非
> 理義也。皆非指道體而言也。若論道體，又安可言由中而出乎？

從上述的〈論中書〉前半段可見，呂大臨站在本體與現象的合而為一之基礎上主張「中即性」，即「中」與「性」都同樣具有本體義。此時他所認為的本體，都可以統括形而上的道德價值以及在形而下呈現出道德價值的實踐及其境界。就此而言，他無法將「中」僅僅當作描述本體的形容詞，因為呂大臨認為「中」與本體的等同關係是必然的。呂大臨對「中」如此的看法，在《禮記解·中庸》[註14] 明確地表示「天命之謂性」等於是「中」。他甚至認為「天

〔註14〕關於《中庸解》的作者問題，歷代學界有程顥與呂大臨的兩種說法。李紅霞指出，《中庸解》一般被認為程顥所作，這是宋代當時一種流行的看法，因此在宋代多數學者與目錄學著作，都傾向於認為《中庸解》的作者是程顥；但胡宏在〈題呂與叔中庸解〉、朱熹在〈中庸或問〉卻主張以《中庸解》為呂大臨所著，現在學界也大致辨別為《中庸解》是呂大臨的作品。另外，關於《中庸解》的版本問題，李紅霞又進行了仔細的討論。與朱子同時代的學者陳長方與他的弟弟陳少方發現呂大臨所作《中庸解》不止一種之後，朱熹也判定為呂大臨的《中庸解》有兩種，其一是《禮記解·中庸》（現存《禮記集說》），這是呂大臨在太學講課時所使用的舊本；另一是以「中庸解」之名為單獨成篇流傳的改本，現存收於《河南程氏經說》。參見氏著：〈呂大臨《中庸解》簡論〉，收入陳來主編：《早期道學話語的形成與演變》（何肥：安徽教育出版社，2007 年），頁 69～76；郭曉東也提到《中庸解》的兩個版本，與李紅霞的看法大致相同。不過郭曉東更進一步說明圍繞著其兩種版本中現存《禮記解·中庸》而起的爭議，又指出朱熹認為《禮記解·中庸》（初本）比改本更好，參見氏著：〈論朱子在對《中庸》詮釋過程中受呂與叔的影響及其對呂氏之批評〉，收入黃俊傑編：《中日《四書》詮釋傳統初探》（上海：華東師範大學，2007 年），頁 298～299。

道」、「天德」也可以說是「中」，主張人稟賦作為「天道」、「天德」的「中」就是「性」〔註15〕，可見對他而言，「中」實際扮演的角色即是本體。然而，如此的觀點遭受程頤的批評，因為程頤認為「中」仍然是形容本體之詞而不是本體，如同他強調：「中不可並性而一」。對這樣的批判，呂大臨改過策略，他暫時不會提到「性」，而以「赤子之心」取代「性」，與「未發已發」同時進行闡述，以此再試圖提高「中」的理論地位及其價值，並證明「中」仍蘊含著可以成為本體的必然性。

呂大臨將「未發」視為「赤子之心」，此時「赤子之心」亦即是指「本心」，他在《禮記解‧中庸》中說：「情之未發，乃其本心。本心元無過與不及，所謂『物皆然，心為甚』，所取準則以為中者，本心而已。」〔註16〕對他而言，「未發」與「赤子之心」是指「本心」，而且這些概念都不屬於「體用自殊」之「用」（現象），而是指「體」；更重要的，如同「未發」與「赤子之心」，「中」也實際上已超過現象範圍，即是指本體自身。呂大臨接著說「當其未發，此心至虛，無所偏倚，故謂之中」，正在未發當中的「赤子之心」因極為沖虛而根本不會產生偏倚，因此叫做「中」。就此而言，「中」雖然其名不同，但他已將「中」當成與「未發」、「赤子之心」同樣的本體看待。

並且，呂大臨所認為的「中」，不僅是本體，也是指「赤子之心」能夠發揮效驗的根據及其境界。這即是說，因在「未發」而可以「至虛」，因「至虛」而可以「無所偏倚」的「赤子之心」，才可以呼應世間所有現象而卻永遠保持「中」，因此呂大臨說「以此心應萬物之變，無往而非中矣。」在此所謂的「應萬物之變」，從他所引用的《孟子》之例來看，是指在現象層面上辨正然否、權衡萬事。這樣變化多端的現象當中，由於「赤子之心」是「以至虛無所偏倚」，因此能夠極為仔細的「權度」，並且不會失去得失輕重之間的「中」，這是「大人不失其赤子之心」的理由，也就是在引文中所說的「允執其中」。

〔註15〕 「『天命之謂性』，即所謂中；『修道之謂教』，即所謂庸，中者，道之所自出；庸者，由道而後立。蓋中者，天道也、天德也，降而在人，人稟而受之，是之謂性。」見呂大臨：《禮記解》〈中庸第三十一〉，收入陳俊民輯校：《藍田呂氏遺著輯校》（北京：中華書局，1993 年；2012 年重印），頁 271。本文以下凡引自《禮記解》〈中庸第三十一〉，不再詳註，僅分別標明標題、卷數、冊數、書名、頁數，如《禮記解》〈中庸第三十一〉，《藍田呂氏遺著輯校》，頁 271。

〔註16〕 「情之未發，乃其本心。本心元無過與不及，所謂『物皆然，心為甚』，所取準則以為中者，本心而已。」見《禮記解》〈中庸第三十一〉，《藍田呂氏遺著輯校》，頁 273。

　　由此可見，呂大臨以「未發」與「赤子之心」來強調「中」的本體義，而這實際上是說他重複主張「中即性」也無妨，因為即使呂大臨再承認說「今細思之乃命名未當爾」，其觀點仍然是未有任何變化。具體而言，呂大臨一方面肯定「中」是用來形容本體的一種狀態，因此給「心」（「赤子之心」、「本心」）取名為「中」，甚至說「此心之狀，可以言中，未可便指此心名之曰中。」儘管如此，呂大臨另一方面仍不放棄「中」是本體自身的觀點。他所論述的「中」，並不是單純形容本體被現象化之後的態勢，也不是在現象先有所偏向之後改過來的「不偏不倚」，而是作為「赤子之心」的本然之「未發」本身，亦即是「以至虛無所偏倚」的本體。

　　不僅如此，「中」又是指「無往而非中」、「無往而非理義」的道德境界。不過，呂大臨對這些境界竟然說：「皆非指道體而言也。若論道體，又安可言由中而出乎？」這即反映著他意識到程頤以「天圓地方」的例子來批判「中」只能成為「方圓」（現象）而不能成為「天地」（本體）之意。就此而言，呂大臨在某種程度上似乎接受了如此的境界不能說是「道體」自身，也同時意味著他意識到本體與現象之間的區分。然而，即使他主張「皆非指道體而言」，從道德價值上本體與現象根本沒有區別的前提來看，「無往而非中」、「無往而非理義」的道德境界仍然可以獲得能夠成為本體的超越性，因而這些都歸屬於本體範疇。總之，呂大臨主張「未發」的「赤子之心」即是「本心」，並且將此「本心」可視為「中」；因為「本心」即是「中」，由此可以呼應世間萬事。

　　呂大臨在《中庸解》所理解的「中」，不是在工夫上的中節，而是作為天地之性，可見「中」已超過人性的範圍，成為天地運行的根源法則，已擴大到宇宙本體。原來從北宋初期佛教開始被言及的「中」〔註17〕，在呂大臨這裡就紮根於現象世界背後生生不息的天地流行中，以此在儒家思想的理論與工夫內成為重要概念，這其實是與張載思想有所關聯。在《正蒙》首篇〈太和〉第一句話，「中」暗示著作為氣能夠不斷流行的本體〔註18〕；在《經學理

〔註17〕 關於北宋初期所流行的佛儒交融思想，余英時在《朱熹的歷史世界》的序文中詳細解釋，參見氏著：《朱熹的歷史世界：宋代士大夫政治文化的研究》（臺北：允晨文化，2007年），上篇，頁103～154。

〔註18〕 「中涵浮沈、升降、動靜、相感之性，是生絪縕、相盪、勝負、屈伸之始。（…）○熊剛大曰：其中涵具二氣，陽浮而陰沈，陽升而陰降，陽動而陰靜，交相感應之性。（…）○王夫之曰：涵，如水中涵之象；中涵者其體，是生者其用也。輕者浮，重者沈，親上者升，親下者降，動而趨行者動，動而赴止者靜，

窟》,「中」即提升為「大中」:「大中,天地之道也;得大中,陰陽鬼神莫不盡之矣。」〔註19〕顯然地,此「大中」甚至涵蓋到像「陰陽」、「鬼神」那樣整個宇宙生命的奧妙原理,在此「大中」是以「陰陽」、「鬼神」為代表的氣能夠生生不息地流行之絕對根據,也可以說與「太和」一脈相通。對張載而言,「中」也可稱為「中道」,在《張子語錄》〈語錄下〉他說:「極善者,須以中道方謂極善,故大中謂之皇極,蓋過則便非善,不及亦非善,此極善是顏子所求也。」〔註20〕張載所謂的「中道」,一方面是「極善」的必要條件,另一方面是像顏淵那樣的聖人所求的一種超越境界。由此我們可推測,呂大臨以「中」同時作為本體與境界,與張載哲學之間一定有所關聯。

呂大臨常用的「赤子之心」之比喻也是他繼承張載思想的重要根據之一。張載在《經學理窟》中說:「『順帝之則』,此不失赤子之心也,冥然無所思慮,順天而已。赤子之心,人皆不可知也,惟以一靜言之。」〔註21〕張載以「大人者,不失其赤子之心者也。」(《孟子·離婁》)來理解「不識不知、順帝之則」〔註22〕,可見他所認為的聖人主要特色即是具有像「赤子之心」那樣的純粹無私之心。不過,「赤子之心」所比喻的實際內容,並不是單純地指沒有任何私心的意思;「赤子之心」被張載用來指謂令自然現象永續的根本原理—「天之虛」:「氣之蒼蒼,目之所止也;日月星辰,象之著也;當以心求天之虛。大人不失其赤子之心,赤子之心今不可知也,以其虛也。」〔註23〕「天之虛」是「氣之蒼蒼」、「日月星辰」能夠繼續運行的根源,並且我們之所以當下無法認識「赤子之心」的理由,也是因為「赤子之心」有如「天之虛」般極為空虛。可見,孟子原來是指四端的「赤子之心」,在張載那邊就變成現象背後的本體及其境界的「虛」。這樣的思維脈絡傳到呂大臨,呂大臨將作為本體的「虛」取名為「中」,也將此等同於「性與天道」。這樣作為「性

皆陰陽和合之氣所必有之幾,而成乎情之固然,猶人之有性也。」見張載著,林樂昌編:《正蒙合校集解》(上)(北京:中華書局,2012年),頁7。

〔註19〕見張載:《張載集》(北京:中華書局,2006年),《經學理窟》,〈義理〉,頁274。本文以下凡引收入《張載集》,不再詳註,僅分別標明書名、標題、頁數,如《經學理窟》,〈義理〉,頁274。

〔註20〕見《張載集》,《張子語錄》,〈語錄下〉,頁332。

〔註21〕見《張載集》,《經學理窟》,〈詩書〉,頁255。

〔註22〕「帝謂文王、予懷明德、不大聲以色、不長夏以革。/不識不知、順帝之則。/帝謂文王、詢爾仇方、同爾兄弟、以爾鈎援、與爾臨衝、以伐崇墉。」見《詩·大雅·皇矣》。

〔註23〕見《張載集》,《張子語錄》,〈語錄中〉,頁326。

與天道」的「中」，不能從人的一般感官探索尋求，而只有「虛心」才可以得到〔註24〕。由此可見，呂大臨自「赤子之心」所展開的思維脈絡，可說是來自於張載的觀點。值得注意的是，如同在〈論中書〉前半段已詳細考察的，呂大臨（與張載）的觀點所根據的是本體與現象之合而為一的理論架構。換言之，在本體與現象打成一片的前提上，他們對上述「大中」、「虛」、「赤子之心」、「中」、「未發」、「本心」等等概念所做的詮釋，是從本體開始，也在本體結束，其發端與終點都不會脫離本體。這即表示，這些概念之間不會存在異質性的層次，因此在「本體」的名目之下，都可以劃上等號。

三、程頤之辯：「赤子之心可謂之和，不可謂之中」

然而程頤對「中」、「赤子之心」、「未發」所展開的思維邏輯，並不單純：

> 先生曰：喜怒哀樂未發謂之中，赤子之心，發而未遠於中，若便謂
> 之中，是不識大本也。

在〈論中書〉從頭到底，呂大臨的思路始終非常清楚，即「中」、「赤子之心」、「未發」都貫通於本體義；相較於此，在〈論中書〉後半段程頤所展開的思路卻錯綜複雜，其意思並不太明確。如前所述，「中」雖然可以描述本體的狀態，並展現最高、最圓滿的超越境界，但不能等同本體（性），這就是程頤所主張的「中不可並性而一」。然而，程頤在〈論中書〉後半段所說的「中」，又有別於「已發之和」的「赤子之心」，這反而使得「中」與本體難以區分。因為若「中」不是「已發」，則意味著「中」是「未發」；未發性體即是本體，就此而言若「中」是「未發」，「中」又可以等同於本體，這即是再回到剛才程頤自己所反對的「中即性」。

先說結論，這都是因為程頤一方面依循未發性體之傳統解釋；另一方面以本體與現象之區分（「體用自殊」）為前提，從現象經驗之心試圖理解未發與已發。前者（程頤所依循的未發性體之傳統解釋）是屬於存有論的問題，

〔註24〕 「所謂中者，性與天道也。謂之有物，則不得於言；謂之無物，則必有事焉。不得於言者，視之不見，聽之不聞，無聲形接乎耳目而可以道也；必有事焉言者，莫見乎隱，莫顯乎微，體物而不可遺者也。（…）學者見乎此，則庶乎能擇中庸而執之，隱微之間，不可求之於耳目，不可道之於言語，然有所謂昭昭而不可欺，感之而能應者，正惟虛心以求之，則庶乎見之，故曰「莫見乎隱，莫顯乎微」。」見《禮記解》〈中庸第三十一〉，《藍田呂氏遺著輯校》，頁 273。

此時「中」與「未發」都是指本體；後者（程頤從現象經驗之心所解釋的未發與已發）是屬於工夫論的問題。

　　首先對前者而言，在程頤的早年著作〈顏子所好何學論〉可看到他對「未發」問題所持的基本觀點，他說：「天地儲精得五行之秀者為人，其本也真而靜，其未發也五性具焉，曰仁義禮智信。」〔註25〕程頤認為，在未發之際具有仁義禮智的本性，這其實是當時北宋初期儒者所具有的共同看法，而程頤也並不例外〔註26〕。並且，扣緊《中庸》的「喜怒哀樂未發」而論的「未發」，實際上幾乎是指本體，如同程頤說：「喜怒哀樂之未發，寂然不動，故曰：『天下之大本也。』」〔註27〕這樣的「未發」也可以直接等同於「天命之謂性」：「性即理也，所謂理，性是也。天下之理，原其所自，未有不善。喜怒哀樂未發，何嘗不善？」〔註28〕可見，當時北宋儒者幾乎以本體義來理解「未發」，程頤也依此提出「中」的本體意涵，例如：「『喜怒哀樂未發謂之中』，只是言一箇中（原自注：一作「本」）體。既是喜怒哀樂未發，那裏有箇甚麼？只可謂之中。」〔註29〕這顯然是指「未發」含有超越經驗界的形而上本體義。程頤又說：「『喜怒哀樂未發謂之中。』中也者，言寂然不動者也。故曰『天下之大本』。」〔註30〕；甚至他也援用張載所強調的「大中」〔註31〕。以此來看，程頤也沒有脫離將《中庸》「天下之大本」的「中」視為形而上本體的解釋。

〔註25〕程頤：〈顏子所好何學論〉，《河南程氏文集》卷8，《二程集》上冊，頁577。

〔註26〕楊儒賓指出：「呂大臨將『中』本體化，視『中』為天地之心，『純是義理』。他這種解釋的層次是宋儒的共識，程頤與呂大臨及蘇季明討論有名的『中和』問題時，他們都將『未發』提升到超越的層次。楊時、羅豫章、李延平的『觀喜怒哀樂未發前氣象』，也是要『驗天地萬物之理』。」參見氏著：〈論「觀喜怒哀樂未發前氣象」〉，《中國文哲研究通訊》15卷3期（2005年9月），頁42。

〔註27〕「子曰：仕止久速，惟其可，不執於一，故曰：『君子而時中也。』喜怒哀樂之未發，寂然不動，故曰：『天下之大本也。』」見《河南程氏粹言》卷1，〈論道篇〉，《二程集》下冊，頁1178。

〔註28〕「又問：『性如何？』曰：『性即理也，所謂理，性是也。天下之理，原其所自，未有不善。喜怒哀樂未發，何嘗不善？發而中節，則無往而不善。凡言善惡，皆先善而後惡；言吉凶，皆先吉而後凶；言是非，皆先是而後非。』」見《河南程氏遺書》卷22上，《二程集》上冊，頁292。

〔註29〕《河南程氏遺書》卷17，《二程集》上冊，頁180～181。

〔註30〕《河南程氏遺書》卷25，《二程集》上冊，頁319。

〔註31〕「中者，只是不偏，偏則不是中。庸只是常。猶言中者是大中也，庸者是定理也。定理者，天下不易之理也，是經也。孟子只言反經，中在其間。」見《河南程氏遺書》卷15，《二程集》上冊，頁160。

　　然而，原來通常被認為本體的「未發」，程頤對此加以另外解釋：在現象經驗之心上，尚未發出情感與思慮的「未發」，而這就是屬於後者的工夫論問題。即是說，「中」與「和」的區分取決於「喜怒哀樂之未發既發」與否，程頤曾說：「中和，若只於人分上言之，則喜怒哀樂未發既發之謂也。」〔註32〕，這句話反過來想，若不是「若只於人分上言之」，「中」就可以等同於在本體意義上的「未發」，這即是意味著「有指體而言者」，亦是「寂然不動」〔註33〕。不過，程頤又明確地表示，無論是「指體而言者」或「寂然不動」，都是「已言人分上事」〔註34〕的，亦屬於現象之「用」。再加上，程頤對「未發既發」從「思」的發動之角度解釋：「旣思於喜怒哀樂未發之前求之，又卻是思也。旣思即是已發。思與喜怒哀樂一般。纔發便謂之和，不可謂之中也。」〔註35〕。在此「已發」所指的經驗現象的意思非常明確，人在生活的現象界上，任何情感或思慮一旦發出，即自然地稱之為「已發」。程頤這樣的看法，即反映出他對本體以及在本體之外的所有經驗現象作出截然區分，並徹底地將現象界的問題放在工夫論。

　　總言之，程頤言及「未發」時，其本體義與工夫義尚未徹底區分，因此〈論中書〉前後對「中」所做的解釋隨著「未發」有了變化，如同「未發之中」與「已發之中」。當時弟子提出問題：「或問：『夫子曰有已發之中，有未發之中，中有二耶？』子曰：『非也。發而中節，是亦中也。對中而言之，則謂之和可也，以其發故也。』」〔註36〕弟子提問「中」是現象（「已發之中」）還是本體（「未發之中」），程頤對此雖然回答說「中」不是二，但在此程頤所解釋的「中」仍可以區分為「已發之中」與「未發之中」：前面「發而中節，是亦中也」的「中」是「已發之中」；後面說「對中而言之，則謂之和可也，以其發故也」時，「對中而言」之「中」是具有本體義的「未發之中」。

〔註32〕《河南程氏遺書》卷15，《二程集》上冊，頁160。
〔註33〕程頤〈論中書〉最後認定「凡言心者，指已發而言，此固未當。」而改成說：「心一也，有指體而言者，（自注：寂然不動是也）有指用而言者，（自注：感而遂通天下之故是也）惟觀其所見如何耳。」見〈與呂大臨論中書〉，《河南程氏文集》卷9，《二程集》上冊，頁609。
〔註34〕「『寂然不動，感而遂通』，此已言人分上事，若論道，則萬理皆具，更不說感與未感。」見《河南程氏遺書》卷15，《二程集》上冊，頁160。
〔註35〕《河南程氏遺書》卷18，《二程集》上冊，頁200。
〔註36〕《河南程氏粹言》卷1，〈論道篇〉，《二程集》下冊，頁1176～1177。

根據程頤的思考脈絡，也可以理解在〈論中書〉後半段開始之前，即在前半段結束之後不明不白地被插進去的短短兩句話：「大臨云：『不倚之謂中，不雜之謂和。』先生曰：『不倚之謂中，甚善（自注：語猶未瑩）；不雜之謂和，未當。』」。呂大臨說「不倚之謂中，不雜之謂和。」對此，程頤雖然覺得「語猶未瑩」，仍然同意「不倚之謂中，甚善」；但對「不雜之謂和」，程頤竟然說「未當」。在《中庸》所謂「發而皆中節，謂之和」、「和也者，天下之達道也」，通常被認為是達至最高的道德境界，因此將「和」稱之為「不雜」似乎沒什麼問題，並且程頤在此也沒有進一步說明「不雜」的意思，乍看之下即難以理解程頤到底為何不同意「不雜之謂和」。

筆者認為，在此程頤之所以說「不雜之謂和，未當」，亦是因為以「中」為「未發之中」的本體義之緣故。程頤曾說過：「天命不已，文王純於天道亦不已。純則無二無雜，不已則無間斷先後。」〔註37〕按照他之前的說法，「無雜」或「不雜」是指排除人的某種經驗要素（尤其是負面心態，例如自私）的「純」，這是只有本體（「天命」），或者是已具有超越性而發揮其效驗的道德境界（「文王純於天道」），才可以被描述出來的形而上之屬性。就此而言，「不雜之謂和，未當」之「不雜」，即意味著本體不會並存於任何經驗要素，因此只能稱之為「未發之中」，不能說是「和」。

依此來看，程頤所認為的「赤子之心」也是仍有著「雜」之可能的「已發」之「和」，因此呂大臨所強調的「赤子之心」，無論是多麼「純一無偽」，在程頤看來仍然不能當作「未發之中」。因此，程頤斬釘截鐵地說，若稱「赤子之心」為「中」，則等於是「不識大本」。對此，呂大臨立刻解釋說：

> 大臨云：聖人智周萬物，赤子全未有知，其心固有不同矣。然推孟
> 子所云，豈非止取純一無偽，可與聖人同乎？非謂無毫髮之異也。
> 大臨前日所云，亦取諸此而已。

呂大臨認為聖人與「赤子之心」雖然不全相同，但在「純一無偽」這一點上必須是一致的。若從「純一無偽」的角度來看，其實程頤也未曾否定過，在《遺書》可以發現程頤與弟子的問答：「（弟子）曰：『大人不失赤子之心，若何？』（程頤）曰：『取其純一近道也。』」〔註38〕顯然地，在此程頤的回答與呂大臨對「純一無偽」的思維脈絡是完全相同的。由此可見，程頤反對將「赤

〔註37〕《河南程氏遺書》卷5，《二程集》上冊，頁77。
〔註38〕《河南程氏遺書》卷18，《二程集》上冊，頁202。

子之心」當成「喜怒哀樂未發謂之中」，更不可能將「赤子之心」直接地視為本體，其真正原因不在於「聖人之心」與「赤子之心」是否皆「純一無偽」；而是因為「赤子之心」本身就是「已發之和」，因此根本無法與「未發」之「中」等同起來，可見程頤是基於「實然的觀點」來看「赤子之心」，這顯然不同於呂大臨從「取義的觀點」看「赤子之心」。〔註39〕

　　程頤這個觀點，與呂大臨將「中」視為道德本體的觀點完全相反。換言之，呂大臨所認為的「中和」，不是取決於像程頤那樣在經驗之心上是否引發思慮或情感。呂大臨繼續反駁道：

> 聖人之學，以中為大本。雖堯、舜相授以天下，亦云「允執其中」。中者，無過不及之謂也。何所準則而知過不及乎？求之此心而已。此心之動，出入無時，何從而守之乎？求之於喜怒哀樂未發之際而已。當是時也，此心即赤子之心（自注：純一無偽），即天地之心（自注：神明不測），即孔子之絕四（自注：四者有一物存乎其間，則不得其中），即孟子所謂「物皆然，心為甚」（自注：心無偏倚，則至明至平，其察物甚於權度之審。），即易所謂「寂然不動，感而遂通天下之故」。此心所發，純是義理，與天下之所同然，安得不和？大臨前日敢指赤子之心為中者，其說如此。

呂大臨認為，所謂「和」是「未發」的「赤子之心」在發之後在道德上的效驗。可見，在此「此心所發」之「發」，並不像程頤所認為的思慮或情感的出現與否，而是指從本體上所說的「發」，也就是本體的發動，這與他在前面不斷地強調的「循行而莫非道」、「無往而非中」、「無往而非理義」一脈相通。若從人身上說，則是人先做實踐工夫之後，其本體才可以被呈現出來的道德境界。不過，無論是本體義之「發」或境界義之「發」，都不是像程頤那樣根據情感或思慮之發生與否而分出來的「已發」。本體義之「發」或境界義之「發」都已超過經驗現象的範疇，因為作為「赤子之心」或「本心」的「已發」以及「和」，等於是「純是義理，與天下之所同然」者。再加上，呂大臨也不曾區分過本體與現象，因此對呂大臨而言，無論是「未發」之

〔註39〕就此而言，牟宗三的觀點是正確的：「與叔之意是順孟子以『赤子之心』比喻本心，言『赤子之心』為中是取義語，非是以實然的觀點看兒童之心之喜怒無常也。伊川是實然的觀點，與叔是取義的觀點。」參見氏著：《心體與性體》第二冊，頁355。

「中」、「已發」之「和」、「純一無偽」的「赤子之心」，這些都是在本體層面上所建立的概念，也隨時都可以當作本體，如同呂大臨所重視的「本心」。

呂大臨針對作為本體的「赤子之心」而所提的「未發」與「已發」，實際上是指本體自身（未發）與本體之體現（已發）。加上，此兩者之間沒有任何轉換過程，因為本體即貫徹於現象中，現象是本體之流行，而不是人從事道德實踐的現象，這是由於根本沒有區分本體與現象的自然結果。就此而言，呂大臨所認為的「未發已發」，其實根本不會涉及經驗心理狀態上的「未發已發」，且正因如此，「未發已發」之間便不會存在任何異質性，如同呂大臨未曾區分本體與現象一樣。因此，對呂大臨而言，程頤在現象界上所重視的「喜怒哀樂之未發既發」的與否，只不過是可以被概括而不用加分析的「毫髮之異」而已，甚至也可以說是不必要之論，因為重要的是在「未發之際」所可求的本體：

> 來教云：「赤子之心可謂之和，不可謂之中。」大臨思之，所謂和者，指已發而言之。今言赤子之心，乃論其未發之際，純一無偽，無所偏倚，可以言中。若謂已發，恐不可言心。

呂大臨受到程頤的批評之後再回答時，他所論及的「未發已發」，不像是前面所提的本體自身與本體之發的用法，而似乎是暫時使用從經驗心理狀態上所說的「未發已發」。然而，即使如此，呂大臨的觀點仍不會發生任何變化，因為他認為現在他自己正在論述的「赤子之心」是指「未發之際」，與具有經驗性的「已發」反而是無關的。就此而言，必須要注意的關鍵，是在於呂大臨最後所說的「若謂已發，恐不可言心。」這意味著，若正如程頤所說，「已發」是指思慮或情感，對呂大臨而言，反而等於是沒有「心」，因為呂大臨認為，只有在「未發之際」的狀態下作為本體的「赤子之心」才可以叫做「心」。這就明顯地反映著，呂大臨幾乎不考慮人的經驗之心，而將他所提出的種種概念，如同「未發」、「中」、「和」、「赤子之心」、「本心」，都視為本體，也可以說是已與現象合而為一的本體。

第二節　程頤與呂大臨論「中」與「未發已發」（二）

一、「未發」之同，「已發」之異

> 先生曰：所云非謂無毫髮之異，是有異也。有異者得為大本乎？推此一言，餘皆可見。

從呂大臨的觀點來看，由於本體與現象已是合而為一，也是因為所謂的「現象」是指本體之流行，並且呂大臨本人沒有考慮人從事道德實踐的經驗現象，因此在本體與現象之間根本不會存在「有異」的可能；然而，程頤與呂大臨不同，程頤所論述的範圍既然涵蓋到現象，即必須考慮本體與現象的分際，這就是「喜怒哀樂之未發既發」之與否。並且「喜怒哀樂之未發既發」之間必須是「有異」的，因此程頤批評說：「所云非謂無毫髮之異，是有異也。有異者得為大本乎？」在此程頤所指出的「異」，不僅是指「未發已發」之不同，也意味著程頤在〈論中書〉從頭開始一直主張的「體用自殊」之「殊」，又是相同於「不雜之謂和，未當」之「雜」；更進一步說，這是指在本體與現象之間總存在著的「異」：

> 大臨云：大臨以赤子之心為未發，先生以赤子之心為已發。所謂大本之實，則先生與大臨之言，未有異也。但解赤子之心一句不同爾。大臨初謂赤子之心，止取純一無偽，與聖人同恐孟子之義亦然，更不曲折。一一較其同異，故指以為言，固未嘗以已發不同處為大本也。先生謂凡言心者，皆指已發而言。然則未發之前，謂之無心可乎？竊謂未發之前，心體昭昭具在，已發乃心之用也。

程頤前面所反問的「有異者得為大本乎？」這句話，對呂大臨而言是很奇怪的反問，因為十分在意「有異」的人是程頤，呂大臨自己是徹底地主張「沒有異者才得為大本」的，他所提的「未發」、「中」、「赤子之心」、「本心」等概念都完全沒有「未發已發」之不同，沒有「體用自殊」之「殊」，沒有「不雜之謂和，未當」之「雜」，沒有本體與現象之間的異質性。這樣完全「沒有異」的可能，只有本體才可以保證，程頤既然肯定提出「未發之中」的本體義，至少這一點上程、呂的想法是一致的，因此呂大臨再次忍耐而說：「所謂大本之實，則先生與大臨之言，未有異也。」呂大臨又說，程頤由於一個一個比較其同異點，因此有這樣的論點，但呂大臨本人從來沒有將已發的不同之處視為本體。（「一一較其同異，故指以為言，固未嘗以已發不同處為大本也。」）這當然是呂大臨自己可以提出的辯護，因為他根本沒有論及像程頤那樣的經驗性之「已發」，而始終一貫地強調「未發」、「中」、「赤子之心」、「本心」，這些總是指在未發之前「昭昭具在」的「心體」。於是，在呂大臨看來，程頤才不考慮在未發之前作為本體的「心體」。呂大臨甚至認為，若程頤真的一定要堅持主張「心」為如思慮、情感一般的經驗性「已發」，那麼程頤所說

的「心」就不能叫做（呂大臨所認為的）「心」，而只能說是「無心」。因為對呂大臨而言「心」是本體（心體）；「心之用」就是其本體之流行，如同他說：「未發之前，心體昭昭具在，已發乃心之用也。」可見，呂大臨雖然肯定程頤所提的「未發之中」，但仍未同意程頤將從經驗性之「已發」解釋為「赤子之心已發而未遠於中者」〔註40〕：

> 先生曰：所論意，雖以已發者為未發；反求諸言，卻是認已發者為說。詞之未瑩，乃是擇之未精爾。凡言心者，指已發而言，此固未當。心一也，有指體而言者，（自注：寂然不動是也）有指用而言者，
> （自注：感而遂通天下之故是也）惟觀其所見如何耳。

程頤承認「凡言心者，指已發而言，此固未當」，而改說「心一也，有指體而言者；有指用而言者」，又加以補充說「指體」是「寂然不動」；「指用」是「感而遂通」，可見程頤接受了呂大臨的批評（「竊謂未發之前，心體昭昭具在，已發乃心之用也。」）不過，這並不代表程、呂兩者達到共識，因為程頤一旦從經驗心理狀態來理解「未發已發」，在此脈絡下的「心」就即便可以體現作為本體的「未發之中」，仍不是與本體等同的「本心」。就此而言，程頤理解的「赤子之心」仍是「已發」之經驗之心，這亦可以說在二程的著作中都未出現過「心體」的原因之一。

　　從上可知，呂大臨與程頤所對峙的不同之解，是在於人的經驗性之「已發」，而不是作為本體的「未發」，因為程、呂都以「未發」來指示性善價值本體。呂大臨所說的「中即性」、「情之未發，乃其本心」等等都在本體論意義上的主張，如前已進行詳細考察，無庸贅言。程頤雖然反對「中即性」，但他基本上接受《中庸》「喜怒哀樂未發謂之中」的本體論詮釋；既然如此，程頤對「未發之中」的看法就大致上相同於其他北宋儒者以「未發」來指稱本體的觀點，也是如前已討論過。從這一點上看，呂大臨所說的一句話實在非常正確，他說：「所謂大本之實，則先生與大臨之言，未有異也。」可見，在〈論中書〉所提及的本體意涵之「未發」，是在呂大臨與程頤之間唯一的相同之處；而他們在討論「赤子之心」時對「已發」各有不同的理解，就是呂、程兩者意見總不能一致的根本差異點。

　　經過以上整個〈論中書〉的討論，我們可以得知，對呂大臨而言本體與現象是「可混而為一」；在此前提之下，呂大臨所討論的「赤子之心」只是「未

〔註40〕《河南程氏粹言》卷1，〈論道篇〉，《二程集》下冊，頁1182～1183。

發之中」的另名而已，在理論上都可作為本體概念。呂大臨對「已發之和」
的理解也是與此同樣脈絡，他所認為的「已發之和」是指達到本體位階的某
種超越境界，更具體而言，其現象已被超越境界融進了本體之內，因此呂大
臨在《中庸解》對「已發之和」做解釋說：「由是（本心）而出，無有不合，
故謂之和。非中不立，非和不行，所出所由，未嘗離此大本根也。達道，眾
所出入之道。」〔註41〕可見，對呂大臨而言，「已發之和」與「未發之中」根
本是分不開來的。

二、對「求中」工夫之批判及由「已發」確立之主宰性

　　如前所述，呂大臨認為，若像程頤那樣從人的經驗心理狀態而論「已發」，
就等於是「恐不可言心」。換言之，對呂大臨而言，在現象界以人之心的發動
為代表的「已發」，毫無成為關注論點之必要；更進一步說，「已發」是在工
夫時必須要消除的「私意小知」〔註42〕。具體而言，在呂大臨看來，天所賦
予人的「性」之所以與「天道」有所不同，是因為來自於人形體的氣質的「私
意小知」。換言之，「私意小知」是具有原來與「天道」同樣之「性」的人，
違背天命而導致「不中節」的根本原因。呂大臨對「小知」的負面觀點不會
到此為止，而延伸至一般已發狀態的「見聞之知」：

> 人莫不知理義，當無過不及之謂中，未及乎所以中也。（…）「回也
> 其庶乎，屢空」，唯空然後可以見乎中，空非中也，必有事焉。喜怒
> 愛樂之未發，無私意小知撓乎之間，那所謂空，由空然後見乎中，
> 實則不見也。若子貢聚見聞之多，其心已實如貨殖焉，所蓄有數，
> 所應有期，雖曰富有，亦有時而窮，故「億則屢中」，而未皆中也。
> （…）然人應物，不中節者常多，其故何也？由不得中而執之，有
> 私意小知撓乎之間。〔註43〕

呂大臨認為，人們平常將無過不及當作「中」，但卻不知「中」之所以為無過
不及之「中」的原因。在他看來，可以做無過不及之「中」的核心關鍵，就

〔註41〕《禮記解》〈中庸第三十一〉，《藍田呂氏遺著輯校》，頁273。
〔註42〕「性與天道，本無有異，但人雖受天地之中以生，而梏於蔑然之形體，常有
　　　　私意小知，撓乎其間，故與天地不像似，所發遂至於出入不齊，而不中節，
　　　　如使所得於天者不喪，則何患不中節乎？」見《禮記解》〈中庸第三十一〉，《藍
　　　　田呂氏遺著輯校》，頁271。
〔註43〕《禮記解》〈中庸第三十一〉，《藍田呂氏遺著輯校》，頁273〜274。

在於「屢空」。原來是指生活貧窮的「屢空」，以「屢空」來欣賞聖賢雖然處在長期困窮，仍不會失去道德意志，這是從先秦以來儒者常用的比喻；到了北宋，由於周敦頤與程顥特別尊崇「顏回學」〔註44〕，因此「屢空」這個比喻所發揮的影響更深，從去除私欲的工夫目標來看，對北宋儒者而言「屢空」已是成為無私欲的境界，呂大臨所論及的「屢空」也與此大致上是一致的。

不過，在此值得注意的是，呂大臨認為，子貢之所以尚未達到「屢空」的境界，不是因為單純自私自利的「小知」，而是因為「聚見聞之多，其心已實如貨殖」，可見對呂大臨而言「見聞」就是「實則不見（中）」的負面因素；相較於此，程頤對子貢的「貨殖」雖然指出會容易發生「計較」，但程頤沒有做更多的解釋，而將「貨殖」直接看成經營商業，不像呂大臨那樣提出因太多見聞之知而導致滿腹雜念的狀態〔註45〕。並且，程頤對「屢空」所做的解釋也難以發現與「喜怒愛樂之未發，無私意小知撓乎之間」有何關係。程頤

〔註44〕鍾彩鈞在他的博士論文《二程聖人之學研究》中提出，二程之所以將顏回視為具有規矩準繩可遵循，是因為周敦頤推崇顏子之學的關係。他由此更進一步說，二程之間對「顏回學」的視角實在不同，程顥重視顏子之樂；程頤重視顏子之學：「不僅二程聖學之志得濂溪啟發，其以顏子為聖人階梯，亦創發於濂溪。（…）濂溪提出顏子之學開啟了二程學問的方向。然而聖人之學貴在自修自證，濂溪只有寥寥數語，二程則發展出完備的理論與方法。然而二程雖同樣地稱述顏子，從朱子《論語精義》顏子各章引用的二程之言，卻可看出明道較偏重顏子之樂；程頤則重顏子之學。」參見氏著：《二程聖人之學研究》，國立臺灣大學中國文學研究所博士論文，1990年，頁281～282。關於二程對顏回所具有的不同看法，鄭宗模指出其原因就在於「顏回學」與「孟子學」之間的緊張關係：「眾所周知，朱熹將《孟子》收入《四書》之後，所謂『孟子升格運動』告一段落。誠如朱維錚所說，就『孟子升格運動』而言，程伊川與朱熹都充實地響應了王安石的號召。可是，我們值得注意，程明道的觀點與程伊川、朱熹不盡相同。儘管宋儒開始從『內聖學』的角度看孔子或儒家傳統，但是關於『何謂內聖，誰之道統』的問題，仍然有所分歧。就程明道而言，他儘管並不反對所謂『孟子升格運動』，但仍然試圖把『顏回學』在儒家義理或道統中的獨立地位保留下來，且對『顏回學』與『孟子學』加以區分。與此相反，程伊川與朱熹以『孟子學』來吸收或合併『顏回學』。要之，經過程伊川與朱熹的『四書學』或『道統』系統之後，『顏回學』的獨立空間幾乎被抹去了。」參見氏著：《程明道的德性觀念研究：從應物論觀點看儒家玄學的建構》，國立中央大學哲學研究所博士論文，2016年，頁75。

〔註45〕「『屢空』兼兩意。惟其能虛中，所以能屢空。貨殖便生計較，纔計較便是不受命，不受命者，不能順受正命也。呂與叔解作如貨殖。先生云：『傳說中言子貢貨殖處亦多，此子貢始時事。』」見《河南程氏遺書》卷19，《二程集》上冊，頁256。

認為，顏回之所以能夠「屢空」，是因為「得一善則拳拳服膺」，在此程頤雖然沒有提出「未發已發」的關係，但態度誠懇真摯，心悅誠服地將善牢記在心，這樣的積極性就接近於人之心的已發狀態，難以聯想到任何思慮都沒有發動的心理狀態。在此，筆者所謂的「人之心的已發狀態」，當然是指正在做「得一善則拳拳服膺」的實踐狀態，可見程頤所解釋的「拳拳服膺」的已發之心與呂大臨所說的「見聞之多」之負面影響相差甚遠。更重要的是，對達到「屢空」境界所妨礙並應當要去除的「驕」、「吝」，與「見聞之多」亦毫無相關。〔註46〕

　　然而，呂大臨對「得一善則拳拳服膺」做出應當要排除「聞見之知」的解釋，他說：「唯顏子擇中庸而能守之，此所以為顏子也。眾人之不能期月守，聞見之知，非心知也。顏子服膺而弗失，心知而已，此所以與眾人異。」〔註47〕呂大臨將「心」視為本體，這是呂大臨思想中不變的理論前提，在此前提上他所提的「心（本體之）知」已是與本體同樣位階的境界，就是指只有聖人才可以具備的「空空無知」〔註48〕。這樣的「空空無知」如本體那般「無所不達，自得自生」的超越境界，已不是從人的情感思慮之「已發」上所說的。就此而言，所謂「聞見之知」當然是無法與「空空無知」相比的，而是成為在工夫上需要警惕及去除的妨害因素。

　　總之，呂大臨在〈論中書〉中所說的「若已發，恐不可謂心」看法畢竟是導致了排除經驗之心的結果。不過，這個結果正好是呂大臨所想要的結論，因為從當時主要工夫議題的「思慮紛擾」來看，以「見聞之知」為代表的「心」就是引起「思慮紛擾」的根本原因。因此不要被心束縛而在尚未發生任何思慮、感情的平靜狀態試圖體認本體，而這就是呂大臨所主張的「求中」工夫，正如他說的「由空然後見乎中」。並且，對「求中」工夫而言，以心的認識活動為代表的「已發」是無法避免「思慮紛擾」的，因此「已發」是總需要被去除的負面狀態。

〔註46〕「又問：『顏子如何學孔子到此深邃？』曰：『顏子所以大過人者，只是得一善則拳拳服膺，與能屢空耳。』棣問：『去驕吝，可以為屢空否？』曰：『然。驕吝最是不善之總名。驕，只為有己。吝，如不能改過，亦是吝。』」見《河南程氏遺書》卷22上，《二程集》上冊，頁279。

〔註47〕《禮記解》〈中庸第三十一〉，《藍田呂氏遺著輯校》，頁277～278。

〔註48〕「貨殖之學，聚所聞見，而聞見有數，故從億。億度可以屢中，而不能悉中。空空無知，則無所不達，自得自生，豈見聞之比乎！不受命者，貨殖之學，聚聞見以度物，以己知求中，而不受命於天。空空無知，則未始有己，所以應物如響，一受於天而已，吾何與乎？」見《論語解》〈先進第十一〉，《藍田呂氏遺著輯校》，頁452。

　　筆者認為，這就是程頤不像呂大臨及其他北宋儒者，對現象方面總是別具隻眼的原因所在。我們如前已考察，在〈論中書〉程頤雖然對「未發」並沒有特別的意見而接受其所代表的本體意涵；然而，他仍堅持本體與現象之區別而試圖以經驗性思維邏輯為解釋「已發」。這一點也許是在理論上的矛盾或本體與現象之分裂的可能性，但程頤之所以似乎寧可承擔如此的危險也不會放棄對「心」所展開的經驗性思維脈絡，是因為排除「聞見」的基本認識活動而「求中」的工夫，根本無法解決「思慮紛擾」的問題：

> 人心作主不定，正如一箇翻車，流轉動搖，無須臾停，所感萬端。（…）
> 心若不做一箇主，怎生奈何？張天祺昔常言，「自約數年，自上著床，便不得思量事」。不思量事後，須強把佗這心來制縛，亦須寄寓在一箇形象，皆非自然。君實自謂「吾得術矣，只管念箇中字」，此則又為中繫縛。且中字亦何形象？若愚夫不思慮，冥然無知，此又過與不及之分也。〔註49〕

程頤認為，人是活物，因此「既活，則須有動作，須有思慮。」〔註50〕就此而言，在「人心作主不定」的狀態上，即使都去除了「知思聞見」而達到「不思量事」的境界，仍未去除想要「不思量事」的「思量」。司馬光也處在同樣的困境，他為了壓制一切思慮而「只管念箇中字」；但在程頤看來，這又是被「求中」的另外意識束縛自己，也就是「與其為中所亂」。若更進一步說，「求中」根本毫無助於「治心」〔註51〕。由此可見，人經常處在思慮紛擾，此時消除或壓制「知思聞見」而「求中」不是根本決解方法。對此問題，程頤主

〔註49〕《河南程氏遺書》卷2下，《二程集》上冊，頁52～53。

〔註50〕「與叔所問，今日宜不在有疑。今尚差池者，蓋為昔亦有雜學。故今日疑所進有相似處，則遂疑養氣為有助。便休信此說。蓋為前日思慮紛擾，今要虛靜，故以為有助。前日思慮紛擾，又非義理，又非事故，如是則只是狂妄人耳。懲此以為病，故要得虛靜。其極，欲得如槁木死灰，又卻不是。蓋人活物也，又安得為槁木死灰？既活，則須有動作，須有思慮。必欲為槁木死灰，除是死也。」見《河南程氏遺書》卷2上，《二程集》上冊，頁26。

〔註51〕「君實嘗患思慮紛亂，有時中夜而作，達旦不寐，可謂良自苦。人都來多少血氣？若此，則幾何而不摧殘以盡也。其後告人曰：『近得一術，常以中為念。』則又是為中所亂。中又何形？如何念得佗？只是於名言之中，揀得一箇好字。與其為中所亂，卻不如與一串數珠。及與佗數珠，佗又不受。殊不知中之無益於治心，不如數珠之愈也。夜以安身，睡則合眼，不知苦苦思量箇甚，只是不與心為主，三更常有人喚習也。」見《河南程氏遺書》卷2上，《二程集》上冊，頁25。

張：「欲無外誘之患，惟內有主而後可。」〔註52〕，可見程頤所認為的「心有主」（也就是說「心主定」），才可以脫離思慮紛擾的狀態：

> 學者先務，固在心志。有謂欲屏去聞見知思，則是「絕聖棄智」。有欲屏去思慮，患其紛亂，則是須坐禪入定。如明鑑在此，萬物畢照，是鑑之常，難為使之不照。人心不能不交感萬物，亦難為使之不思慮。若欲免此，唯是心有主。如何為主？敬而已矣。有主則虛，虛謂邪不能入。無主則實，實謂物來奪之。今夫瓶甖，有水實內，則雖江海之浸，無所能入，安得不虛？無水於內，則停注之水，不可勝注，安得不實？大凡人心，不可二用，用於一事，則他事更不能入者，事為之主也。事為之主，尚無思慮紛擾之患，若主於敬，又焉有此患乎？所謂敬者，主一之謂敬。所謂一者，無適之謂一。且欲涵泳主一之義，一則無二三矣。言敬，無如聖人之言。易所謂「敬以直內，義以方外」，須是直內，乃是主一之義。至於不敢欺，不敢慢、尚不愧於屋漏，皆是敬之事也。但存此涵養，久之自然天理明。
> 〔註53〕

程頤一開始反對「去聞見知思」的工夫取向，因為在心上所發生的感應與思慮是並沒有任何價值意涵的自然作用。因此，人試圖消除心之認識活動而處在「不思慮，冥然無知」的狀態，這不僅沒有任何效果，也不太可能實現的工夫。程頤認為，人的心之所以通常陷於散亂的狀態，不是因為還沒消除完「聞見知思」，而是因為「人心作主不定」。程頤所論及的「心主定」或「心有主」代表將經驗現象之心當作一個道德實踐的主宰，在程頤看來這樣才可以脫離思慮紛擾的困難。心當作主宰時，邪念不能進來，因此可以達到「虛心」的狀態；心無法當作主宰時，很容易被外物擾亂〔註54〕。那麼進行什麼

〔註52〕「子曰：『學者於屏知見，息思慮為道，不失於絕聖棄智，必流於坐禪入定。夫鑒之至明，則萬物畢照，鑒之常也。而奚為使之不照乎？不能不與萬物接，則有感必應。知見而不可屏，而思慮不可息也。欲無外誘之患，惟內有主而後可。』」見《河南程氏粹言》卷1，〈論學篇〉，《二程集》下冊，頁 1191～1192。

〔註53〕《河南程氏遺書》卷15，《二程集》上冊，頁 168～169。

〔註54〕程頤在另一處又論及呂大臨所提的思慮紛擾問題，在此程頤用的「虛」與「實」意涵與引文正好相反：「呂與叔嘗言，患思慮多，不能驅除。曰：『此正如破屋中禦寇，東面一人來未遂得，西面又一人至矣，左右前後，驅逐不暇。蓋其四面空疏，盜固易入，無緣作得主定。又如虛器入水，水自然入。若以一

工夫才可以使得人之心成為主宰呢？其工夫就是：心要專注於「敬」。在日常生活中若有事就要「事為之主」，這不是指外事主宰我心，而是意味著我心當作主宰，不讓心在意很多事而專心面對需要處理的事情，這樣一來就沒有任何思慮紛擾。

眾所周知，「涵養須用敬，進學則在致知」是構成程頤的工夫論之核心要素，在此所謂的「敬」通常被認為內心工夫；不過，這樣的內心工夫也是從經驗現象之心而開始，可見以心的已發狀態為代表的情感、思慮等基本認知活動，是在工夫論最基本的第一步。那麼程頤為何一定要將「認識活動」當作工夫的基礎？關於其原因，筆者不說任何「格物」或程頤重視分析性思考等等；而只想指出，程頤必須要根據心的認識活動而闡述其工夫論，是為了在道德實踐上奠定實際操作及進行的主宰性。具體而言，呂大臨當然不是輕視在經驗現象界的道德實踐；然而，作為超越境界的「已發」需要蘊含著極為高度的實踐性，在此脈絡下若否定心的「見聞之知」，其工夫的焦點自然地集中於本體，就無法凸顯出在工夫的實際操作層面上才可以成立的主宰性。程頤經過在〈論中書〉一番討論之後也不會修改以心的經驗心理狀態來理解的「已發」，筆者認為，這意味著程頤的工夫論之焦點從本體移到作為實踐主體的人。這也是，朱熹終於脫離作為本體的「未發」，而提出作為主宰道德行為的心之道德知覺的萌芽所在。

第三節　朱熹論「中」與「未發已發」

一、朱熹對程頤「未發已發論」之反省：主敬涵養都是已發工夫

我們如前已看到，程頤與呂大臨圍繞著「中」開過一場相當激烈的論戰，這是從「喜怒哀樂之未發謂之中」來發揮他們自己對於本體與現象的看法。在此，我們不難發現，所謂「未發已發」已變成在宋明儒家哲學理論中需要處理的重要概念，而這個「未發已發」的理論取向已進入到儒家哲學領域。

器實之以水，置之水中，水何能入來？蓋中有主則實，實則外患不能入，自然無事。』見《河南程氏遺書》卷1，《二程集》上冊，頁8。雖然程頤對「虛」與「實」概念使用有所不一致，但重點不在於「虛」與「實」是如何，而在於心內是否「有主」。朱熹也具有與程頤同樣的觀點：「問：『程子謂「有主則虛」，又謂「有主則實」。』曰：『有主於中，外邪不能入，便是虛；有主於中，理義甚實，便是實。』」見《朱子語類》，第6冊，卷96，〈程子之書二〉，頁2466。

不過，筆者認為，「未發已發論」之所以能在儒家哲學領域成功地安頓下來，不是因為當時北宋初期儒者都將「未發已發」常掛在嘴邊上，而是因為從程頤將「未發」及「已發」區分而論開始起步並發展。就是說，程頤以人的經驗之心來論「已發」之前，包括呂大臨及其他儒學者都是以「未發」為中心而討論；此時雖然出現過「已發」概念，但實際上呂大臨他們所探討的是「未發論」，在「未發論」中所出現的「已發」是自作為本體的「未發」之顯現或流行上所說的。再加上，他們將負面的意識投射於「見聞之知」，導致「見聞之知」變成在日用之間常遇到的障礙因素。即使他們絕不會否認在日用之間的工夫，他們將以「見聞之知」來代表的認知活動當作「私意小知」看待，而基於這樣的前提上，他們所謂的工夫能夠涵蓋的範圍實在狹隘，只能適用於靜坐而已。

　　在此脈絡之下，程頤所論及的「未發已發論」，與呂大臨他們不同的一個核心點就是程頤所挖出的「已發」。如前所述，程頤雖然基本上接受以「未發」當作本體（未發之中）的模式，然而他激烈地反對將「已發之和」及「赤子之心」視為與本體一般的概念，因為這些概念是情緒及思慮發動之後而可以說的，而在此所謂的「情緒及思慮發動」就是程頤所認為的「已發」；

> 或曰：「喜怒哀樂未發之前求中，可否？」曰：「不可。既思於喜怒哀樂未發之前求之，又卻是思也。既思即是已發。思與喜怒哀樂一般。纔發便謂之和，不可謂之中也。」

> 又問：「呂學士言：『當求於喜怒哀樂未發之前。』信斯言也，恐無著摸，如之何而可？」曰：「看此語如何地下。若言存養於喜怒哀樂未發之時，則可；若言求中於喜怒哀樂未發之前，則不可。」

> 又問：「學者於喜怒哀樂發時固當勉強裁抑，於未發之前當如何用功？」曰：「於喜怒哀樂未發之前，更怎生求？只平日涵養便是。涵養久，則喜怒哀樂發自中節。」

> 或曰：「有未發之中，有既發之中。」曰：非也。既發時，便是和矣。發而中節，固是得中，時中之類。只為將中和來分說，便是和也。」

以上連續四條問答〔註55〕明顯地表示程頤對「已發」的觀點。「既思即是已發」、「纔發便謂之和」、「既發時，便是和矣。」等等，由此可見，程頤所認

〔註55〕《河南程氏遺書》卷18，《二程集》上冊，頁200～201。

為的「已發」或「已發之和」，並不是像呂大臨所說的「純是義理，與天下之所同然」，而是指人的經驗之心上情緒及思慮所發動之後的心理狀態。程頤這樣徹底地堅持人的經驗之心，也就意味著程頤所認為的工夫必須是從「已發」而出發的。

一般認為，程頤主張未發涵養工夫，即涵養日久之後情緒及思慮的發動之「已發」都可以到達「中節」。程頤這樣的「未發已發論」，最終乃開出朱熹「未發涵養」、「已發察識」的工夫形態。但筆者認為，程頤所提出的工夫，實際上都是在已發之心上的工夫。即程頤認為的「未發」及「未發之前」，無論是本體或心理寧靜的狀態，既然沒有可以求的（「更怎生求」），就沒有任何可以下手工夫的地方，甚至說不需要工夫也無妨。若從作為本體的未發來說，本體是自足的，當然不需要任何工夫；若從去除思慮紛擾的雜念而達到寧靜狀態來說「未發」，那就於日用之間在已發之心上好好「保持」，這是「平日涵養」，如同程頤說「若言存養於喜怒哀樂未發之時，則可」。若失去了其未發狀態而再陷於思慮紛擾，那就做「主敬」：

> 閑邪則誠自存，不是外面捉一箇誠將來存著。今人外面役役於不善，於不善中尋箇善來存著，如此則豈有入善之理？只是閑邪，則誠自存。故孟子言性善，皆由內出。只為誠便存，閑邪更著甚工夫？但惟是動容貌、整思慮，則自然生敬，敬只是主一也。主一，則既不之東，又不之西，如是則只是中。既不之此，又不之彼，如是則只是內。存此，則自然天理明。學者須是敬以直內，涵養此意，直內是本。〔註56〕

> 問：「敬還用意否？」（答）「其始安得不用意？若能不用意，卻是都無事了。」又問：『敬莫是靜否？』（答）曰：「纔說靜，便人於釋氏之說也。不用靜字，只用敬字。纔說著靜字，便是忘也。〔註57〕

> 主一者謂之敬。一者謂之誠。主則有意在。〔註58〕

程頤明顯地主張，若人只要整頓自己的行為及思緒「則自然生敬」，並且這樣做「敬」等於是做「主一」工夫；正在進行「主一」的人可以掌握並穩定地建立不會被動搖的自我意識，可見他所理解的「敬」是一種自作主宰的意思，這必須涉及到「意」。就此而言，所謂「主敬」嚴格來說，是在已發之心上做

〔註56〕《河南程氏遺書》卷15，《二程集》上冊，頁149。
〔註57〕《河南程氏遺書》卷18，《二程集》上冊，頁189。
〔註58〕《河南程氏遺書》卷24，《二程集》上冊，頁315。

的工夫，不是「靜」之工夫。但在此要注意，程頤之所以強調「不用靜字，只用敬字」，不是因為「靜」是屬於佛教的工夫如此單純。對程頤而言，包括「主敬」、「主一」在內的所有工夫，都是在由「動」呈現出的經驗意識狀態（已發之心）上才可以成立並進行。從此脈絡下，所謂「靜」之所以不適合論及工夫論意義，是因為具有本體之含義：

> （弟子問）曰：「固是所為皆中，然而觀於四者未發之時，靜時自有一般氣象，及至接事時又自別，何也？」（程頤答）曰：「善觀者不如此，卻於喜怒哀樂已發之際觀之。賢且說靜時如何？」（弟子答）曰：「謂之無物則不可，然自有知覺處。」（程頤答）曰：「既有知覺，卻是動也，怎生言靜？人說『復其見天地之心』，皆以謂至靜能見天地之心，非也。復之卦下面一畫，便是動也，安得謂之靜？自古儒者皆言靜見天地之心，唯某言動而見天地之心。」〔註59〕

弟子所理解的「靜」是：「謂之無物則不可，然自有知覺處」；然而程頤對此詮釋表示反對，因為他認為弟子所說的「靜」反而是指「動」，並不是「靜」。筆者之所以認為這一點是不能忽視的關鍵，是因為若程頤將「靜」視為像在意識上安定詳和的狀態，則沒有理由反對以「謂之無物則不可，然自有知覺處」來解釋「靜」。然而，程頤明確地說「自有知覺處」不是「靜」而是「動」，而這點就暗示著，像程頤對「中」與「未發」做出本體義與經驗現象兩種不同解釋那樣，「靜動」也是被程頤分為本體（「靜」）與知覺發動以後（「動」）的狀態。在此，「靜」不是與活動相反的靜止狀態，而是已超越像「聲容」〔註60〕那樣經驗條件的形而上觀念，如同「寂然不動」之「靜」；而在程頤看來，若說工夫就應該要在「已發」上說，這就是從工夫的觀點來所說的「動」，因此程頤強調：「唯某言動而見天地之心。」

　　在人的經驗之心上是否引起「知覺」，程頤以此作為分成「未發已發」的判準，也有「心有知覺」等類似說法〔註61〕，可見在程頤思想中心之知覺確

〔註59〕《河南程氏遺書》卷18，《二程集》上冊，頁201。

〔註60〕如前所說，程頤曾經說過：「性不可聲容而論也。」《河南程氏粹言》卷1，〈論道篇〉，《二程集》下冊，頁1183。

〔註61〕「人心莫不有知，惟蔽於人欲，則亡天德也。」見《河南程氏遺書》卷11，《二程集》上冊，頁123；「問：『釋氏有一宿覺言下覺之說，如何？』曰：『何必浮圖，孟子嘗言覺字矣。曰「以先知覺後知，以先覺覺後覺」，知是知此事，覺是覺此理。』」見《河南程氏遺書》卷18，《二程集》上冊，頁196。

實是不能忽視的部分，這也是程頤一直強調已發之心的理由。就是說，程頤對「未發」、「未發之中」、「靜」沒有那麼明確地提出像朱熹那樣還沒發生任何思慮但總有意識的狀態（「思慮未萌、知覺不昧」），並且這些概念在《遺書》中仍是指像「性」那樣的本體；儘管如此，程頤在本體與現象（作用）的區分之下，徹底地主張在現象界從人經驗之心的「已發」來說工夫，並且程頤所提出的「涵養」實際上也是從已「動」的心所起的工夫，與未發察識工夫有所距離。換言之，程頤即便沒有脫離作為本體的「未發」或「未發之中」的看法，他所提出的工夫仍然是以「主敬」來做的已發工夫，而不是察識原來自足的本體以及其流行的未發工夫。

二、中和舊說：「未發為性」、「已發為心」

在〈論中書〉中程頤說道：「心一也，有指體而言者（自注：寂然不動是也）有指用而言者，（自注：感而遂通天下之故是也），惟觀其所見如何耳。」而關於這一句話，筆者如前已說，程頤即使承認「凡言心者，指已發而言，此固未當」，但「心一也，有指體而言者」此句仍然不意味著像呂大臨那樣將「赤子之心」直接當作本體。具體而言，程頤說「心一也，有指體而言者」的意思，是肯定心內「性即理」的存在；至於程頤所理解的已發之心，基本上是指有意有思的經驗知覺之心，因此程頤主張即便「赤子之心」最接近於本體（本心），仍不是等同於本體。然而，在呂大臨看來，若將「赤子之心」當作經驗知覺之心，就等於是「未發之前，謂之無心」，亦是「（若謂已發，）恐不可言心。」可見呂大臨所理解的已發之心，並不是人的經驗知覺之心，而是指「心體」，亦是如「赤子之心」一般呈現出「心體昭昭具在」的流行，因此呂大臨所說的「已發乃心之用」，若更嚴格地說，就是「已發乃心體之用」。

程頤與呂大臨這場論辯之後，「未發已發論」就公式化為「性為未發」、「心為已發」；然而此時「心為已發」仍不足以說是程頤原來所指的人經驗知覺之心，而如呂大臨所主張實際上是指作為本體（心體）之用的「赤子之心」。二程以後程門弟子幾乎都繼承這樣的脈絡，胡宏也是其中之一：

> 竊謂未發只可言性，已發乃可言心，故伊川曰「中者所以狀性之體段」，而不言狀心之體段也。心之體段，則聖人無思也，無為也，寂然不動感而遂通天下之故是也。未發之時，聖人與眾生同一性；已

發，則無思，無為，寂然不動感而遂通天下之故，聖人之所獨。夫
聖人盡性，故感物而靜，無有遠近幽深，遂知來物；眾生不能盡性，
故感物而動，然後朋從爾思，而不得其正矣。若二先生以未發為寂
然不動，是聖人感物亦動，與眾人何異？〔註62〕

某愚謂喜怒哀樂未發，沖漠無朕，同此大本，雖庸與聖，無以異也；
而無思無為，寂然不動，乃是指易而言，易則發矣。故無思無為，
寂然不動聖人之所獨，而非庸人所及也。〔註63〕

在上述引文中，胡宏將「性之體段」與「心之體段」分開而論，將「心之體段」
當作聖人獨有之心。他說「已發，則無思無為、寂然不動感而遂通天下之故」，
尤其「寂然不動」也是屬於「發」（「而無思無為，寂然不動，乃是指易而言，
易則發矣。」）可見胡宏以「心」為現象（作用）、為「已發」，是就心之知覺發
用而言，是寂感一如的；而「未發」指性、本體，所以心能盡性之用〔註64〕，
作為本體的「未發」是在「已發」上所見的。

　　然而，在此需要注意的是：雖然表面上胡宏似乎根據程頤之觀點而說「已
發乃可言心」，但從已發之心上所呈現的不同而區分聖人與庸人之心，而聖人
之心是「無思無為，寂然不動聖人之所獨」，此與呂大臨將「赤子之心」當作
已發之心看待並無不同，就此而言，胡宏即便說「已發乃可言心，故伊川曰
『中者所以狀性之體段』」，此「心」仍是歸屬於本體的。具體而言，胡宏對
「心性」與「未發已發」的觀點，實際上是相同於呂大臨，即「性」是未發
本體，「心」是在聖人顯現出性體之精義妙道的流行上的已發之心，如同呂大
臨所說「已發乃心（體）之用」。胡宏基於這樣的思維脈絡而建立「性體心用」，
而「察識」就是根據這個「性體心用」所進行的工夫。胡宏所主張的「先察
識（後持養）」，是指日常生活之間做周密地觀察心體（本體）之流行，發現
良心（四端之心）之頭緒並擴充它而保存，這就是「察識端倪」，也就說「已
發處用功」。

〔註62〕胡宏，吳仁華點校：〈與曾吉甫書三首〉，收入《胡宏集》（北京：中華書局，
　　　　1987 年；2009 年重印），頁 115。本文以下凡引收入《胡宏集》，不再詳註，
　　　　僅分別標明標題、卷數、冊數、書名、頁數，如〈與曾吉甫書三首〉，《胡宏
　　　　集》，頁 115。

〔註63〕〈與曾吉甫書三首〉，《胡宏集》，頁 116。

〔註64〕「天命為性，人性為心。不行己之欲，不用己之智，而循天之理，所以求盡
　　　　其心也。」見《知言》〈天命〉，《胡宏集》，頁 4。

　　對於「未發已發」的問題，朱熹當初是受程頤及胡宏思想的影響，堅持「性」為「未發」、「心」為「已發」之觀點：

> 人自有生，即有知識，事物交來，應接不暇，念念遷革，以至於死，其間初無頃刻停息，舉世皆然也。然聖賢之言，則有所謂「未發之中，寂然不動」者，夫豈以日用流行者為已發，而指夫暫而休息，不與事接之際為未發時耶？嘗試以此求之，則泯然無覺之中，邪暗鬱塞，似非虛明應物之體，而幾微之際一有覺焉，則又便為已發，而非寂然之謂。蓋愈求而愈不可見，於是退而驗之於日用之間，則凡感之而通，觸之而覺，蓋有渾然全體、應物而不窮者，是乃天命流行，生生不已之機，雖一日之間萬起萬滅，而其寂然之本體則未嘗不寂然也。所謂未發，如是而已，夫豈別有一物限於一時、拘於一處而可以謂之中哉？然則天理本真，隨處發見，不少停息者，其體用固如是，而豈物欲之私所能壅遏而梏亡之哉！故雖汩於物欲流蕩之中，而其良心萌蘗，亦未嘗不因事而發見，學者於是致察而操存之，則庶乎可以貫乎大本達道之全體而復其初矣。〔註65〕

根據朱熹以上的說明，就可發現他曾在試圖在日用之間尋找「未發之中，寂然不動」者時，遇到暈頭轉向、找不出頭緒的情況。正如王守仁（號陽明，1472～1528）試圖尋找「理」的「守仁格竹」，朱熹也在自己的意識上探索「寂然不動」的「未發之中」，但終於無法確認本體的存在，而只能看到隱約地浮現出的「幾微」而已。加上，這樣的「幾微」也並不是「未發之中，寂然不動」者 ，一旦感覺到「幾微之際」就會發動意識，朱熹明顯地說這是「已發」，不能說是「寂然不動」的本體。顯然地，朱熹在中和舊說（以下略稱舊說）時期所理解的「未發」，不是意識上因未接觸外物而尚未發動情緒或思慮的狀態，而與前輩儒者同樣是指本體。就此而言，本體當然不是存在於某個特定的時間，因此所謂「未發之際」也根本不能成立，朱熹在另外書信也說：「又

〔註65〕見朱熹，陳俊民校編：《朱子文集》（臺北：德福文教基金會，2000 年），第 3 冊，卷 30，〈與張欽夫三〉，頁 1157～1158。本文以下凡引收入《朱子文集》，不再詳註，僅分別標明書名、冊數、卷數、標題、頁數，如《朱子文集》，第 3 冊，卷 30，〈與張欽夫三〉，頁 1157～1158。本文根據陳來的《朱子書信編年考證：增訂本》（北京：生活・讀書・新知三聯書店，2007 年，頁 37 及頁 42），將此稱為〈中和舊書第一書〉（「人自有生，即有知識，此書非是」），這亦是陳來在〈附：中和舊說年考〉（收入《朱子哲學研究》，上海：華東師範大學出版社，2000 年，頁 166～170）所謂的〈人自有生第一書〉。

如所謂『學者於喜怒哀樂未發之際，以心驗之，則中之體自見』，亦未為盡善。大抵此事渾然，無分段時節先後之可言，今著一『時』字、一『際』字，便是病痛，當時只云『寂然不動之體』，又不知如何。」〔註66〕這樣的脈絡之下，「未發」是作為心能夠知覺的內在根據同時，也是萬物能夠「生生不已」的根源（本體自身）；「已發」是如同開頭朱熹所說，心所發揮的知覺作用，以及人在經驗界根據這個知覺作用而與外物所交流的所有現象。若藉由朱熹本人的言論，「未發」就是「未嘗不寂然」的「寂然之本體」，「已發」是「一日之間萬起萬滅」的意識作用。他又提出：「蓋通天下只是一箇天機活物，流行發用，無間容息。據其已發者而指其未發者，則已發者人心，而凡未發者皆其性也，亦無一物而不備矣。」〔註67〕由此可見，朱熹在舊說時期對「未發已發論」的觀點是：「性」為「未發」、「心」為「已發」。

　　在此值得注意，「未嘗不寂然」的「寂然之本體」總是在於其「已發」之中並不可分〔註68〕。朱熹說「天理本真，隨處發見，不少停息者，其體用固如是」，這就意味著作為本體的「未發」是在經驗生活中存在為「渾然全體」〔註69〕，必須隨著人在生活中因實際的事情而呈現出，此時就「其良心萌蘗」，這就是潛在「已發」中的未發本體。在此，人若像靜坐那樣在個人意識上尋找本體，就會「愈求而愈不可見」；探索本體，即成功地體現出本體的唯一方法，是在日用之間仔細觀察因實際的事情而發的「良心」之萌芽而保存。

　　總之，朱熹在舊說時期所展開的「未發已發論」，實在根據「未發之性」為本體、「已發之心」為作用的「性體心用」。在此所謂的「未發」，尚未含有「思慮未萌、知覺不昧」的一種意識狀態，朱熹顯然將「未發」看待本體義；對「已發」而言，未發本體在現象界上不斷地流行（「蓋通天下只是一箇天機

〔註66〕《朱子文集》，第3冊，卷30，〈與張欽夫四〉，頁1158～1159；〈中和舊書第三書〉（「前書所扣；尤乖戾」）；〈人自有生第二書〉。

〔註67〕《朱子文集》，第3冊，卷32，〈答張敬夫四〉，頁1243；〈中和舊書第二書〉（「前書所稟寂然未發之旨」）；〈人自有生第四書〉。

〔註68〕「若果見得分明，則天性人心、未發已發，渾然一致，更無別物。」見《朱子文集》，第3冊，卷32，〈答張敬夫三〉，頁1241；〈中和舊說第四書〉（「誨諭曲折數條」）；〈人自有生第三書〉。

〔註69〕「即夫日用之間，渾然全體，如川流之不息，天運之不窮耳。此所以體用精粗、動靜本末，洞然無一毫之間，而鳶飛魚躍，觸處朗然也。」見《朱子文集》，第3冊，卷32，〈答張敬夫四〉，頁1243。

活物，流行發用，無間容息」），就此而言，「已發」雖然是指具有經驗性的知覺作用，然而在經驗界所有自然社會現象就變成本體自身生生不已的流行；在此脈絡之下，人所進行的工夫都集中在於已發之心上察識於良心發見之端，這就是湖湘學派所謂的先察識後涵養的工夫方法。

三、中和新說：「未發為性」、「已發為情」、「心統性情」

到此為止，從程頤與呂大臨的討論到胡宏，以及在舊說時期的朱熹，都沒有懷疑將「未發」放在本體領域而論。對他們而言，「未發」是指在現象界根本不能從經驗性之「發」而論的本體（程頤、朱熹），或者是像「赤子之心」那樣沒有見聞之知的障礙而體現出本體的流行（呂大臨、胡宏、中和舊說之朱熹）。不過，我們已考察程頤與呂大臨對「中」與「未發已發」的辯論而見，程頤提出了與當時主流學術立場稍微不同的觀點。就是說，當時所謂的「心」或「已發」，其存在意義都聚焦於本體的體現或流行，而一旦涉及人的經驗屬性就被等於是沒有心。然而，程頤堅持經驗之心的「已發」觀點，他認為人在日用之間所作的工夫必須是從人的經驗之心出發，因此依據情緒或思慮之「人心之發」來說「已發」，並強調從人之心而所生的見聞之知，這顯然不同於當時以本體的顯現作用來理解的「已發」。

問題就在於程頤以後，胡宏與在舊說時期的朱熹所展開的「未發已發論」中，程頤在〈論中書〉所指出的經驗之心（「已發之心」），以及由「主敬」而強調其經驗之心所發揮的主宰性，這些意義實際上都消滅了。他們雖然說「已發」是心，但其「已發」已超過人之心所代表的經驗屬性的範圍，而擴大為包含現象界之內的宇宙萬物生生不已的流行，可見胡宏與舊說時期的朱熹對「已發」的論述仍然環繞著本體在現象界被體現的狀態，這實際上不同於程頤所強調的有意有覺的經驗之心。

正因如此，朱熹雖早就說「人自有生，即有知識」，但在舊說時期「已發」所具有的「知覺」在工夫上並沒有代表任何意義。如前所述，朱熹失敗於在自己的知覺意識上求本體，並且在日用之間上觀察其良心之發現也不是取決於人的經驗知覺，因為其良心的萌芽是未嘗不存在的。換言之，作為本體的「未發」，是以「渾然全體、應物而不窮者」來存在於「已發」的現象界，就此而言，「已發」無論是心或已有知覺，實際上都不同於像程頤那樣

是指人的經驗之心，而卻接近於呂大臨所說的「已發之和」〔註70〕，就是本體的顯現作用。總之，既然「未發」是指本體而與「已發」混為一體〔註71〕，此「已發」亦成為本體之作用。這樣的「已發」之心來觀察其良心之端緒，此時人之心雖屬於經驗現象，但顯然不同於為主體性涵義的「知覺」，而更接近於由刺激所引起的被動反應。即是說，人之心既然與本體的流行之意綁在一起，在工夫論上就難以指明人進行實際操作的主宰性，僅僅是指等待發動情緒及思慮的某種被動性而已。

　　不僅如此，觀察其良心之端緒的察識工夫也仍不能脫離一種直觀本體的工夫。我們如前已看到，既然以「未發」指本體，再多次直觀其本體也根本是找不到的；除此之外，即使在日用之間發現「其良心萌蘗」，仍不能說出在日常生活使人可以依據而遵循的具體工夫次第，只能在自己內在繼續默識。再加上，根本很難分辨以「其良心萌蘗」浮現出來的未發本體之流行，這也是朱熹舊說時期工夫的限制之一。可見，無論從哪一個角度來說，舊說之工夫論中的「已發」，難以說是作為實踐主體的經驗之心：

> 乾道己丑之春，為友人蔡季通言之，問辨之際，予忽自疑斯理也，雖吾之所默識，然亦未有不可以告人者。今析之如此其紛糾而難明也，聽之如此其冥迷而難喻也，意者乾坤易簡之理，人心所同然者，殆不如是。〔註72〕

於壬辰年（1172）朱熹回想，自己在己丑年（1169）成立中和新說（以下略稱新說）的最基本的動機，那就是人實際進行工夫時遇到的極為混亂的情況。在儒家思想追求真理的工夫，必須是要簡單明瞭；換言之，在現實上可以實踐的階段與次序，如同《周易》〈繫辭傳上〉所說「乾以易知，坤以簡能。易則易知，簡則易從。易知則有親，易從則有功。」然而，遇到外事而觀察「其良心萌蘗」的察識端倪工夫，反而似乎是仍有「不可以告人者」，甚至是「紛

〔註70〕「情之未發，乃其本心，元無過與不及，所謂『物皆然，心為甚』，所取準則以為中者，本心而已。由是而出，無有不合，故謂之和。非中不立，非和不行，所出所由，未嘗離此大本根也。達道，眾所出入之道。」見《禮記解》〈中庸第三十一〉，《藍田呂氏遺著輯校》，頁273。

〔註71〕「即夫日用之間，渾然全體，如川流之不息，天運之不窮耳。此所以體用精粗、動靜本末，洞然無一毫之間，而鳶飛魚躍，觸處朗然也。」見《朱子文集》，第3冊，卷32，〈答張敬夫四〉，頁1243。

〔註72〕《朱子文集》，第8冊，卷75，〈中和舊說序〉，頁3786。

糾而難明」，有所缺乏在實際現實上能夠說明的合理性。朱熹認為，在舊說時期工夫論之所以導致混亂，是因為不會將人之心當作工夫的最基礎的出發點：

> 《中庸》未發已發之義，前此認得此心流行之體，又因程子「凡言心者，皆指已發而言」，遂目心為已發，性為未發。然觀程子之書，多所不合，因復思之，乃知前日之說，非惟心性之名，命之不當，而日用功夫，全無本領，蓋所失者，不但文義之間而已。按《文集》、《遺書》諸說，似皆以思慮未萌、事物未至之時，為喜怒哀樂之未發，當此之時，即是此心寂然不動之體，而天命之性，當體具焉，以其無過不及，不偏不倚，故謂之「中」；及其感而遂通天下之故，則喜怒哀樂之性發焉，而心之用可見，以其無不中節，無所乖戾，故謂之「和」，此則人心之正，而情性之德然也。然未發之前，不可尋覓，已覺之後，不容安排，但平日莊敬涵養之功至，而無人欲之私以亂之，則其未發也鏡明水止，而其發也無不中節矣，此是日用本領工夫，至於隨事省察，即物推明，亦必以是為本，而於已發之際觀之，則其具於未發之前者，固可嘿識。（…）向來講論思索，直以心為已發，而日用工夫，亦止以察識端倪為最初下手處，以故闕却平日涵養一段工夫，使人胸中擾擾，無深潛純一之味，而其發之言語事為之間，亦常急迫浮露，無復雍容深厚之風，蓋所見一差，其害乃至於此，不可以不審也。〔註73〕

朱熹承認，在舊說時期針對心性所做的定義有所不妥，更有問題的是「日用功夫，全無本領」。他認為，若「止以察識端倪為最初下手處」，就恐怕導致做「全無本領」的工夫，因為「未發之前，不可尋覓」。而朱熹本人親自經驗其「察識端倪」工夫的結果，則是「使人胸中擾擾，無深潛純一之味，而其發之言語事為之間，亦常急迫浮露，無復雍容深厚之風」。朱熹在舊說之時所遇到的難處，即成為他建立新說的問題意識，而這也意味著朱熹所要求的是以人之心為主而重組工夫論：

> 然比觀舊說，却覺無甚綱領，因復體察得見此理須以心為主而論之，則性情之德、中和之妙，皆有條而不紊矣。（A）然人之一身，知覺

〔註73〕《朱子文集》，第 7 冊，卷 64，〈與湖南諸公論中和第一書〉，頁 3229～3230。

運用莫非心之所為，則心者固所以主於身，而無動靜語默之間者也。

（B）然方其靜也，事物未至，思慮未萌，而一性渾然，道義全具，其所謂中，是乃心之所以為體，而寂然不動者也；及其動也，事物交至，思慮萌焉，則七情迭用，各有攸主，其所謂和，是乃心之所以為用，感而遂通者也。〔註74〕

具體而言，朱熹在舊說時期的理論架構是以「未發」為性（本體）、以「已發」為心（本體之用），從此可見本體論與工夫論所有的重點都聚焦於本體；朱熹離開此架構，而將焦點移到人之心，此時「未發已發」的含義也會改變。朱熹以心為主而建立理論架構，這一點在（A）中明顯地出現，人的心之所以一身的主宰，是因為心能夠「知覺運用」，可見心成為工夫的主宰時其核心功能就是「知覺運用」。（B）就是指在新說架構上的「未發」，在此「未發」等於是「靜」，但不是不可思考而求的無意識，而是由於平常與外物尚未接觸，因此任何情緒或思慮都尚未發動但仍有意識的狀態，這其實是指朱熹在舊說所否定的「暫而休息，不與事接之際」的一般心理狀態。此時人即使「思慮未萌」，仍是「知覺不昧」，這就意味著人總是能夠隨時發揮知覺運用的心自身。

　　朱熹所說的「以心為主而論之」並不意味著否定「未發」之形上本體義；朱熹明確地指出，未發之靜「道義全具」的「寂然不動者」，這即意味著朱熹也肯定「未發為性」，就此而言，朱熹未必反對牟宗三針對以上的引文所進行的批評：「真正的超越實體則在性而不在心」〔註75〕。然而，問題是牟宗三接著說的「『主於身』是虛說，真正的主是在性而不在心」這句話。當然，牟宗三這樣的觀點基於由體達用的「縱貫義」，而在此他所肯定的縱貫義是指「著重在由超越體證之抽象狀態達至日用處（分殊處）之具體呈現」〔註76〕，這實際上是等同於呂大臨、胡宏的「未發已發論」，亦即是朱熹懷疑舊說恐怕沒有日用工夫可入手之處的原因。朱熹認為，在工夫論上所謂的「主於身」理應是「實說」，並且所謂「真正的主」理應是在於「心」而不是「性」。換言之，對朱熹而言，「心」若要在工夫論成為「真正的主」，就不能再是本體之流行並與「性」合而為一的超越實體。因此，唯有朱熹離開縱貫義的「已發

〔註74〕《朱子文集》，第3冊，卷32，〈答張欽夫十八〉，頁1273。
〔註75〕牟宗三：《心體與性體》第三冊（臺北：正中，1990年），頁149。
〔註76〕牟宗三：《心體與性體》第三冊，頁34。

為心」而主張「已發為情」才可以作為體之「性」與作為用之「情」完整地歸屬於「心」，這即是朱熹新說的宗旨。〔註77〕

朱熹基於以上的問題意識而建立的新說關鍵在於心的功能，而此功能為「知覺」。心之知覺，是可思可決的主體，正如同朱熹直接地說：「人心是知覺。」、「心者人之知覺，主於身而應事物者也。」朱熹在新說時期以「心」作為「虛靈知覺」，而從此開始「人心」與人欲可以做不同概念；不僅如此，更重要的理論效果就在於「道心」，「道心」在以「心」為「虛靈知覺」的基礎上，可以脫離本體義而現象化為道德意識，這就是朱熹所說的「道心人心」。

〔註77〕「熹謂論心必兼性情，然後語意完備。若疑與所設問不相應，而『者也』二字亦有未安，則熹欲別下語云：『性固天下之大本，而情亦天下之達道也，二者不能相無。而心也者，知天地。宰萬物而主性情者也。』」見《朱子文集》，第7冊，卷73，〈胡子知言疑義〉，頁3679。

第三章 朱熹「道心人心論」的含義及其工夫論的特色

第一節 朱熹「道心人心論」的緣起與發展

一、朱熹之前的「道心人心論」

在儒家思想中「道心人心」，因舜禹之間相傳的十六字心傳而從先秦常被論及，此時「人心惟危，道心惟微」是指統治者治理國家時所面對的現實困難。對朱熹之前的儒者，包括漢唐儒者在內，「道心人心」通常是以帝王中心視角來解釋的政治涵義〔註1〕，而尚未被單獨視為一個理論。然而到了宋代，因宋代儒者對道德倫理論的興趣極大，加上他們討論性善價值本體時「心」成為核心概念，因此「道心人心」也獲得一種概念範疇地位而出現在他們的思想。在此「道心人心」主要具有「天理人欲」的涵義，而這樣的詮釋傾向，實際上是從二程開始。程顥說：「『人心惟危』，人欲也。『道心惟微』，天理也。『惟精惟一』，所以至之。『允執厥中』，所以行之。」〔註2〕；程頤說：「人心

〔註1〕「因戒以為君之法：民心惟甚危險，道心惟甚幽微。危則難安，微則難明，汝當精心，惟當一意，信執其中正之道，乃得人安而道明耳。又為人君，不當妄受用人語。無可考驗之言，勿聽受之。不是詢眾之謀，勿信用之。（…）○正義曰：居位則治民，治民必須明道，故戒之以「人心惟危，道心惟微」。道者經也，物所從之路也。因言「人心」，遂云「道心」。人心惟萬慮之主，道心為眾道之本。立君所以安人，人心危則難安。安民必須明道，道心微則難明。」見〔漢〕孔安國傳，〔唐〕孔穎達疏，李學勤主編：《尚書正義：虞夏商書》（台北：台灣古籍出版，2001年），〈大禹謨第三〉，頁112~113。

〔註2〕《河南程氏遺書》卷11，《二程集》上冊，頁126。

私欲，故危殆。道心天理，故精微。滅私欲則天理明矣。」〔註3〕程顥先以「人心惟危」與「道心惟微」來解釋人欲與「天理」；程頤接著對此更加強道德規範性，即將「人心」與「道心」等同為人欲與「天理」。尤其，程頤又說「滅私欲則天理明」，可見程頤極為警惕人心容易被私欲蒙蔽而陷於惡。二程這樣基於「天理人欲」而理解「道心人心」，意味著「道心人心」之意涵一開始即有著十分濃厚的道德倫理性。

二程在道德倫理脈絡上奠定了「天理人欲」及「道心人心」的連接模式，往後幾乎都沒有改變，即成為整個儒家思想的傳統解釋。「道心」是「天理」；「人心」是人欲，而這樣的典型作風中，尤其「道心」通常是被處理為「本體」。二程的弟子楊時（號龜山，1053～1135）說：「道心之微，非精一其孰能執之？惟道心之微，而驗之於喜怒哀樂未發之際，則其義自見，非言論所及也。」〔註4〕在此楊時以「未發之際」討論「道心」，他認為「道心之微」是無法以經驗性的言論來理解，只能「驗之於喜怒哀樂未發之際」，楊時這樣的說法令人容易聯想到「當求於喜怒哀樂未發之前」〔註5〕的「求中」工夫。由此可見，楊時的理解表示，「道心」已是作為本體的「未發」（未發之中），並且對作為「天理」之「道心」的解釋也自然地擴大到「喜怒哀樂未發之前」。

楊時以後，張九成（號無垢，1092～1159）繼承同樣脈絡而解釋「道心人心」。張九成明顯地提出「喜怒哀樂之未發」是「性」，也是「中」〔註6〕；

〔註3〕《河南程氏遺書》卷24，《二程集》上冊，頁312。

〔註4〕「問：堯曰咨爾舜，天之歷數在爾躬，允執其中。《書》言天之歷數，而繼之以人心惟危，道心惟微，惟精惟一，然後至於允執厥中。仲尼所敘，其略如是。將所謂中者，已在乎人心道心之間，特在夫精一以執之耶？將當時之人，不足語是，故略之耶？未論其旨。答：道心之微，非精一其孰能執之？惟道心之微，而驗之於喜怒哀樂未發之際，則其義自見，非言論所及也。堯咨舜，舜命禹，三聖相授，惟中而已。孔子之言非略也。」見楊時，林海權校理：《楊時集》（北京：中華書局，2018年），卷14，〈答胡德輝問〉，頁418。

〔註5〕「又問：『呂學士言：「當求於喜怒哀樂未發之前。」信斯言也，恐無著摸，如之何而可？』曰：『看此語如何地下。若言存養於喜怒哀樂未發之時，則可；若言求中於喜怒哀樂未發之前，則不可。』」見《河南程氏遺書》卷18，《二程集》上冊，頁200。

〔註6〕「『中』衛天命之義；『和』衛脩道之義。『喜怒哀樂之未發』，此指言性也，故謂之『中』；『發而皆中節』，此所謂發也，故謂之『和』。『中』指性言，故為大本；『和』指教言，故為達道。未發以前，戒慎恐懼，無一毫私欲；已發之後，人倫之序，無一毫差失。」見張九成著：《中庸說》（收入《四部叢刊》第6冊，臺北：臺灣商務，1981年），卷1，頁2d。

他由此更進一步說，作為「性」的「中」等同於是「心」〔註7〕。張九成在「心即中」之前提之下，與北宋儒者同樣將「道心」視為天理，並且他將「道心惟微」解釋為「中之難識」〔註8〕，可見從二程到楊時，及他的弟子張九成，他們都將「道心人心」與「天理人欲」這兩組概念模式等同視之：「道心」是「天理」，即等於是作為本體的「性」；「人心」的話沒有其他選擇，即被屬於人欲。這樣「道心人心」與「天理人欲」的解釋，事實上是基於理氣概念架構，即是指以「理」為本體與以「氣」為作用（現象）的體用關係。在二程、朱熹之前先儒所論的「道心人心」，大致上都根據以理氣為代表的體用關係而理解的。

　　然而，程頤又提示另外的解釋：「『人心』，私欲也；『道心』，正心也。」〔註9〕、「『人心惟危，道心惟微。』心，道之所在；微，道之體也。心與道，渾然一也。對放其良心者言之，則謂之道心，放其良心則危矣。」〔註10〕在此，程頤對「道心」所做出來「正心」或「良心」的含義，實際上已不在理氣架構上所說的〔註11〕。即是說，作為「正心」、「良心」的「道心」，雖然是依據性善價值本體而成立的，但卻不能將此等同於本體，因為「正心」與「良心」是在經驗之心上所發展出的道德意識。從此可見，對於「道心人心」，程頤一方面堅持以「天理人欲」代表的理氣關係之解釋，另一方面在經驗心上論及「道心」，此時「道心」不同於作為本體的「天理」。

　　這樣兩種不同的見解，到了朱熹論「道心人心」時，其差距顯而易見。朱熹雖然不會否定「天理人欲論」，然而他不再以「天理人欲」的理氣架構來解釋「道心人心」；而從「天理人欲論」分離出「道心人心」，將此放在經驗

〔註7〕「所謂天下四方萬里事物之本，何物也？曰：中而已矣。蓋天下此心也，四方萬理，此心也；若事若物，此心也；此心即中也。」見黃倫：《尚書精義》（收入《景印文淵閣四庫全書》，第58冊），卷6。本文以下凡引自《景印文淵閣四庫全書》，均引自：「高等學校中英文圖書數字化國際合作計劃（B-ooks from the China-US Million Book Digital Library Project ,CADAL）」：https://archive.org/details/cadal，不再詳註。

〔註8〕「中之難識也久矣；吾將即人心以求中乎？人心，人欲也，人欲無過而不危，何足以求中！又將即道心以求中乎？道心，天理也，天理至微而難見，何事而求中！」《尚書精義》卷6。

〔註9〕《河南程氏遺書》卷19，《二程集》上冊，頁256。

〔註10〕《河南程氏遺書》卷21下，《二程集》上冊，頁276。

〔註11〕關於「道心」的兩種意涵，李明輝進行詳細討論，參見氏著：〈朱子對「人心」、「道心」的詮釋〉（上），《鵝湖月刊》，第387期（2007年9月），頁12～15。

之心成為實踐主體的工夫論，並進行獨立探討。此時，朱熹透過中和新說而所建立的「知覺」與「主宰」即成為關鍵。具體而言，朱熹認為「道心」是「覺於理」而成為一身的主宰，而在此「道心」是從本體的領域被拉下來而成為心的另一面相。由於「道心」在已發之心上被討論，因此「人心」也自然地脫離全是人欲的意涵，轉而指稱能夠知覺及發揮主宰性之處；人欲才是因知覺不同而在作為道德意識的「道心」不能成為主宰的情況下所導致的結果。就此而言，程頤雖然未曾提出「道心人心論」，但在某種程度上也可以說程頤以「道心」為「正心」、「良心」的詮釋影響朱熹對「道心人心」的定論。

二、朱熹「道心人心論」的變遷過程

從上可知，「道心人心」在朱熹之前實際上尚未被稱為一個理論；換言之，在儒學理論體系內「道心人心」成為具有獨立性的理論，是始於朱熹。不過，朱熹對「道心人心」的解釋，並不是一開始做出定論，而是隨著其他論說同時經過不斷地討論而形成的。正因如此，朱熹所討論的「道心人心」有早期晚期之不同，朝鮮儒者韓元震（號南唐，1682～1751）在《朱子言論同異考》中指出其差異：

> 論人心道心，以人心為私欲，道心為天理者，初說也。（見答張敬夫書〔註12〕）以人心屬之形氣，道心屬之性命，而人心兼有善惡，道心純善無惡者，後說也。（見中庸序文及語類中庸門。）（…）蓋先生論人心道心，前以天理人欲言之，後以形氣性命言之者，乃其不同之大端也。於此二端之中，又各有不同，而分為四端。張呂二書以存亡出入并為人心，許書以操存捨亡分為人心道心。此前之有不同也。其答蔡季通鄭子上書，皆以形氣性命而言，而蔡書猶未瑩，未若鄭書之為直截明白，則此又後之有不同也。〔註13〕

根據韓元震的說法，在早期朱熹是從「天理人欲」來解釋「道心人心」。就是說，「天理」為「道心」，人欲為「人心」的基礎上，在早期的前期（A）朱熹將「操則存，舍則亡」及「存亡出入」都視為「人心」，主要文獻是《文集》卷三十二〈問張敬夫七〉、〈問張敬夫八〉及〈答張敬夫九〉。在早期的後期（B），

〔註12〕《朱子文集》，第 3 冊，卷 32，〈問張敬夫八〉，頁 1247。
〔註13〕參見韓元震著、郭信煥譯註：《朱子言論同異考》（首爾：昭明出版，2002 年），頁 330～332。

朱熹對「道心人心」的立場有所改變，將「操則存」與「舍則亡」分開而論，解釋為「操則存」是「道心」，「舍則亡」是「人心」，主要文獻是朱熹與呂祖儉（字子約，？～1198）、石𡒄（字子重，1128～1182）、吳翌（字晦叔，1129～1177）等學者之間往來的書信。至於朱熹晚期的「道心人心論」，韓元震認為，朱熹在「形氣性命」上探討「道心人心」，其主要根據來自於〈中庸章句序〉的「或生或原」之說。如同早期的前後，韓元震對朱熹晚期的「道心人心論」也繼續進行前後區分，在晚期的前期（C）朱熹雖然以「道心」為「性命」，以「人心」為「形氣」，但在此所謂的「形氣性命」的模式仍未明確，如同《文集》卷四十四〈答蔡季通二〉；到了晚期的後期（D）「道心人心」的定論才完成，如同〈中庸章句序〉與《文集》卷五十六〈答鄭子上十〉、〈答鄭子上十一〉〔註14〕。

　　以上韓元震針對朱熹「道心人心論」的變遷過程分為四個階段，其重點在於「天理人欲」與「形氣性命」的不同解釋架構。首先針對「天理人欲」而言，無論是在價值層面上或在本體論的架構上，作為本體的「天理」與專屬於氣的人欲是不能混雜的不同層次，就如同在本體論中理氣分別之意。此時，既然「道心」與「人心」必須被分屬於「天理」與人欲，那麼「道心人心」就像理氣概念那樣成為從根本上截然不同的概念。在此值得注意的是，這樣的脈絡相同於朱熹在中和舊說時期「性體心用」的理論架構。雖然（A）階段的「道心人心」是朱熹成立中和新說之後而論，但此時「道心」是指以「操則存，舍則亡」及「存亡出入」為代表的「人心」之外的本體，而這就顯示出尚未脫離中和舊說之「性體心用」的架構。

　　在（B）階段，朱熹正式隨著心說之辯而論「道心人心」，也修改（A）階段的觀點。朱熹對「操則存，舍則亡」做區分，而主張以「操則存」為「道心」；以「舍則亡」為「人心」。此時「道心」不會處在「人心」的作用之外，而已獲得以人的操存工夫可以被呈露的可能性。從（A）到（B）這樣的變化，

〔註14〕根據錢穆的說法，晚期的前期（C）是從己酉（1189年）到辛亥（1191年）之間的兩年，晚期的後期（D）是辛亥以後：「中庸章句序成於淳熙己酉，越兩年辛亥，答季通貽書，猶憾語有未瑩。答子上書又曰：『中庸序後亦改定，別紙錄去。』今讀中庸序與答子上書意同，則已是改定之本。人心道心之辨，凡屬有年可稽，莫不在辛亥以後。其不能定在何年，而可旁推以求者，亦似無出辛亥之前。然則此一問題之定論，斷在淳熙辛亥朱子年六十二以後可知。」參見氏著：《朱子新學案》第二冊（北京：九州出版社，2011年），頁213～214。

也許意味著朱熹脫離中和舊說之「性體心用」，繼而露出從以人經驗之心為實踐主體的工夫論觀點來處理「道心人心」。然而即使如此，在（B）朱熹所論的「道心人心」之所以仍有著像「天理人欲」那樣的本體與現象（作用）之差別，是因為以「存處」來代表的「道心」仍屬於「天理純全」的本體領域。再加上，「人心」也無法與「道心」並存，不能避免將人欲視為「人心」的觀點。總之，無論是在（A）或在（B）的「道心人心論」，其詮釋都圍繞著基於理氣不雜的「天理人欲」，在此討論過程當中可以發現，朱熹雖然始終一貫地主張「心是一」，但他在早期的「道心人心論」卻不知不覺導致心變成二心的結果，難免再回到中和舊說之「性體心用」的架構。

（C）與（D）階段就屬於朱熹在晚期以「性命形氣」的框架來所論的「道心人心」。關於「性命形氣」，錢穆曾說：「然性命亦只寄寓於形氣中，捨卻形氣，性命即無所附麗，亦復於何處發見。」〔註15〕可見「形氣」與「性命」是「不離」及「並行」關係，這即是與「天理人欲」最大的不同點。要言之，從道德價值判斷觀點來看，「天理」與人欲是必須要區分且無法同時存在的「不雜」關係；但朱熹在晚期針對「道心人心」的解釋框架選擇可以並立的「性命形氣」，這意味著他對「道心人心」的理解已脫離蘊含著根源不同之意的「天理人欲」。

在此值得注意的是：「道心人心論」的解釋框架，能夠從早期「天理人欲」移到晚期「性命形氣」的核心關鍵乃是「知覺」。具體而言，無論是早期或晚期，朱熹對「道心人心論」始終主張「心則一」；儘管如此，朱熹在早期以「道心」為天理本體、以「人心」為人欲的解釋，加上心說之辯中表現的「道心人心」仍有著中和舊說之「性體心用」痕跡，實在難以辯證其「一心」。屬於晚期之前期的（C）階段，在此朱熹雖然不再以心說之辯的「性體心用」架構來解釋「道心人心」，但仍明顯地看出他似乎一直堅持以根源之不同來理解為「道心人心」，如同朱熹說：「此舜之戒禹，所以有『人心』、『道心』之別，蓋自其根本而已，然非為氣之所為有過不及，而後流於人欲也。」〔註16〕

然而，朱熹在晚期之後期（D）再反省（C）的觀點：「此心之靈，其覺於理者，道心也；其覺於欲者，人心也。昨〈答季通書〉語却未瑩，不足據以為說。」〔註17〕（D）階段是朱熹寫出〈中庸章句序〉的六十歲以後，可見朱

〔註15〕《朱子新學案》第二冊，頁 211。
〔註16〕《朱子文集》，第 5 冊，卷 44，〈答蔡季通二〉，頁 1912。
〔註17〕《朱子文集》，第 6 冊，卷 56，〈答鄭子上十〉，頁 2713。

熹不再將根本上的差異當作「道心人心」之別，而積極地使用心的知覺作用來區分「道心」與「人心」。由此可見，朱熹從頭到尾一直主張的「一心」之所以到晚期才可以證成，是因為將「心」當作知覺，並以此知覺之不同來分為「道心」與「人心」。並且，朱熹同時強調作為道德知覺的「道心」之主宰性，這即是朱熹在〈中庸章句序〉所闡述的「道心人心」的定論。

第二節　朱熹早期「道心人心論」的含義

一、「操存舍亡」都是「人心」

胡宏在「未發只可言性，已發乃可言心」〔註18〕的思路之下，他將原來是指本體的「寂然不動」者，放在已發之心的靜態上而處理〔註19〕，結果以「未發」為「性」的本體意義更被彰顯，而所謂「寂然不動」是指聖人在「盡性」的已發狀態。此時，「心」實際上不是人在工夫的實踐主體，而是以「性」本體的表現為主要內容的「心體」，這就是「性體心用」的理論含義。胡宏基於這樣的「性體心用」所主張的察識工夫，之所以不同於人在工夫中實際運用的已發經驗之心，因為如前所述，對胡宏而言「心」早已成為未發本體的流行作用。因此，人們進行察識工夫時，以自己的經驗之心來體察作為性之用的「心之體段」，這即是朱熹所批評的「以心觀心」、「以心求心」。就此而言，胡宏的「性體心用」難以避免未發之體（「性」）總處在人的經驗心之外的嫌疑〔註20〕，因為人在日常生活中進行察識時，「性體心用」容易導致變成一體二心：未發之體的「性」（原來沒有善惡之宇宙本體及心之本體，是指「性體心用」之「性」）與作為性之用、性之發的端倪之本心或心之體段（是指「性體心用」之「心」），以及人實際進行察識工夫時身為實踐主體的經驗之心（這即是程頤所堅持而不放棄的已發之心）。

〔註18〕〈與曾吉甫書三首〉，《胡宏集》，頁115。
〔註19〕陳來：《宋明理學》（台北：洪葉文化，1994年），頁129～130。
〔註20〕對如此的觀點，可參見李澤厚的解釋。他指出：「本來，在朱熹早期，『性』是未發，『心』是『已發』，這樣『心』與『性』便仍有割裂；『性』不能貫徹、滲透到『心』，成為外在的要求、命令。所以後來朱熹認為『心』應包括『未發』、『已發』即『道心』、『人心』，後而『兼體用、實幽明、通動靜』，把作為『天理』的『性』一直貫穿到不能脫離血肉身軀的『心』中。於是『心』也就只好一分為二（道心與人心），後另方也可說是合二而一了。」參見氏著：《中國古代思想史論》（臺北中和：谷風，1986年），頁267。

　　基於以上胡宏的「性體心用」而展開理論的朱熹，他之所以脫離中和舊說之架構而建立中和新說，是因為在「性體心用」的理論系統中身為工夫實踐主體並具有經驗之心的人，實在沒有落腳之地。朱熹認為，「性」固然是未發本體，但其本體之發用必須透過「心」才可以呈現，在此心性情三分結構之下，「心」是作為一個可以主宰的知覺處而統攝性情，因此原來在「性體心用」裡總被性本體當作次級概念的「心」，到朱熹這邊涵蓋「性」與「情」全部的主宰處。這意味著朱熹哲學的「心」更鞏固了工夫論上的地位，也可以說強化「心」在現實上實踐主體的功能。這樣的脈絡之下，朱熹哲學中「未發」雖然保持「性」本體之意，但實際上這個「未發」不再指稱「心之體段」的本心，而歸屬於經驗心以及與「已發」具有對待關係的心理狀態〔註 21〕。這樣才可以避免原來工夫實踐主體之一心分裂為「心之體段」的本心與察識其本心的經驗之心，這即是朱熹從中和新說之後四、五年之間，與其他學友討論心說時每次強調「心一」的原因所在。

　　值得注意的是，以上從中和舊說到新說的變遷過程，與朱熹早晚期「道心人心」的理論變化正好相同。先說結論，朱熹早期以「天理人欲」的框架說明「道心人心」（（A）與（B）階段），而此時「道心」是等同於天理，亦是指未發性體，皆可規定為本體，這是在中和舊說上所進行的解釋；而以〈中庸章句序〉為主的晚期「道心人心論」（（C）與（D）階段）才符合於中和新說，即無論是「道心」還是「人心」，都不在本體層面上說起，而在實踐主體

〔註 21〕朱熹中和新說以後的「未發」，具有本體與經驗現象的兩種意義，陳來指出：「前面說過，己丑之悟已發未發論有兩種意義，未發既指未發之性，亦指未發之心，雖然朱熹後來更多強調未發已發作為性情規定的意義，但從朱熹哲學來看，無論從涵養工夫還是心性論本身，未發已發的兩種意義仍然存在。因此，在朱熹後來的思想發展中，一方面，如 60 歲所成《中庸章句》說『喜怒哀樂，情也，其未發則性也，無所偏倚，故謂之中。發皆中節，情之正也，無所乖戾，故謂之和』，以未發為性，已發指情。另一方面作為對中庸性情對說的補充，又說『只是這個心，自有那未發時節，自有那已發時節』（《語類》六十二，程端蒙錄），『伊川又說於已發處觀，……卻不曾說得未發時心，後來伊川亦自以為未當』，（同上，董銖錄），『未發只是這心未發耳』（同上，陳淳錄），『已發未發只是說心有已發時有未發時』（同上，劉炎錄），『眾人之心莫不有未發之時』（《中庸或問》卷一），這些都是說未發已發不僅指性發為情，也用以指心理活動的不同狀態或階段，沒有這後一意義也就無所謂作未發的涵養工夫了。」參見氏著：《朱子哲學研究》（上海：華東師範大學出版社，2000 年），頁 192。

之經驗心上從「覺於理」與否來區分為「道心」與「人心」，如同在中和新說中「未發已發」歸屬於心理狀態。因此，若說明朱熹早期所論及的「道心人心」的涵義，要考察中和舊說是其討論的第一步。如下連續三封書信〔註22〕是屬於早期的前期（A）階段，可發現朱熹同時論及「天理人欲」與「道心人心」時，其背後存在著中和舊說的架構：

> 《遺書》有言：「人心私欲，道心天理。」熹疑「私欲」二字太重，
> 近思得之，乃識其意。蓋心一也，自其天理備具、隨處發現而言，
> 則謂之「道心」；自其有所營為謀慮而言，則謂之「人心」。夫營為
> 謀慮非皆不善也，便謂之私欲者，蓋只一毫髮不從天理上自然發出，
> 便是私欲。所以要得必有事焉而勿正、勿忘、勿助長，只要沒這些
> 計較，全體是天理流行，即人心而識道心也，故又以「鳶魚飛躍」
> 明之，先覺之為後人也，可謂切至矣。此語如何，更乞裁諭。〔註23〕

在此朱熹將「道心」界定為「天理備具、隨處發現」者，這一點之所以不能忽視而要注意，是因為朱熹建立中和舊說時已提出類似的陳述。以上書信雖然是朱熹在建立中和新說之後的四十五歲所寫的〔註24〕，但也許可進一步推

〔註22〕根據陳來的說法，收錄於《文集》卷32的〈問張敬夫七〉、〈問張敬夫八〉、〈答張敬夫九〉是前後連續的：『三十八書（卷32〈問張敬夫七〉）尾注張栻答語云：『栻近思卻與來喻頗同，要當于存亡出入中識得惟微之體。』朱子三十九書（卷32〈問張敬夫八〉）首云：『存亡出入固人心也，而惟微之本體亦未嘗加益』，乃答張說而承三十八書。又三十八書云：『《遺書》有言，人心私欲，道心天理。熹疑私欲二字太重。』四十書（卷32〈答張敬夫九〉）云：『人心私欲之說』，所論全承三十八書，故此三書相承無疑。三十六（卷32〈問張敬夫五〉）、三十七（卷32〈問張敬夫六〉）論心者亦似有關，故皆在一時之先後。按三十八至四十書所論操舍存亡，人心道心與答何叔京二十五，答吳晦叔十一，答呂子約十六等書為一時之辯，皆在癸巳甲午，詳見本年答何、吳、呂諸書所考。』參見氏著：《朱子書信編年考證：增訂本》，頁119～120。
〔註23〕《朱子文集》，第3冊，卷32，〈問張敬夫七〉，頁1246。
〔註24〕關於朱熹書信的年度考證，本文基本上根據陳來的《朱子書信編年考證》，因此將《文集》卷32的〈問張敬夫七〉、〈問張敬夫八〉、〈答張敬夫九〉三封書信視為朱熹45歲時所寫。然而，金春峰主張，此三封書信不是中和新說之後的，而是寫於中和舊說時期的1168年之書信，值得參考他所提出的意見：「第二小段是朱與張南軒、何京叔等對程頤『道心天理、人心私慾』的討論。乾道四年，朱〈答何京叔〉十六提出：『「人心私慾，道心天理」，此亦程氏遺言。中間疑之，後乃得其所謂。舊書中兩段錄呈，有未然者，更告指諭。』通信之前，朱在編輯刊行《二程遺書》（語錄），故對程氏此論很關注並有懷疑，但此時已解決了。朱給何氏信未談所疑為何及如何解決的，但從朱給張南軒

測，朱熹早期「道心人心論」是舊說時期「性體心用」之延續討論的理論根據。具體而言，引文中「道心」為「天理備具、隨處發現」的這一定義，是他自己作注解為「此書非是」的舊說第一書（《文集》卷第三十〈與張欽夫三〉）中所說明的「未發」。中和舊說時期，朱熹認為「未發」是「其寂然之本體則未嘗不寂然」，而否定將「未發」視為在經驗意識上「暫而休息，不與事接之際」。這樣的未發本體之另一表現就是「天理本真，隨處發見」，如同朱熹曾說：「天理本真，隨處發見，不少停息者，其體用固如是，而豈物欲之私所能壅遏而梏亡之哉？」他當初認為，「未發」是無法被特定化為現象界的某一時刻或空間的本體。但其本體之顯現反而是像「本心」或「良心」那樣無所不在，並且此時作為本體的「未發」既然與本體之顯現合而為一，「本心」或「良心」就是本體的代名詞之一，「道心」也不例外。即是說，朱熹基於「性體心用」而將「未發」視為本體，這個觀點直接投射於朱熹對「道心」的理解，他將「道心」界定為「天理備具、隨處發現」者，這實際上意味著「道心」被定為「未發」、「大本」、「良心萌蘖」為代表的本體；更具體而言，此本體已包含本體自身的顯現與流行，可以說是即本體即作用，因此朱熹引文中又說：「全體是天理流行，即人心而識道心也」。在此，朱熹雖然點出「人心」的「營為謀慮」，但「即人心而識道心」的涵義，並不是說運用「營為謀慮」的知覺〔註25〕而判斷為「道心」與「人心」之別，而是指面臨生活之間的種種事情時體察其作為「良心萌蘖」的「道心」（本體），這就等於是察識工夫。

在中和舊說第二書（《文集》卷第三十二〈答張敬夫四〉）中也可以發現同樣內容：「即夫日用之間，渾然全體，如川流之不息，天運之不窮耳。此所以體用精粗、動靜本末，洞然無一毫之間，而鳶飛魚躍，觸處朗然也。」首先提到天理本體及其流行的生生不已，其次以引用「鳶魚飛躍」收尾，這是在朱熹中和舊說時期容易看見的論述形態，亦是同樣出現於他早期所論及的

的下列三信可以概見。（…）以上信皆討論二程語錄引起的問題，和給何氏信實為同一時期，即戊子。陳來《朱子書信編年考證》、束景南《朱熹年譜長編》繫於孝宗淳熙元年，朱四十五歲時，似不妥。」參見氏著：〈朱熹道統說的建立與完成──從思想史所作的分析〉，《九州學林》4 卷 1 期（2006 年 11 月），頁 55～57。

〔註25〕朱熹與張栻討論「道心人心」時所提的「營為謀慮」，是指「把捉」的意思，尤其是指人被心之計較束縛纏繞著，而不是意味著以認識狀態為著的心之功能。詳參本章本節之一註 29。

「道心人心」。以上引文中可發現，他所說的「道心」是天理全體，並以「鳶魚飛躍」描述為其「道心」，含有即本體即作用之意。朱熹在中和舊說時期，與前輩儒者一樣常引用而贊同「勿忘勿助」及「鳶魚飛躍」，並以此論證「性體」與「心用」之不離而為一；然而，他由中和新說開始建立自己思想建構之後，卻隱約地表露出對這些比喻的批判，主張不要以此當作「實語」〔註26〕，從此可推測朱熹早期引用的「鳶魚飛躍」之例是支撐「性體心用」的根據之一，他對「道心」也仍按照相同論證模式來討論。

正因如此，朱熹早期以「天理人欲」論來理解「道心人心」時，其背後真正解釋框架是中和舊說的「性體心用」。換言之，朱熹早期「道心人心論」，實際上是基於「性體心用」的「天理人欲論」。在此「道心」是「天理備具、隨處發現」的本體；「營為謀慮」的「人心」雖然不全是「不善」，但畢竟是有「只一毫髮不從天理上自然發出」的可能性，因此不得不說是私欲。由此可見，朱熹開頭雖然表示對私欲的傳統看法有所疑問，但既然在「性體心用」上探討「人心」，就難以避免此「人心」直接等同於私欲。若更進一步說，「人心」是否為私欲這個問題在理論上所具有的意義不太大，因為作為天理本體的「道心」不受現象界的經驗限制或私欲的影響：

> 熹謂存亡出入，固人心也，而惟微之本體，亦未嘗加益；雖舍而亡，然未嘗少損；雖曰出入無時，未嘗不卓然乎！日用之間而不可掩也。若於此識得，則道心之微初不外此；不識，則人心而已矣。蓋人心固異道心，又不可作兩物看，不可於兩處求也。不審尊意以謂然否？〔註27〕

根據朱熹的說法，存亡出入都是「人心」，而「惟微之本體」是截然不同於「人心」的存亡出入。換言之，對於「惟微之本體」，亦是「道心之微」而言，「人心」之存亡出入是毫無影響，因為在現象界總「不可掩」的「道心」是獨自存在著，又是自足自立著，因此說：「雖舍而亡，然未嘗少損；雖曰出入無時，未嘗不卓然乎。」在此朱熹對「道心人心」的看法，實際上是與中和舊說之未發說並無二致，如同中和舊說第一書中朱熹對未發本體的理解：「雖一日之

〔註26〕 「蒙諭欽夫說曾點處，鄙意所疑，近已於《中庸或問》〈鳶魚章〉內說破，蓋明道先生乃借孟子「勿忘勿助」之語，發明己意說不到處，後人卻作實語看了，故不能不失其意耳。」見《朱子文集》，第3冊，卷27，〈答詹帥書二〉，頁1033。

〔註27〕 《朱子文集》，第3冊，卷32，〈問張敬夫八〉，頁1247。

間萬起萬滅，而其寂然之本體則未嘗不寂然也。」可見，朱熹早期「道心」之意等同於中和舊說中「未發」本體；而不僅如此，在此可以提出的工夫也只有仔細察看「道心之微」之本體而已。這一點也可以見於張栻寄給朱熹的回信：「栻近思，却與來論頗同，要當於存亡出入中識得惟微之體，識得則道心初豈外是？不識只為人心也。然須實見方得，不識如何？」〔註28〕在此張栻所提的「存亡出入中識得惟微之體」，無疑是朱熹在中和舊說時期所贊同的未發察識工夫。而此時存亡出入的「人心」有別於「道心」（天理）是必然的，因此朱熹即便強調「人心固異道心，又不可作兩物看，不可於兩處求」，也難以避免這個意義上的「道心人心」終究是二物〔註29〕：

> 「人心私欲」之說，如來教所改字極善〔註30〕；本語之失，亦是所謂本原未明了之病，非一句一義見不到也。但愚意猶疑向來妄論「引必有事」之語〔註31〕，亦未的當。蓋舜、禹授受之際，所以謂人心私欲者，非若眾人所謂私欲者也，但微有一毫把捉底意思，則雖云本是道心之發，然終未離人心之境。所謂動以人則有妄，顏子之有不善，正在此間者是也。既曰有妄，則非私欲而何？須是都無此意思，自然從容中道，才方純是道心也。必有事焉，却是見得此理，而存養下功處，與所謂純是道心者，蓋有間矣。然既察本原，則自此可加精一之功，而進夫純耳，中間儘有次第也。惟精惟一，亦未

〔註28〕《朱子文集》，第3冊，卷32，〈問張敬夫七〉，頁1246。

〔註29〕陳來指出：「由於顯然不能把存亡出入之心都看作『道心』，所以朱熹暫時承認了存亡出入皆為『人心』的看法。不過這樣一來對朱熹便產生了一些問題，如果人心是出入無時變動不居的，而道心是不隨人心出入而有所損益的，二者就成了不同層次的二截。儘管朱熹仍然強調『道心』呈露於日用之間，而不外乎人心，但對他一貫強調的道心即意識活動之合理狀態的思想畢竟有所損害。」參見氏著：《朱熹哲學研究》，頁241。

〔註30〕根據朝鮮末期儒者徐壽錫（號潁水，1841～1925）的說法，在此所謂的「改字」是「營為謀慮」：「（答張敬夫）所改字，按疑或以把捉等字改營為謀慮字也。」這就意味著，他們在此所論的「營為謀慮」不是中和新說時期的知覺之意，而原來是指「把捉」的意思，參見氏著：《朱書節要增解》卷24，收入《潁水先生全集》五（首爾：景仁文化社，1997年），頁87。

〔註31〕朱熹在此所謂的「向來妄論『引必有事』之語」是指《文集》卷32〈問張敬夫七〉：「夫營為謀慮非皆不善也，便謂之私欲者，蓋只一毫髮不從天理上自然發出，便是私欲。所以要得必有事焉而勿正、勿忘、勿助長，只要沒這些計較，全體是天理流行，即人心而識道心也。」見《朱子文集》，第3冊，卷32〈問張敬夫七〉，頁1246。

離夫人心，特須如此克盡私欲，全復天理；儻不由此，則終無可至
之理耳。〔註32〕

朱熹收回上次所引的「必有事焉」，值得注意其理由。朱熹當初說，若要達到
「必有事焉而勿正、勿忘、勿助長」之境界，需要消除「正、忘、助長」的
計較之心，這才可以說是「天理流行」、「道心之發」。可見，以天理道心為代
表的本體與工夫境界並未區分而合一，在這樣的脈絡上朱熹引「必有事焉」
之語所形容的是本體，而非指工夫意義；至於「正、忘、助長」的心之作用，
總算是有別於「道心」並自然地歸於私欲。朱熹是針對這兩點而反省上次引
「必有事焉」之語的。他指出，若說「人心」同於私欲，此時所謂的「私欲」
就不是一般意義上像利己妨人那樣的慾念，而是指像「動以人則有妄」那樣
意識上的一種念頭。此時「必有事焉」是指「須是都無此意思」的工夫，而
不是直接指稱道心本體，因此朱熹修正：「必有事焉，却是見得此理，而存養
下功處，與所謂純是道心者，蓋有間矣。」

朱熹清楚地意識到，即便像顏子那樣的聖人也不可能離開「人心之境」，
因此將私欲解釋為在心上所起的「一毫把捉底意思」，以此辯護程頤與其前輩
儒者的「人心私欲」之說。然而，這樣的修改反而更凸顯出完全不同層面上
的「天理道心」（本體）與「私欲人心」（經驗現象）。在如此的脈絡下，朱熹
雖然加強「必有事焉」之工夫含義，也點出工夫次序的存在，但其工夫實際
上是指胡宏所主張的「察識端倪」之未發察識工夫，這即是朱熹修改「必有
事焉」之語後也仍然肯定「即人心而識道心」〔註33〕的理由所在。

二、「操存」是「道心」，「舍亡」是「人心」

以上所述，以「天理人欲」來討論「道心人心」時，朱熹將「操存舍亡」
全視為「人心」的觀點，很難避免以私欲作為「人心」的解釋，因為相較於

〔註32〕《朱子文集》，第 3 冊，卷 32，〈答張敬夫九〉，頁 1247。

〔註33〕引文（《文集》卷 32，〈答張敬夫九〉）與《文集》卷 42〈答吳晦叔十一〉的
書信內容完全相同，唯一的差別在於〈答吳晦叔十一〉最後朱熹做註而所說
的：「前書云『即人心而識道心』，此本無害，再作此書時，忘記本語，故復
辨之耳。」（《朱子文集》，第 4 冊，卷 42〈答吳晦叔十一〉頁 1830。）在此
朱熹所謂「前書云『即人心而識道心』」的「前書」亦是指《文集》卷 32〈問
張敬夫七〉。由此可見，朱熹雖然撤回以「必有事焉」理解為道心本體而強化
工夫之意，但仍然堅持「即人心而識道心」，這足以證明他的解釋框架還在於
中和舊說時期。

將「天理」當作「道心」的本體，「人心」總是具有「只一毫髮不從天理上自
然發出」的可能性。此外，在此詮釋過程中，「道心」是自然地成為需要察識
的「未發之性」（心之本體），因此朱熹不知不覺地回到中和舊說的「未發為
性，已發人心」的架構。

「道心人心論」之早期的後期（B），可以說漸漸地消失在（A）階段浮現
出來的中和舊說之影子，並且其焦點從「天理人欲」移到「操存舍亡」而發
展，此時朱熹在（A）所主張的「操存舍亡是人心」立場也跟著引起某種變化。
根據《文集》卷第四十二〈答吳晦叔十二〉〔註34〕，當時對「操存舍亡」之
說有相反的兩個觀點，其一是石子重、方伯謨以「人心惟危」來理解「操存
舍亡」；另一是呂祖儉將「操存舍亡」視為「心體之流行」。關於「操存舍亡」，
當時大多儒者像前者那樣視之為「人心惟危」，這是意味著將「人心」只局限
於「惟危」的狀態；相較於此，呂祖儉將「操存舍亡」當作「心體之流行」，
此觀點即反映出，呂祖儉反對前者「人心惟危」的觀點，而使得人之心提升
到像「心體之無滯」那樣的一種境界〔註35〕。

關於這兩個不同的立場，朱熹並未表示同意哪一方，而對雙方都作出批
評；不僅如此，朱熹原來將「操存舍亡」視為「人心」此觀點，這也隨著對
雙方的批判，而發展出與以往稍微不同的解釋，其開端即見於朱熹與呂祖儉
有多次書信往來之中：

> 蓋操舍存亡，雖是人心之危，然只操之而存，則道心之微，便不外此。
> 今必謂此四句非論人心，乃是直指動靜無端、無方無體之妙，則失之
> 矣。又謂荒忽流轉，不知所止，雖非本心，而可見心體之無滯，此亦
> 非也。若心體本來只合如此，則又何惡其不知所止，而必曰主敬以止
> 之歟？（…）昨日得欽夫書，亦論此，於鄙意亦尚有未盡者。〔註36〕

〔註34〕「《孟子》『操舍』一章，正為警悟學者，使之體察，常操而存之。呂子約云：
『因操舍，以明其難存而易放固也。』而又指此為『心體之流行』，則非矣。
今石子重、方伯謨取以評之者，大意良是，但伯謨以為此乃『人心惟危』，又
似未然。人心，私欲耳，豈孟子所欲操存哉？又不可不辨也。」見《朱子文
集》，第4冊，卷42，〈答吳晦叔十二〉，頁1831。

〔註35〕陳來指出：「《尚書大禹謨》有『人心惟危，道心惟微』的說法，這些學者認
為《孟子》中的『操舍存亡』是指『人心』而不是『道心』而言。呂子約不
贊成這個思想，他認為孟子所引孔子論心的四句並不是指『人心』而言，而
是指心體之妙。」參見氏著：《朱熹哲學研究》，頁240。

〔註36〕《朱子文集》，第5冊，卷47，〈答呂子約十六〉，頁2146。

朱熹反對像呂祖儉那樣將「操舍存亡」直接等同於「心體之妙」，因為「操舍存亡」是指人做工夫時在已發之人心上所發生的現象，因此無論其表現是如何—「動靜無端、無方無體之妙」、「心體之無滯」等等，反正畢竟都是別於心體本身，朱熹以本心（心體）為體與以其體之用為心，劃清這兩個層面的界限。此外，即使將「操舍存亡」當作「人心之危」，仍不能將「操舍存亡」全視為「惟危」，因為人透過工夫而能夠「操之而存」，人心也可以呈現出「道心之微」。可見，朱熹這一次討論「道心人心」時，對「操舍存亡」的觀點有明顯的變化，即將「操舍存亡」區別為「操存」與「舍亡」而做出價值判斷，這即是朱熹透露上次與張栻討論「人心私欲」時所提的未盡之處：

> 「操舍存亡」之說，諸人皆謂人心私欲之為，乃舍之而亡所致，却不知所謂存者，亦操此而已矣。子約又謂「存亡而入，皆神明不測之妙」，而於其間區別真妄又不分明，兩者蓋胥失之。要之，存亡出入，固皆神明不測之所為，而其真妄邪正、始終動靜，又不可不辨耳。〔註37〕

在此引文，更明顯地看出朱熹為何要區別「操存」與「舍亡」，因為若將「操舍存亡」全視為「人心」，「操舍存亡」所代表的工夫意義就會消失。換言之，以「操舍存亡」為「人心」，而以此「人心」達到「心體之妙」、「心體之無滯」等與本體等同的境界，若以這樣的觀點來做工夫，無法做出是非善惡的價值判斷，而不分辨是非善惡就說不上任何儒家工夫，恐怕容易導致不需要做「主敬」工夫的結果，如同朱熹前一段落的引文中說：「若心體本來只合如此，則又何惡其不知所止，而必曰主敬以止之歟？」。因此朱熹這一段引文最後說：「要之，存亡出入，固皆神明不測之所為，而其真妄邪正、始終動靜，又不可不辨耳。」在此朱熹暫時同意呂祖儉所說的「存亡而入，皆神明不測之妙」，這似乎反映著朱熹仍在以心體之流行為體之用的「性體心用」上討論「道心人心」，但朱熹緊接著指責為「其間區別真妄又不分明」，又不斷地強調「操舍存亡」的工夫意義（「諸人皆謂人心私欲之為，乃舍之而亡所致，却不知所謂存者，亦操此而已矣。」）。可見，以「操存」與「舍亡」為討論的「道心人心」，漸漸地進入「未發涵養」、「已發察識」的中和新說工夫論脈絡。這樣的觀點，如下書信會更明顯：

〔註37〕《朱子文集》，第 5 冊，卷 47，〈答呂子約十七〉，頁 2146～2147。

> 然所謂「寂然之本體，殊未明白」之云者，此則未然。蓋操之而存，則只此便是本體，不待別求，惟其操之久而且熟，自然安於義理而不妄動，則所謂寂然者，當不待察識而自呈露矣。今乃欲於此頃刻之存，遽加察識，以求其寂然者，則吾恐失寂然之體，未必可識，而所謂察識者，乃所以速其遷動，而流於紛擾急迫之中也。程夫子所論「纔思，便是已發，故涵養於未發之前則可；而求中於未發之前則不可」，亦是此意。然心一而已，所謂操存者，亦豈以此一物操彼一物，如鬥者之相捽而不相舍哉！亦曰「主一無適」，非禮不動，則中有主而心自存耳。〔註38〕

在此引文有兩點值得注意：第一，朱熹從作為心之作用的「操存」來說本體，可見他已開始對「操存舍亡」做出區分，這即意味著「道心人心」的「道心」也在工夫論脈絡上開始討論。第二，對本體所做的工夫而言，朱熹強調所謂「操存」是蘊含著相當濃厚的主宰性〔註39〕，也需要「惟其操之久而且熟」的涵養工夫，而不是一定要「察識」之後才可以體現其本體。此時，朱熹指出察識工夫之過失，若勉強地觀察其寂然不動者，卻陷於思慮紛擾的困境。最後，朱熹又提出「主一無適」的主宰意義，由此可見他已在中和新說的架構上探討「操存舍亡」與「道心人心」之說。

朱熹批判與呂祖儉相反的立場時，以上的觀點是會持續的。石子重、方伯謨以「人心惟危」來理解「操存舍亡」；對此朱熹認為，若只從「人心惟危」來看「操存舍亡」，等於是「人心」變成「不好底心」〔註40〕，亦即是不能保證其「不好底心」可以進行「操存」工夫而把握本體。朱熹明確地說這一點，如下：

〔註38〕《朱子文集》，第5冊，卷47，〈答呂子約十三〉，頁2143～2144。

〔註39〕朱熹在中和舊說時期所理解的「操存」是與「察識」同時進行的工夫，但在此他對「操存」工夫強調主宰性，並區別於「察識」工夫，筆者認為由這一點也可看見他已脫離中和舊說而漸漸地完成中和新說的理論架構。對「操存」工夫的主宰意義，朱熹曾說過：「心說甚善，但恐更須收斂造約為佳耳。『以心使心』，所疑亦善。蓋程子之意，亦謂自作主宰，不使其散漫走作耳。如孟子云『操則存』，云『求放心』，皆是此類，豈以此使彼之謂邪？但今人著箇『察識』字，便有箇尋求捕捉之意，與聖賢所云操存主宰之味不同。」見《朱子文集》，第4冊，卷42，〈答石子重四〉，頁1834。

〔註40〕「所諭『心說』似未安，蓋孔子說此四句，而以『惟心之謂與』結之，不應如此著力，卻只形容得一箇不好底心也。」見《朱子文集》，第5冊，卷44，〈答方伯謨六〉，頁1941。在此朱熹所謂的「孔子說此四句」見於《孟子》〈告子〉上，是指「孔子曰：『操則存，舍則亡；出入無時，莫知其鄉。』」

今石子重、方伯謨取以評之者，大意良是，但伯謨以為此乃「人心惟危」，又似未然。人心，私欲耳，豈孟子所欲操存哉？又不可不辨也。〔註41〕

又如所謂「心之本體，不可以存亡言」，此亦未安。蓋若所操而存者，初非本體，則不知所存者，果為何物？而又何必以其存為哉？　但子約謂「當其存時，未及察識而已遷動」，此則存之未熟，而遽欲察識之過。（…）因此偶復記憶，胡文定公所謂「不起不滅心之體，方起方滅心之用。能常操而存，則雖一日之間百起百滅，而心固自若」者，自是好語；但讀者當知，所謂「不起不滅」者，非是塊然不動，無所知覺也，又非百起百滅之中，別有一物不起不滅也。但此心瑩然全無私意，是則寂然不動之本體，其順理而起，順理而滅，斯乃所以「感而遂通天下之故」者云爾。〔註42〕

蓋入而存者，即是真心，出而亡者，亦此真心為物誘而然耳。今以存亡出入，皆為物誘所致，則是所存之外，別有真心，而於孔子之言乃不及之，何耶？子重所論，病亦如此。〔註43〕

朱熹首先批評石子重、方伯謨對「人心惟危」所具有的負面觀點，朱熹認為若「人心」全是私欲，就沒有理由可以說明前輩儒者為何提到「操存」。這即反映著，朱熹所認為的「人心」基本上是在工夫論脈絡上而論的，而如同朱熹與呂祖儉討論時也曾說過：「『操舍存亡』之說，諸人皆謂人心私欲之為，乃舍之而亡所致，却不知所謂存者，亦操此而已矣。」（《文集》卷四十七，〈答呂子約十七〉）以此來看，朱熹反對「心之本體，不可以存亡言」也是自然的結果。當時將「操存舍亡」視為「人心惟危」的儒者，通常認為「本體」不能從「存亡」而說，因為無論是「操存」還是「舍亡」，心之本體都不會受到影響，這幾乎是相同於朱熹在（A）階段將「操存舍亡」的「人心」與「未嘗加益、少損」的本體（道心）分開而論的觀點。但在此朱熹將「操存舍亡」全視為「人心」的立場已有所改變，而朱熹認為若人在工夫上不能從「存亡」說本體，就找不到需要「（操）存」工夫的理由；朱熹由此更進一步說，人在進行工夫時所「操存」的才是本體。具體而言，進行「操存」本體的工夫而

〔註41〕《朱子文集》，第 4 冊，卷 42，〈答吳晦叔十二〉，頁 1831。
〔註42〕《朱子文集》，第 4 冊，卷 42，〈答石子重三〉，頁 1833～1834。
〔註43〕《朱子文集》，第 4 冊，卷 40，〈答何叔京二十五〉，頁 1738。

涵養久之後「全無私意」的「人心」，這就是「寂然不動之本體」，此時其本體不再是像「百起百滅之中，別有一物不起不滅」那樣成為「所存之外，別有真心」，因此人不應該尋找除了正在做工夫的心之外的心體：

> 心一也，操而存，則義理明而謂之「道心」；舍而亡，則物欲肆而謂之「人心」。（自注：「亡」不是無，只是走出逐物去了。）自人心而收回，便是道心；自道心而放出，便是人心。頃刻之間，恍惚萬狀，所謂「出入無時，莫知其鄉」也。〔註44〕

> 心說已喻。但所謂聖人之心，如明鏡止水，天理純全者，即是存處，但聖人則不操而常存耳，眾人則操而存之，方其存時，亦是如此，但不操則不存耳。存者，道心也；亡者，人心也。心一也，非是實有此二心，各為一物不相交涉也。但以存亡而異其名耳。方其亡也，固非心之本然，亦不可謂別是一箇有存亡出入之心，却待反本還原，別求一箇無存亡出入之心來換却，只是此心，但不存便亡，不亡便存，中間無空隙處。〔註45〕

在以上兩封信中朱熹所闡述的「道心人心」，很顯然地被分屬於「操存」與「舍亡」；並且，以前與「操存舍亡」無關地獨立存在的「道心」，在此透過「操存」工夫而可以被顯現出來，可見從此開始漸漸地脫離中和舊說的理論架構。就是說，朱熹在（A）階段，「天理道心」、「人欲人心」的基本脈絡之下，將「操則存」與「舍則亡」都視為心之作用（已發之心）。此時「操則存」並不代表針對本體的工夫，而是指在心上所發生的狀態之一；作為本體的「道心」也不會受到「操存舍亡」之影響，而似乎獨自存在於「操存舍亡」之外（未發之性）。然而在（B）階段，朱熹經過多次的討論，在其過程當中他所說的「操則存」已區別於「舍則亡」，而發展為以操存者為「道心」、以舍亡者為「人心」的工夫論模式。此時「天理道心」不是別有另外的心之本體，而是進行「操存」及涵養工夫之後可以被顯現出來。可見，「道心」及「人心」不是二心，而是「以存亡而異其名」。

　　然而，在此要注意：「存亡」的工夫上被論及的操存者之「道心」、以及「以存亡而異其名」這樣的說法，似乎意味著心具有的不同層面，表面上看起來與朱熹在晚期所論述的「道心人心論」沒有差別；但以操存者來所說的

〔註44〕《朱子文集》，第4冊，卷39，〈答許順之十九〉，頁1642。
〔註45〕《朱子文集》，第4冊，卷40，〈答何叔京二十六〉，頁1739～1740。

「道心」之所以不同於晚期〈中庸章句序〉，是因為在成功地進行「操存」工夫而體現出「天理純全者」，此時「道心」仍是作為本體的「天理純全者」，而不是像〈中庸章句序〉所說的「道心」那樣從知覺而發的心之另外一種狀態。即是說，朱熹在晚期所論的「道心」也當然與本體有密切的關聯性，因為從「覺於理」的「道心」而言，知覺的根據是在於本體；但即使如此，在早期將「道心」直接等同於天理本體的觀點，與晚期透過人心知覺而認識「理」的道德知覺狀態而稱之為「道心」的看法，仍有著不能忽視的差異。

　　既然「道心」是指心之體，「人心」就意味著心之用，就此而言，可發現朱熹在早期所論的「道心人心」仍有著不合於中和新說之處：

> 心體固本靜，然亦不能不動；其用固本善，然亦能流而入於不善。
> 夫其動而流於不善者，固不可謂心體之本然，然亦不可不謂之心也，
> 但其誘於物而然耳。故先聖只說「操則存，（自注：存則靜，而其動
> 也，無不善矣。）舍則亡；（自注：於是乎有動，而流於不善者。）
> 出入無時，莫知其鄉。」（…）只此四句，說得心之體用始終、真妄
> 邪正，無所不備，又見得此心不操即舍，不出即入，別無閒處可安
> 頓之意。〔註46〕

朱熹認為，原來靜態的「心體」是不能不動的，並且從「心體」直接而發的當然是「本善」，此時「心體」與「心體之動」之間沒有任何區分，就可以說以心體為「道心」；有時「心體之動」因外物而流於不善，而這雖然不是「心體之本然」，但仍然是指心體之動，這就表示「人心」是指心體之用。以「操存」為心體（道心）、以「舍亡」為心體之用（動）的觀點，不太相同於在中和新說中，「人心」都不會分屬於「體」或「用」而成為統攝體（性）用（情）的主宰處、知覺處。

　　總之，以操存者為「道心」，以舍亡者為「人心」的模式，仍基於以「天理人欲」為代表的根源之別；此時「道心」是指以操存來把握的本體；相較於此，「人心」無法與「道心」並存（「但不存便亡，不亡便存，中間無空際處。」），仍不能避免將人欲視為「人心」的觀點，對於「人心」我們無法探討除了私欲之外的另外意義。由此可見，相較於晚期的說法，朱熹早期「道心人心論」處在從中和舊說移到中和新說的一段過渡期之中，屬於心說之辯的一種附屬地位，而難以說是具有獨立性的理論。

〔註46〕《朱子文集》，第 5 冊，卷 45，〈答游誠之三〉，頁 1997～1998。

第三節　朱熹晚期「道心人心論」的含義

一、朱熹「知覺」說的形成及其發展

（一）對「知覺言仁」的批判

若說，朱熹四十到四十五歲左右所討論的「道心人心」（（A）與（B）階段）是反映著中和舊說的思想及其離開過程，他六十歲左右因〈中庸章句序〉而再引起的「道心人心」討論（（C）與（D）階段）則是呈現出中和新說的發展結果。具體而言，朱熹在 1189 年（己酉）撰寫〈中庸章句序〉時，為了追溯道統的來源而引用《尚書》〈大禹謨〉「人心惟危，道心惟微，惟精惟一，允執厥中」四句〔註47〕，從此開始再引發關於「道心人心」的討論。此時朱熹剛開始又是在根本上區別「道心」與「人心」（（C））〔註48〕，但後

〔註47〕 朱熹以《尚書》〈大禹謨〉為根據而所建立的道統說，後來受到不少批評，其代表例子就是清代閻若璩的主張。閻若璩在《尚書古文疏証》中證明所謂的「十六字訣」是後人的偽造，因此朱熹在偽造經文的基礎上所建立的道統說亦是根據不足，其信賴度也會變低。對此，陳榮開主張朱熹道統說的偽造問題未必影響到朱熹哲學的義理：「清代的閻若璩就曾針對朱子道統說以偽造的經文為依據一點，嘗試釜底抽薪地否定其學說的價值。然而，問題卻不是如此的簡單。閻氏此舉，縱或可以摧毀朱子道統說的經典依據，卻未足以動搖其學說的根本。這是因為朱子道統說中所包含的義理，其具有價值與否，並非完全取決於經典的根據，而毋寧由其所包含的真理和慧識來決定。有關這一點，劉述先氏解釋得非常清楚。劉氏借用西方神學家田立克（Paul Tillich）對耶穌的研究（Jesusology）和基督的信仰（Christology）兩者所作的區分，指出有關伏羲、黃帝的傳說的研究，其實和對耶穌生平的研究一樣；耶穌生平的真實性和可信性固不足以推翻基督信仰的意義與價值，伏羲、黃帝傳說的可靠程度也同樣地無法動搖道統說所含義理的根本。所以如此，是因為伏羲、黃帝的傳說是屬於歷史和考古的研究範圍，與道統說所牽涉有關終極意義和超越信仰的問題根本不屬同一層次的緣故。事實上，不獨伏羲、黃帝的傳說為然，有關十六字訣的來歷問題亦莫不可以作如是觀。關鍵並不在於其經典的依據，而在於其所自身有否蘊含深刻的意味和真實的價值。」參見氏著：〈朱子的《中庸》說：《中庸章句序》中有關道心、人心問題的看法〉，收入朱杰人編：《邁入 21 世紀的朱子學——紀念朱熹誕辰 870 周年、逝世 800 周年論文集》（上海：華東師範大學，2001 年），頁 58～59。

〔註48〕 「此舜之戒禹，所以有『人心』、『道心』之別，蓋自其根本而已，然非為氣之所為有過不及，而後流於人欲也。然但謂之『人心』，則固未以為悉皆邪惡；但謂之『危』，則固未以為便致凶咎；但既不主於理而主於形，則其流為邪惡，以致凶咎，亦不難矣。此其所以為『危』，非若『道心』之必善而無惡，有安而無傾，有準的而可憑據也。」見《朱子文集》，第 5 冊，卷 44，〈答蔡季通二〉，頁 1912。

來與鄭可學(字子上，1152～1212)透過討論而確立「道心人心」的定論((D))
〔註49〕，而此定論的重點在於，他建立中和新說以來一向重視的心之功能，
即是「知覺」與「道心人心」扯上關係。

　　如前所述，由於中和新說而未發本體歸屬於經驗心以及與已發具有對待
關係的心理狀態，而此「心」能夠管攝「性」(體)與「情」(用)，這即是「心
統性情」的義理架構。此時「心」是以經驗之心為主的道德實踐主體，朱熹
積極地運用「知覺」而鞏固「心」理應發揮的主宰性。就是說，朱熹提出「心
統性情」的主要目的在於使得「心」從道德實踐的層面上成為「一身之主宰」，
此時他將「知覺」當作「心」最重要的特質與能力，以此賦予「知覺」十分
重要的理論地位。在這樣的思路之下，「知覺」自然地進入朱熹哲學體系內而
被討論；其第一步是透過對「知覺言仁」的批判，而對於本體(「仁」)與作
用(「知覺」)做了明確的區分：

　　　　廣仲引《孟子》「先知先覺」，以明上蔡「心有知覺」之說，已自不
　　　　倫。(…) 若據《孟子》本文，則程子釋之已詳矣，曰：「知，是知
　　　　此事；(原註：知此事當如此也。)覺，是覺此理。」(原註：知此
　　　　事之所以當如此之理也。)意已分明，不必更求玄妙。且其意與上
　　　　蔡之意，亦初無干涉也。上蔡所謂「知覺」，正謂知寒暖飽飢之類爾，
　　　　推而至於酬酢佑神，亦只是此。知覺無別物也，但所用有小大爾。
　　　　然此亦只是智之發用處，但惟仁者，為能兼之。故謂「仁者心有知
　　　　覺」則可，謂「心有知覺謂之仁」則不可，蓋仁者心有知覺，乃以
　　　　仁包四者之用而言，猶云「仁者知所羞惡辭讓」云爾。若曰「心有
　　　　知覺謂之仁」，則仁之所以得名，初不為此也。〔註50〕

〔註49〕在朱熹與鄭可學書信來往中，可發現〈答蔡季通二〉是〈中庸序〉改定之前
　　　　寫的；而朱熹又認定〈答蔡季通二〉中有不妥當之處：「(鄭可問)『此心之
　　　　靈，其覺於理者，道心也；其覺於欲者，人心也。』可學蒙諭此語，極有開
　　　　發。但先生又云：『向〈答季通書〉語未瑩，不足據以為說。』可學竊尋〈中
　　　　庸序〉云：『人心出於形氣，道心本於性命。』而〈答季通書〉乃所以發明
　　　　此意，今如所說，却是一本性命說，而不及形氣。可學竊疑向所聞『此心之
　　　　靈』一段，所見差謬，先生欲覺其愚迷，故直於本原處指示，使不走作，非
　　　　謂形氣無預而皆出於心。愚意以為，覺於理，則一本於性命，而為道心；覺
　　　　於欲，則涉於形氣，而為人心。如此所見如何？(朱熹答)〈中庸序〉後亦改
　　　　定，別紙錄去。來論大概，亦已得之矣。」見《朱子文集》，第 6 冊，卷 56，
　　　　〈答鄭子上十一〉，頁 2716。
〔註50〕《朱子文集》，第 3 冊，卷 32，〈又論仁說十四〉，頁 1265～1266。

自程顥以「痲痺不仁」來比喻「仁」〔註51〕以後，謝良佐（字顯道，1050～1103）據此而以「生」解「仁」〔註52〕、以「識」論「仁」〔註53〕；由於湖湘學派〔註54〕繼承與發展兩者對「仁」的見解，因此朱熹的前輩儒者幾乎以「心有知覺」解釋「仁」〔註55〕，這是當時論仁諸說的主流觀點。朱熹對此明顯地表示反對，因為朱熹對「知覺」的理解與湖湘學派根本不同。對朱熹而言，從「知寒暖飽飢之類」到「酬酢佑神」都是基於經驗之心的一切認知能力，這就是朱熹所理解的「知覺」。在這樣的「知覺」定義之下，朱熹認為，若以「寒暖飽飢」或「痛癢」那樣的感官知覺來解釋為「仁」，則恐怕會導致將感官知覺視為「仁」的誤解，如同他反問說：「若但知得箇痛癢，則凡人皆覺得，豈盡是仁者耶？」〔註56〕，這就是朱熹一邊接受「仁固有知覺」，一邊拒絕「喚知覺做仁」〔註57〕的理由所在。

〔註51〕「醫家以不認痛癢謂之不仁，人以不知覺不認義理為不仁，譬最近。」見《河南程氏遺書》卷2上，《二程集》上冊，頁33。

〔註52〕「心者何也？仁是已。仁者何也？活者為仁，死者為不仁。今人身體痲痺不知痛癢，謂之不仁。桃杏之核可種而生者謂之桃仁杏仁，言有生之意。推此，仁可見矣。」見謝良佐：《上蔡語錄》卷上，收如朱傑人等主編：《朱子全書：外編》3（上海市：華東師範大學出版社，2010年），頁2。本文以下凡引自《上蔡語錄》，不再詳註，僅分別標明書名、頁數，如《上蔡語錄》卷上，頁2。

〔註53〕「仁是四肢不仁之仁，不仁是不識痛癢，仁是識痛癢。」見《上蔡語錄》卷中，頁20。

〔註54〕二程門下弟子後來分為兩大學派，其一是從楊時傳到羅從彥、李侗的「道南學派」，尤其楊時是程顥逝世之後再受學於程頤，從而親炙於二程；而朱熹的父親朱松與朱熹早年求指教的李侗，皆為羅從彥門下弟子。另一是從胡安國傳到胡寅、胡宏的「湖湘學派」，相比道南學派，湖湘學派原來是以家學為中心，而主要是私淑程顥與謝良佐之學。關於包括以上兩個學派的核心人物及其學說，何俊在《南宋儒學建構》中以大量篇幅來詳細說明二程洛學的分流，參見氏著：《南宋儒學建構》（上海市：上海人民出版社，2004），頁25～101。

〔註55〕「或曰：『程氏之徒，言仁多矣。蓋有謂愛非仁而以「萬物與我為一」為仁之體者矣；亦有謂愛非仁而以「心有知覺」釋仁之名者矣。今子之言若是，然則彼皆非歟？』曰：彼謂『物我為一』者，可以見仁之無不愛矣，而非仁之所以為體之真也；彼謂『心有知覺』者，可以見仁之包乎智乎，而非仁之所以得名之實也。」見《朱子文集》，第7冊，卷64，〈仁說〉，頁3392。

〔註56〕「或問：『謝上蔡以覺言仁，是如何？』曰：『覺者，是要覺得箇道理。須是分毫不差，方能全得此心之德，這便是仁。若但知得箇痛癢，則凡人皆覺得，豈盡是仁者耶？醫者以頑痺為不仁，以其不覺，故謂之「不仁」。不覺固是不仁，然便謂覺是仁，則不可。』」見《朱子語類》，第7冊，卷101，〈程子門人〉，頁2562。

〔註57〕「仁固有知覺；喚知覺做仁，卻不得。」見《朱子語類》，第1冊，卷6，〈性

　　不過，從程顥及謝良佐到湖湘學派，他們以「知覺言仁」之說表達的要旨，是人一旦不知仁義，就等於是整個知覺方面有了缺陷，而這是意味著對人而言沒有什麼比仁義更重要。顯然地，前輩儒者所謂的「知覺」，並不是像朱熹所指出那樣的一般認知功能，而是指對是非、善惡行為像生物本能同樣自然地發出來的一種道德感受性〔註 58〕。在這樣的脈絡之下，也許可以說朱熹僅僅是致辯於定義，因而全盤誤解「知覺言仁」的本意。但引文最後，朱熹指出「蓋仁者心有知覺，乃以仁包四者之用而言，猶云『仁者知所羞惡辭讓』云爾」，由此可見朱熹清楚地把握「知覺言仁」的涵義如何。事實上，在《語類》不少處可發現，像「知覺言仁」那樣，朱熹對「仁」所做的解釋也凸顯出道德的生動性，例如他說「仁」也包含「孝弟、慈和、柔愛」〔註 59〕，而「仁」的本來面目是「惻隱、慈愛」〔註 60〕，對「仁」的這些詮釋，都反映著朱熹明確地理解以「仁」來表達人的內在所存在的道德情感。

　　朱熹批判「知覺言仁」的關鍵，是在於他基於本體與作用的觀點來界定「仁」與「知覺」的關係。即朱熹認為，以像「寒暖痛癢」那樣的身體感受可以比喻「仁」在現實生活中體現與落實；但即使如此，作為本體的「仁」，仍不可以與屬於經驗作用的「知覺」相混，因為從經驗作用的角度來看，不僅是「知覺」，「愛」或「惻隱」也處在與本體不能直接相提並論的作用地位：

　　理三〉，頁 118；「仁者便有所知覺，不仁者便無所知覺，恁地卻說得。若曰『心有知覺之謂仁』，卻不得。」見《朱子語類》，第 2 冊，卷 20，〈論語二〉，頁 477。

〔註 58〕就此而言，不少學者已指出朱熹錯解「知覺為仁」之說，這些質疑都具有合理性。其中牟宗三對此進行了具有代表性的批判，他說：「至于其駁『以覺訓仁』之說，則謂『彼謂心有知覺者，可以見仁之包乎智矣，而非仁之所以得名之實也』。夫以覺訓仁者，此所謂覺顯然是本明道麻木不覺、『痿痺為不仁』而來。覺是『惻然有所覺』之覺，是不安不忍之覺，是道德真情之覺，是寂感一如之覺，是仁心之惻然之事，而非智之事，是相當于 "Feeling"，而非 "Perception" 之意。（當然仁心惻然不昧，是非在前自能明之）。今朱子以智之事解之，而謂『心有知覺，可以見仁之包乎智，而非仁之所以得名之實』，此則差謬太甚。（……）今乃一見『覺』字，便向『知覺運用』之知覺處想，不知覺有道德真情寂感一如之覺與認知的知覺運用之覺之不同，遂只准于智字言覺，不准于仁心言覺矣。此駁最為悖理，其非甚顯，不必多言。」參見氏著：《心體與性體》第三冊（臺北：正中，1990 年），頁 251。

〔註 59〕「仁則有所屬，如孝弟、慈和、柔愛皆屬仁。」見《朱子語類》，第 5 冊，卷 68，〈易四〉，頁 1703。

〔註 60〕「『仁』字說得廣處，是全體。惻隱、慈愛底，是說他本相。」見《朱子語類》，第 1 冊，卷 6，〈性理三〉，頁 118。

問：「先生答湖湘學者書，以『愛』字言仁，如何？」曰：「緣上蔡說得『覺』字太重，便相似說禪。」問：「龜山卻推『惻隱』二字。」曰：「龜山言『萬物與我為一』云云，說亦太寬。」問：「此還是仁之體否？」曰：「此不是仁之體，卻是仁之量。仁者固能覺，謂覺為仁，不可；仁者固能與萬物為一，謂萬物為一為仁，亦不可。譬如說屋，不論屋是木做柱，竹做壁，卻只說屋如此大，容得許多物。如萬物為一，只是說得仁之量。」〔註61〕

問：「程門以知覺言仁，克齋記乃不取，何也？」曰：「仁離愛不得。上蔡諸公不把愛做仁，他見伊川言『博愛非仁也，仁是性，愛是情。』伊川也不是道愛不是仁。若當初有人會問，必說道『愛是仁之情，仁是愛之性』，如此方分曉。」〔註62〕

以上連續兩段引文中可發現，朱熹探討「仁」與其他概念之間的關係時，他堅定賦予「仁」以本體意；就此而言，除了作為本體的「仁」之外，「知覺」無論是道德情感還是一般經驗認知能力，它與「愛」、「惻隱」、「萬物一體」同樣都是指「仁之量」、「情」，而不能將「知覺」直接等同為「仁之體」、「性」。在第一段引文中朱熹舉「屋」的例子，說起「卻只說屋如此大，容得許多物」之前應先清楚「木做柱，竹做壁」，可見朱熹認為「仁」在現實的道德功效之前，必須要先指出「仁」與「仁」所包含的各種概念之間存在的本體與作用之關係。朱熹又曾提過類似的比喻：「仁」為「根」，「親親、仁民、愛物」為「枝葉」〔註63〕，對他而言，雖然「仁」作為全體所涵蓋的意義範圍非常廣泛，但「知覺言仁」之「知覺」所表達的道德感情是像「親親、仁民、愛物」那樣的種種經驗現象，因此屬於「枝葉處」的「仁之用」〔註64〕，而不能成為「根」所比喻的「仁」本體。正因如此，不僅是「博愛非仁」〔註65〕，實

〔註61〕《朱子語類》，第1冊，卷6，〈性理三〉，頁118～119。

〔註62〕《朱子語類》，第1冊，卷6，〈性理三〉，頁118～119。

〔註63〕「仁是根，惻隱是萌芽。親親、仁民、愛物，便是推廣到枝葉處。」見《朱子語類》，第1冊，卷6，〈性理三〉，頁118。

〔註64〕「『知覺言仁』，程子已明言其非。（原註：見二十四卷。）蓋以『知覺言仁』，只說得仁之用而猶有所未盡，不若『愛』字卻說得仁之用平正周徧也。」見《朱子文集》，第4冊，卷40，〈答何叔京十八〉，頁1731。

〔註65〕「問仁。曰：『此在諸公自思之，將聖賢所言仁處，類聚觀之，體認出來。孟子曰：「惻隱之心，仁也。」後人遂以愛為仁。惻隱固是愛也。愛自是情，仁自是性，豈可專以愛為仁？孟子言惻隱為仁，蓋為前已言「惻隱之心，仁之

際上「知覺」、「惻隱」等等都是「非仁」，而「仁」是「博愛」、「知覺」、「惻隱」所根據的「性」，如同上述引文最後朱熹說「仁是愛之性」。

（二）對「知覺為性」的批判

朱熹批判「知覺言仁」時，他對本體與作用有明確的區分與界定，而從此開始「知覺」區別於本體。那麼「知覺」為何與本體必須要分開而論？若從結論說起，因為「知覺」本身並不能承擔道德先天性；而道德先天性及其超越性，唯有本體才能保證：

> 前書所論方叔所說不同者，只是渠以知覺為性，此是大病，後段所謂「本然之性，一而已矣」者，亦只是認著此物而言耳。本領既差，自是不能得合，今亦不能枉費言語，但要學者見得性與知覺字義不同，則於孟子許多說「性善」處方無窒礙，而告子「生之謂性」所以為非者，乃可見耳。〔註66〕

朱熹指責「以知覺為性」是一個「大病」，而再批評為「本領既差」，從此可發現他對「知覺為性」之說具有強烈批判意識。他強調「性」與「知覺」在根本上就有差異，而學者對這兩個概念應該要做區分，其主張的關鍵就在於「性善」與「生之謂性」的不同。即若以「知覺」為「性」，此時所謂「性」便不是孟子所謂的「性善」，而僅僅是指告子所說的「生之謂性」：

> 蜚卿問：「『生之謂性』，莫止是以知覺運動為性否？」曰：「便是。此正與『食色性也』同意。孟子當時辨得不恁地平鋪，就他蔽處撥啟他；卻一向窮詰他，止從那一角頭攻將去，所以如今難理會。若要解，煞用添言語。犬、牛、人，謂其得於天者未嘗不同。惟人得是理之全，至於物，止得其偏。今欲去犬牛身上全討仁義，便不得。告子止是不曾分曉道這子細，到這裏說不得。卻道天下是有許多般性，牛自是牛之性，馬自是馬之性，犬自是犬之性，則又不是。」又曰：「所以謂『性即理』，便見得惟人得是理之全，物得是理之偏。告子止把生為性，更不說及理。孟子卻以理言性，所以見人物之辨。」〔註67〕

端也」，既曰仁之端，則不可便謂之仁。退之言「博愛之謂仁」，非也。仁者固博愛，然便以博愛為仁，則不可。』見《河南程氏遺書》卷18，《二程集》上冊，頁182。

〔註66〕《朱子文集》，第6冊，卷59，〈答陳才卿一〉，頁2902。

〔註67〕《朱子語類》，第4冊，卷59，〈孟子九〉，頁1377。

對朱熹而言，告子所說的「生之謂性」全是指知覺運動〔註68〕。包括「食色」，所有知覺運動基本上都是從形軀感官而來的一切反應與認知，就此而言，無法辨出人與禽獸之間的差別。然而，人是獲得「理之全」的；相較於此，禽獸因只得「理之偏」而無法「全討仁義」。顯然地，人有別於禽獸的最根本差異在於能夠「全討仁義」的「理之全」，而在此「理之全」的內涵就是以「性即理」所指示的道德價值本體所具有的道德先天性及其超越性。由此可見，能夠保證人先天固有的道德價值，其關鍵是在於「以理言性」的性善本體，而不在於「把生為性」的「知覺」：

> 大凡天之生物，各付一性，性非有物，只是一箇道理之在我者耳。
> 故性之所以為體，只是「仁、義、禮、智、信」五字，天下道理，
> 不出於此。韓文公云：「人之所以為性者五」，其說最為得之，却為
> 後世之言性者，多雜佛老而言，所以將「性」字作知覺心意看了，
> 非聖賢所說「性」字本指也。（…）天之生此人，無不與之以仁義禮
> 智之理，亦何嘗有不善？〔註69〕

朱熹認為，天下許多道理都來自於「仁義禮智信」，這就意味著唯有「仁義禮智信」本體才能夠保證道德先天性及道德實踐的先驗根據，而這亦即是為何不能將「聖賢所說『性』字」視為「知覺」的理由。事實上，以「知覺」來詮釋「仁」、佛家與告子將「知覺」當作「性」〔註70〕等，朱熹認為這些學術傾向都有問題，因為：若人與禽獸都共有的知覺運動來理解「仁」或「性」，這個「仁」或「性」所具有的道德本體地位會消滅，不足以成為「理底性」〔註71〕。就是

〔註68〕「問『生之謂性。』曰：『告子只說那生來底便是性，手足運行，耳目視聽，與夫心有知覺之類。』」見《朱子語類》，第4冊，卷59，〈孟子九〉，頁1376。

〔註69〕《朱子文集》，第8冊，卷74，〈玉山講義〉，頁3733。

〔註70〕「前書所論方叔所說不同者，只是渠以知覺為性，此是大病，後段所謂『本然之性，一而已矣』者，亦只是認著此物而言耳。（…）但要學者見得性與知覺字義不同，則於孟子許多說『性善』處方無窒礙，而告子『生之謂性』所以為非者，乃可見耳。」見《朱子文集》，第6冊，卷59，〈答陳才卿一〉，頁2901～2902。；「問『生之謂性』。曰：『告子只說那生來底便是性，手足運行，耳目視聽，與夫心有知覺之類。他却不知生便屬氣稟，自氣稟而言，人物便有不同處。若說「理之謂性」，則可。』」見《朱子語類》，第4冊，卷59，〈孟子九〉，頁1376。

〔註71〕「『生之謂性』一條難說，須子細看。此一條，伊川說得亦未甚盡。『生之謂性』，是生下來喚做性底，便有氣稟夾雜，便不是理底性了。」見《朱子語類》，第6冊，卷95，〈程子之書一〉，頁2425。

說，人天生就有著能夠進行道德實踐的可能性，那是從「理」而來的，我們稱之為「性」；針對人為何需要實踐人倫道德的根據及其實踐的可能性而言，可以成為終極根源的是「理」，而不是「知覺」。

（三）「理與氣合」與「虛靈」

在朱熹哲學體系中，本體與「知覺」所擔承的理論涵義顯然不同。可否保證道德價值的先天性，就這個問題的判準而言，「知覺」與像「仁義禮智」及「性即理」那樣的本體是不可混用的，從此開始「知覺」脫離道德先天性及道德實踐的根據為代表的本體領域。然而，在此需要注意的是，即使「知覺」與本體之間有著根本無法相同的差異，這仍不意味著朱熹否定「知覺」與本體的關係：

> 問：「知覺是心之靈固如此，抑氣之為邪？」曰：「不專是氣，是先有知覺之 理。理未知覺，氣聚成形，理與氣合，便能知覺。譬如這燭火，是因得這脂膏，便有許多光燄。」問：「心之發處是氣否？」曰：「也只是知覺。」〔註72〕

針對「知覺」的構成而言，形氣是構成「知覺」的必要因素；但朱熹又提出，「知覺」不全是形氣，仍有構成「知覺」的另外必要因素，也就是「理」。朱熹指出「先有知覺之理」，此時「知覺之理」不是指感官知覺的生物構造或運作原理，而是「性所以當如此者」〔註73〕，如同「所以當孝，所以當悌者」〔註74〕的「此事之所以當如此之理」〔註75〕。顯然地，朱熹所說的「知覺之理」就是指「性即理」之「理」。由此可見，「知覺」為「理」與「氣」所構成，而對知覺作用的發生而言，「性即理」之「理」就成為「知覺」的根據。

〔註72〕《朱子語類》，第1冊，卷5，〈性理二〉，頁85。

〔註73〕「知覺之理，是性所以當如此者，釋氏不知。」見《朱子語類》，第8冊，卷126，〈釋氏〉，頁3021。

〔註74〕「《孟子》『知覺』二字，程子云：『知是知此事，覺是覺此理。』此言盡之，自不必別立說也。（原註：事親當孝，事兄當悌者，事也；所以當孝，所以當悌者，理也。）」見《朱子文集》，第4冊，卷42，〈答吳晦叔七〉，頁1822。

〔註75〕「若據《孟子》本文，則程子釋之已詳矣，曰：『知，是知此事；（原註：知此事當如此也。）覺，是覺此理。（原註：知此事之所以當如此之理也。）』意已分明，不必更求玄妙。」見《朱子文集》，第3冊，卷32，〈又論仁說十四〉，頁1265。

不僅「氣」，「理」也是構成「知覺」的要素之一，其之所以對「知覺」的涵義而言具有重要性，是因為這樣才可以探討「覺於理」〔註76〕。即我們已透過對「知覺訓仁」的批評而考察「知覺」是屬於作用，而不能以此為本體（「性」）；再加上，「知覺」確實是由與禽獸共有的血氣所引起的，並且從以上引文又看到「理未知覺」，這些都似乎令人誤解朱熹否認「知覺」與「理」的相關性。若從這個脈絡下來看，就很難說所謂「覺於理」是如何可能。但朱熹指出「知覺」是「理」與「氣」結合而成，而此時「理」是「知覺」能夠存在的根據，就此而言，即使是「理未知覺」，仍然可以說是「知覺有理」。就是說，「知覺」既然是來自於理氣之結合，那麼不僅是「氣」，「知覺」與「理」也就不能分開而論〔註77〕，並且「知覺」與「理」甚至是「本來貫通」〔註78〕。由此可見，朱熹明確地肯定「知覺」概念具有「理」的成分，而從此「知覺」超出在感官上的認知與反應，而可以體認道德價值本體，如同「覺於理」。

朱熹透過對「知覺言仁」與「知覺為性」的批判而凸顯出本體與知覺之不同；但同時，將「理」當作構成「知覺」的必要因素，從此確立本體與「知覺」之間的關係，並且獲得「覺於理」之可能。根據這樣的理論脈絡來看，並不屬於「理」亦不屬於「氣」的「知覺」，而完整地屬於「心」，就成為「心之知覺」。這個心之知覺，就是心之所以能夠主宰一身的核心關鍵，如同朱熹說：「然人之一身，知覺運用莫非心之所為，則心者固所以主於身」〔註79〕，由此可見，心之主宰與知覺就有著不可分的關係。再加上，不僅是自己一身，「心」之所以對所有經驗現象都可以發揮主宰性，亦是因為知覺而可能的，朱熹甚至斷定說若沒有知覺就不可能主宰萬物〔註80〕。如此，心之知覺所蘊含的主宰意義，也表現為「氣之虛靈」：

〔註76〕「此心之靈，其覺於理者，道心也；其覺於欲者，人心也。」見《朱子文集》，第 6 冊，卷 56，〈答鄭子上十〉，頁 2713。

〔註77〕「所知覺者是理。理不離知覺，知覺不離理。」見《朱子語類》，第 1 冊，卷 5，〈性理二〉，頁 85。

〔註78〕「問：『心是知覺，性是理。心與理如何得貫通為一？』曰：『不須去著實通，本來貫通。』『如何本來貫通？』曰：『理無心，則無著處。』」見《朱子語類》，第 1 冊，卷 5，〈性理二〉，頁 85。

〔註79〕「問：『知如何宰物？』曰：『無所知覺，則不足以宰制萬物。要宰制他，也須是知覺。』」見《朱子語類》，第 2 冊，卷 17，〈大學四或問上〉，頁 381。

〔註80〕「理遍在天地萬物之間，而心則管之；心既管之，則其用實不外乎此心矣。然則理之體在物，而其用在心也。」見《朱子語類》，第 2 冊，卷 18，〈大學五或問下〉，頁 416。

心之知覺，又是那氣之虛靈底。聰明視聽，作為運用，皆是有這知
覺，方運用得這道理。所以橫渠說：「『人能弘道』，是心能盡性；『非
道弘人』，是性不知檢心。」〔註81〕

朱熹認為，因為心之知覺是「氣之虛靈」，所以心之知覺不限於掌握視聽言動
的現象意識作用，而更進一步可以「運用得這道理」。朱熹這樣對心之知覺所
賦予的「氣之虛靈」，心上表現為「虛靈」、「神明」。具體而言，我們之所以
能夠將心稱為「虛靈」，是因為人由「氣之虛靈」的知覺而管轄統攝性理，以
此主宰萬事，如同朱熹說：「此心本來虛靈，萬理具備，事事物物皆所當知。」
〔註82〕、「心者，人之神明，所以具眾理而應萬事者也。」〔註83〕這就意味著
朱熹所說的「有這知覺，方運用得這道理」的內涵，也就是指張載以「心能
盡性」解釋的「人能弘道」。

在此我們需要注意的是，朱熹引用張載對「人能弘道，非道弘人」的解
釋，此時朱熹的意圖為包括一身的意識與行為，而對整個萬物能夠運用其影
響力的主體，那是「心」，而不是「性」，如同張載對「非道弘人」而說「性
不知檢心」〔註84〕。針對道德實踐而言，「性」是我們固有的道德先天性，我
們將此視為道德實踐的根據。換句話說，人處在任何情境能夠做出道德行為
的絕對可能性及其動機，是在於「性」；但主宰其實際行為而進行道德實踐的
主體，必須是「心」。在經驗現實上所有道德實踐，必須會產生「自作主宰」
的追求，因而以心之「虛靈知覺」來保證心能夠發揮其主宰性。總之，朱熹
對心之虛靈知覺具有強烈的問題意識，都是針對「心」的主宰性而來的。就
此而言，所謂「虛靈」所指的，就是心之知覺，而不是本體。

二、朱熹論「道心人心」的內涵

朱熹透過對「知覺訓仁」及「知覺為性」的批判，以此對本體與「知覺」
做出明確區分，拒絕當時賦予「知覺」道德先天性的看法。然而，朱熹又指
出「知覺」是由理氣而成的，並且以「氣之虛靈」凸顯出心之知覺「足以具

〔註81〕《朱子語類》，第4冊，卷60，〈孟子十〉，頁1430。
〔註82〕《朱子語類》，第4冊，卷60，〈孟子十〉，頁1425。
〔註83〕《孟子集注》卷13〈盡心章句上〉，頁349。
〔註84〕「心能盡性，『人能弘道』也；性不知檢其心，『非道弘人』也。」見《張載
集》，《正蒙》，〈誠明〉，頁22。

眾理，可以應萬事」〔註85〕，他這樣重新奠定「知覺」的界說，從此心之知覺在工夫論的實際操作上鞏固了其主宰性。

根據以上的理論脈絡之下，在朱熹哲學體系中「道心人心」是在「一心」上的「知覺者不同」，就意味著透過知覺而形成的結果。朱熹六十歲（1189年）所寫的〈中庸章句序〉就表示朱熹是從「知覺」來切入而理解「道心人心」的：

> 蓋嘗論之，心之虛靈知覺，一而已矣，而以為有人心、道心之異者，
> 則以其或生於形氣之私，或原於性命之正，而所以為知覺者不同，
> 是以或危殆而不安，或微妙而難見耳。〔註86〕

在朱熹看來，人在血氣形體上所引起的知覺作用，稱之為「人心」；人對性善本體所發揮的知覺作用，稱之為「道心」〔註87〕。由此可見，「道心人心」之別是來自於因心所「知覺者不同」而產生的不同意識現象。在朱熹對「道心人心」的理解中，可發現朱熹認為「道心」與「人心」是必須要先透過「知覺」之後才形成，而不會從「性命」或「形氣」直接發生。此時，人能夠呈現出「道心」的根據是作為本體的「性」、「理」；但儘管如此，因為「道心」透過人經驗之心的知覺，從此就有了與本體根本不同的差異：

> 次日，恭甫又問：「道心，只是仁義禮智否？」曰：「人心便是饑而思食，寒而思衣底心。饑而思食後，思量當食與不當食；寒而思衣後，思量當著與不當著，這便是道心。聖人時那人心也不能無，但聖人是常合著那道心，不教人心勝了道心。道心便只是要安頓教是，莫隨那人心去。這兩者也須子細辨別，所以道『人心惟危，道心惟微』。」〔註88〕

趙師琢（字恭父、恭甫）問朱熹「道心」的定義，趙師琢似乎認為「道心」與「仁義禮智」可以等同；朱熹對此以「思量當食與不當食」、「寒而思衣後，思量當著與不當著」來回答，可見朱熹對概念的定義及其理論地位相當嚴格，

〔註85〕《朱子語類》，第1冊，卷14，〈大學一〉，頁260。

〔註86〕《朱子文集》，第8冊，卷76，〈中庸章句序〉，頁3828。

〔註87〕「或問『人心、道心』之別。曰：『只是這一箇心，知覺從耳目之欲上去，便是人心；知覺從義理上去，便是道心。』」；「形骸上起底見識，（原註：或作「從形體上生出來底見識」。）便是人心；義理上起底見識，（原註：或作「就道理上生出來底見識」。）便是道心。」此兩條原文分見《朱子語類》，第5冊，卷78，〈尚書一〉，頁2009以及頁2010。

〔註88〕見《朱子語類》，第5冊，卷78，〈尚書一〉，頁2016。

他不會將「道心」直接等同為「仁義禮智」。就是說，「道心」直接牽涉到體現出「仁義禮智」本體的道德實踐，從此而言「道心」與「仁義禮智」確實有密切關係；但即使如此，「道心」也基本上是在血氣上而生〔註89〕，因此「道心」不像本體那樣永恆不變地存在，而它有時反而可以不存在，就此而言，仍不能將「道心」等同為本體。實際上，弟子多次問「道心」的界說，朱熹對此不會直接回答為「道心」是本體或天理，而是幾乎都指出「道心」是「義理之心」：

> 大雅云：「前輩多云，道心是天性之心，人心是人欲之心。今如此交互取之，當否？」曰：「既是人心如此不好，則須絕滅此身，而後道心始明。且舜何不先說道心，後說人心？」大雅云：「如此，則人心生於血氣，道心生於天理；人心可以為善，可以為不善，而道心則全是天理矣。」曰：「人心是此身有知覺，有嗜欲者，如所謂『我欲仁』，『從心所欲』，『性之欲也，感於物而動』，此豈能無！但為物誘而至於陷溺，則為害爾。故聖人以為此人心，有知覺嗜欲，然無所主宰，則流而忘反，不可據以為安，故曰危。道心則是義理之心，可以為人心之主宰，而人心據以為準者也。」〔註90〕

> 若說道心天理，人心人欲，卻是有兩箇心！人只有一箇心，但知覺得道理底是道心，知覺得聲色臭味底是人心，不爭得多。（…）道心、人心，本只是一箇物事，但所知覺不同。〔註91〕

余大雅（字正叔，1138～1189）也像趙師琪一樣，認為「道心」是「天性之心」，也是「全是天理」，因而不能將「道心」混同於「人心」。先說結論，在對此朱熹的回答中我們可以發現，實際上「道心」並不是自立存在的概念，因為「道心」是全取決於心之知覺的。就是說，我們發揮心之知覺作用時，在「人心」上所引起的像「思量當食與不當食」那樣足以稱為「道心」的道德意識，分辨出之後將此稱為「道心」。就此而言，「道心」確實是不同於不會依靠其他概念而獨立存在的「天理」，因此可以說「道心」是「義理之心」，但不能將此直接視為天理本體：

〔註89〕「問：『人心、道心，如飲食男女之欲，出於其正，即道心矣。又如何分別？』曰：『這箇畢竟是生於血氣。』」見《朱子語類》，第 5 冊，卷 78，〈尚書一〉，頁 2012。

〔註90〕《朱子語類》，第 4 冊，卷 62，〈中庸一〉，頁 1488。

〔註91〕《朱子語類》，第 5 冊，卷 78，〈尚書一〉，頁 2010。

> 問：「心存時也有邪處。」曰：「如何？」泳曰：「有人心、道心。如佛氏所謂『作用是性』，也常常心存。」曰：「人心是箇無揀擇底心，道心是箇有揀擇底心。佛氏也不可謂之邪，只是箇無揀擇底心。到心存時，已無大段不是處了。」〔註92〕

胡泳（字伯量）說，即便做好操存工夫（心存），之後仍然存在「有邪處」，他將此視為「道心人心」之別。可見，胡泳認為心根本上就由兩層組成的，而這個看法實際上是指「天理人欲」。「心」是由理氣之合而成，從此而言，胡泳這樣的說法並沒有錯。然而，朱熹對此質問明顯地指出：「道心人心」之不同，不像是理氣或天理人欲那樣根源之別，而是從其心之選擇與否而判斷的。顯然地，在此朱熹所提的有無「揀擇」就意味著人的道德抉擇，由此可見，「道心」並不是先天就成為「人心之主宰」，也不是偶然地合乎規範就可叫做「道心」；而是必須要仔細衡量事情的「當不當」而選擇其「當」，唯有如此才可以成為「人心據以為準者」的「道心」。

　　總之，對朱熹而言，「道心」是由心之知覺來分辨事情的恰當與否而主宰自己行為。由此可見，從本體的領域被拉下來而屬於心之另一面相的「道心」，就擁有更多的主動性與積極作為，這就是「道心」在朱熹哲學中所發揮的功能。這樣的功能雖然因本體而可能，但必須要透過心之知覺才能現實化其可能性，這就是儒家工夫論「要求做工夫」來所追求的「理的現實化」。

三、由朱熹「道心人心論」看「惟精惟一」的工夫

　　如前所述，「道心」別於天理本體，而以「覺於理」的道德意識為界定其含義。就此而言，在朱熹哲學中的「道心」，可以找到可作為本體的交點，又保持在「已發」的知覺狀態上「覺於理」的認識結果，並以此發揮道德實踐的主宰性，而在這樣的脈絡底下「人心」才完整地成為實踐工夫主體。具體而言，朱熹賦予「人心」以知覺功能，從此開始「道心」可以與「人心」區別並成為道德意識，也不會導致「兩箇心」的結果；至於「人心」而言，總算可以脫離無論如何都不可能逃掉私欲（人欲）的嫌疑，並獲得從價值判斷不受影響的「中性」〔註93〕。總而言之，人由以理氣產生的知覺功能來判斷

〔註92〕《朱子語類》，第1冊，卷12，〈學六〉，頁220。
〔註93〕李明輝主張，這一點就是朱熹反對以天理人欲為解釋道心人心的理由：「朱子對『人心』與『人欲』或『私欲』是有所區別的。這也正是他質疑甚或反對二程『人心，人欲；道心，天理』之說的另一項理由。簡言之，朱子所理解

事情的是非善惡，作為道德意識的「道心」主宰並操作實際作用，克服從形氣之私而來的人欲，這即是朱熹中和新說的工夫過程，亦即是他由「道心人心論」而強調的「惟精惟一」工夫：

> 道心是知覺得道理底，人心是知覺得聲色臭味底，人心不全是不好，若人心是全不好底，不應只下箇「危」字。蓋為人心易得走從惡處去，所以下箇「危」字。若全不好，則是都倒了，何止於危？危，是危殆。「道心惟微」，是微妙，亦是微昧。若說道心天理，人心人欲，卻是有兩箇心！人只有一箇心，但知覺得道理底是道心，知覺得聲色臭味底是人心，不爭得多。「人心，人欲也」，此語有病。雖上智不能無此，豈可謂全不是？陸子靜亦以此語人。非有兩箇心。道心、人心，本只是一箇物事，但所知覺不同。「惟精、惟一」，是兩截工夫；精，是辨別得這箇物事；一，是辨別了，又須固守他。若不辨別得時，更固守個甚麼？若辨別得了又不固守，則不長遠。惟能如此，所以能合於中道。又曰：「『惟精惟一』，猶『擇善而固執之』。」〔註94〕

從以上引文可知，「惟精惟一」是兩個不同性格的工夫，朱熹明確地說：「精，是辨別得這箇物事；一，是辨別了，又須固守他。」可見「惟精」是由心之知覺來作是非善惡的判斷，做好「惟精」之後必須要由道德意識（道心）的主宰而將實踐行為連接起來，這即是朱熹「惟一」工夫之意，因此他又說：「精，是識別得人心道心；一，是常守得定。」〔註95〕就此而言，「惟精」可以說是屬於「擇善」工夫，「惟一」是屬於「固執」工夫，因此可以與《中庸》「擇善而固執」工夫連接而看。不僅如此，這也可以相通於《大學》工夫：

> 惟精者，精審之而勿雜也；惟一者，有首有尾，專一也。此自堯舜以來所傳，未有他議論，先有此言。聖人心法，無以易此。經中此意極多，所謂「擇善而固執之」，擇善，即惟精也；固執，即惟一也。

的『人心』是指人的自然欲望。就人的生存必須依賴其自然欲望而言，它們不能說是不善。在一般的情況下，它們在道德上是中性的。唯有在它們違背天理時，它們才成為『人欲』或『私欲』。但『人心』若未受到天理的節制，它就有流為『人欲』之危險，故僅謂之『危』，而非『惡』。換言之，在一定的程度內，朱子承認『人心』的合理性。」參見氏著：〈朱子對「人心」、「道心」的詮釋〉（下），《鵝湖月刊》，第388期（2007年10月），頁12。
〔註94〕《朱子語類》，第5冊，卷78，〈尚書一〉，頁2014。
〔註95〕《朱子語類》，第5冊，卷78，〈尚書一〉，頁2014。

又如「博學之，審問之，謹思之，明辨之」，皆惟精也；「篤行」，又
是惟一也。又如「明善」，是惟精也；「誠之」，便是惟一也。大學致
知、格物，非惟精不可能；誠意，則惟一矣。〔註96〕

「道心人心」的「惟精惟一」工夫，基本上要求徹底認識及區分作為道德意
識的「道心」與作為一般意識的「人心」，並使「道心」主宰「人心」；就此
而言，「惟精惟一」是已發工夫，而不是未發涵養或未發察識工夫。並且，朱
熹確信並強調，《大學》的「格物致知」是指「惟精」工夫，「誠意」則是「惟
一」工夫，可見他從中和新說之後強化的已發工夫是「知」必須要帶「行」
的工夫。換言之，以心之知覺為實踐主體的中和新說的工夫論，亦即是「道
心人心」的工夫論，它的基本構造即是「致知」與「力行」的同行關係，而
這就是「知行並進」〔註97〕的工夫：

〔註96〕《朱子語類》，第5冊，卷78，〈尚書一〉，頁2014。

〔註97〕有關「惟精惟一」工夫的「知行並進」解釋，林月惠指出：「最後，如何做出
『道心為主，人心聽命』的道德抉擇，如何落實『存天理，去人欲』的道德
判斷與行為，就得需要『惟精惟一』的工夫。所謂『惟精』，是於人心與道心
二者交界處，辨明二者使之不離，道心才能作主。所謂『惟一』，是指辨明道
心為主後，還要固守之而不離。因而，朱子也說『惟精』是『辨之明』的『致
知』工夫，『惟一』是『守之固』的『力行』工夫。也可以說，『惟精』是『擇
善』，『惟一』是『固執』。以朱子『靜養動察』的工夫論來說，『惟精』、『惟
一』都是動時的察識工夫。換言之，『惟精惟一』之工夫，即意謂：知行並進，
擇善固執。」參見氏著：《異曲同調——朱子學與朝鮮性理學》（臺北：臺大
出版中心，2010年），頁205。至於朱熹哲學的工夫論，歷來主要是以「先知
後行」為代表，尤其與陽明進行比較時更會凸顯出這樣的特色。然而，陳來
對「先知後行」表示有所保留，而極力強調「先知後行」是指在倫理學的相
互關係：「上述思想表明，朱熹講的知先於行，就其討論的特定問題說，指倫
理學上的致知與力行的相互關係。這個思想是說，人必須首先了解什麼是道
德的人、道德的行為、道德的原則，才能使自己在行為上合於道德規範，成
就道德人格。（⋯）如從比較一般的意義來看，朱熹的知先行後說主要討論的
是行—知—行這一過程中從知到行後面這一環節，著重強調行為是思想的現
實，行為必須受理性知識的指導，在這一點上，包含著它的合理意義。這個
學說不是整個討論人的認識秩序，而是著眼於具體的行為，『就一事之中以觀
之，則知之為先，行之為後，無可疑者』（《答吳晦叔九》，《文集》四十二）。」
參見氏著：《朱子哲學研究》，頁320。筆者基本上同意這一看法。不過，從宋
明儒學思想史觀點來看，朱熹的確是比其他儒學家更重視心之知覺功能，並
且在儒學哲學理論上，程頤雖由已發之心提出知覺的存在但從未明確闡述之
後，朱熹才是最初完整地確立知覺概念。就此而言，所謂「先知後行」工夫
的主知主義特色也不能輕易忽視的部分。

> 凡事有一半是，一半不是，須要精辨其是非。惟一者，既辨得是非，
> 卻要守得徹頭徹尾。惟其如此，故於應事接物之際，頭頭捉著中。
> 惟精是致知，惟一是力行，不可偏廢。〔註98〕

以上引文可見，「惟精」與「惟一」是基於「致知」與「力行」的關係而成為
兩種不同性質的工夫。然而，所謂不同之處只在於工夫方式上而已，也不是
意味著在重要程度上的差別：

> 問：「『惟精惟一』，不知學者工夫多在『精』字上？或多在『一』字
> 上？」曰：「『惟精惟一』，是一樣說話。」曰：「琮意工夫合多在『精』
> 字上。」曰：「如何見得？」曰：「譬如射：藝精則一，不精則二三。」
> 曰：「如何得精？」曰：「須從克己中來。若己私未克，則被粗底夾
> 和在，何止二三？」曰：「『精』字只是於縫脈上見得分明，『一』字
> 卻是守處。」問：「如此，恐『允執厥中』更無著力處？」曰：「是
> 其效也。」〔註99〕

弟子問「惟精」與「惟一」工夫之間的輕重，朱熹對這樣的說法當然不會同
意，因為「惟精」與「惟一」固然是不同但必須要同時進行的工夫。弟子似
乎並未心服，仍然主張「惟精」比「惟一」更重要。因而朱熹再問弟子所說
的「精」是什麼意思，在弟子的回答中可見，弟子所認為的「惟精」是「克
己」。「克己」當然是工夫的核心目標，然而與朱熹所理解的「惟精」仍有所
不同，因為對朱熹而言，「克己」是更接近於「惟一」之意。因此朱熹再度強
調「惟精」與「惟一」的工夫意思：『精』字只是於縫脈上見得分明，『一』
字卻是守處。」在此所謂的「縫脈上見得分明」是指是非善惡的價值判斷，
下判斷之後做力行，做到「克己」，這是「惟一」。

　　在此值得注意的是，引文最後朱熹與弟子的再次問答。「惟精」與「惟一」
既然都已提出道德實踐上的知行，那麼像弟子的反問那樣，便不用再做《尚
書》十六字心法口訣之「允執厥中」工夫。這對朱熹而言是沒有問題的，因
為「允執厥中」是先做工夫之後才可以達到的一種境界，亦即是一種工夫的
效果，而不是指工夫方式：

> 林恭甫說「允執厥中」，未明。先生曰：「中，只是箇恰好底道理。允，
> 信也，是真箇執得。堯當時告舜時，只說這一句。後來舜告禹，又添

〔註98〕《朱子語類》，第5冊，卷78，〈尚書一〉，頁2014。
〔註99〕《朱子語類》，第7冊，卷118，〈訓門人六〉，頁2864。

得『人心惟危，道心惟微，惟精惟一』三句，是舜說得又較子細。這三句是『允執厥中』以前事，是舜教禹做工夫處。說道『人心惟危，道心惟微』，須是『惟精惟一』，方能『允執厥中』。」〔註100〕

問叔器：「看文字如何？」曰：「兩日方在思量顏子樂處。」先生疾言曰：「不用思量！他只道『博我以文，約我以禮』後，見得那天理分明，日用間義理純熟後，不被那人欲來苦楚，自恁地快活。而今只去博文約禮，便自見得。今卻索之於杳冥無朕之際，去何處討這樂處？將次思量得成病。而今一部論語，說得恁地分明，自不用思量，只要著實去用工。前日所說人心、道心，便只是這兩事。只去臨時思量那箇是人心，那箇是道心。便顏子也只是使人心聽命於道心，不被人心勝了道心。今便須是常常揀擇教精，使道心常常在裏面如箇主人，人心只如客樣。常常如此無間斷，便能『允執厥中』。」〔註101〕

這兩段引文明顯地說明，朱熹從工夫論的角度來理解「人心惟危，道心惟微，惟精惟一，允执厥中」十六字心法。朱熹主張，堯告訴舜心法的當時只說「允执厥中」，但後來舜為了更清楚的說明再加三句，這即是堯舜禹著手工夫之處；至於「允执厥中」，這是「惟精惟一」之後才能見的境界。朱熹這樣的理解，仍然是反映著提防容易陷於中和舊說時期的未發察識之意，例如朱熹強調與其認真思索孔顏樂處，不如立刻實踐「博我以文，約我以禮」。朱熹在《論語集注》對「博我以文，約我以禮」做注解為「博文約禮，教之序也。言夫子道雖高妙，而教人有序也。」〔註102〕，從此可以明顯地看到，朱熹非常重視「下學上達」的工夫理念。就此而言，「允执厥中」是屬於「上達」的境界；而「惟精惟一」是屬於「下學」的工夫，這亦是我們能夠達到「允执厥中」境界之原因〔註103〕。

〔註100〕《朱子語類》，第5冊，卷78，〈尚書一〉，頁2016。
〔註101〕《朱子語類》，第7冊，卷120，〈訓門人八〉，頁2885。
〔註102〕《論語集注》卷5〈子罕第九〉，頁111。
〔註103〕「『惟精』是要別得不雜，『惟一』是要守得不離。『惟精惟一』，所以能『允執厥中』。」見《朱子語類》，第5冊，卷78，〈尚書一〉，頁2013。

第四章 丁若鏞「道心人心論」的問題意識：從天主教信仰談起

第一節 丁若鏞與天主教的關係

一、關於天真庵講學的爭論

　　韓國天主教會的建立，不同於其他國家由外國傳教士主導及開創，而是士大夫透過書籍自發學習教義，其出發點是將其視為一門學問。不過，直到 1784 年，李承薰成為第一位在北京受洗的朝鮮人而回國後，情形有所改變。他為信徒施洗並建立信仰組織，此時天主教教義不再是研究對象，而早已成為信仰的對象，不少朝鮮人拒絕棄教天主教信仰而付出生命。如此沒有傳教士，而由一般信徒自生自長的韓國天主教會，相較於世界多數地區，它的起源十分特殊，因此，若要定義明確的韓國天主教會創立時期，實屬困難。

　　天真庵聖地內天真菴，是如上朝鮮士大夫學習天主教教義之場所，其讀書會名為「天真庵講學會」；而正因如此，天真菴現今也以韓國天主教的發源地著名。此外，「1779 年天真菴講學起源說」也隨著出現，簡言之，1779 年李瀷（號星湖，1681～1763）門下的士大夫在天真菴走魚寺而進行讀書會，此時他們不僅接觸天主教思想，也因信奉天主教教義而舉行一些類似天主教典禮的儀式。尤其，一些歷史學者主張丁若鏞也曾參加天真庵講學會，因而

更受世人矚目〔註1〕。不過，雖然 1779 年天真菴講學起源說於四十年前廣為流行，現在多數學者反而對此提出反駁意見〔註2〕。具體而言，首先關於丁若鏞曾參與天真庵講學會之說，丁若鏞雖然對天真庵講學會留下了詳細的記錄，但不能將此直接等同為他本人參加過此讀書會，丁若鏞不參論的根據也難以忽視〔註3〕。其次，對天真庵所進行的講學內容而言，不少學者強調講學會的

〔註1〕歷史學者李元淳提出，即使由丁若鏞對講學會的記錄可討論他的參加與否，但確實沒有他曾參與的確鑿史料；儘管如此，他在結論仍寫出包含丁若鏞的講學會參與者名單，參見氏著：《韓國天主教會史研究》（首爾：韓國教會史研究所，1986 年），頁 80～103。金玉姬修女的立場比李元淳更堅定，她認為丁若鏞的記錄雖因被反西學性的辯解蓋過而難以查明真相，但確定丁若鏞本人即是講學會的直接參與者，參見氏著：《韓國天主教思想史》（首爾：殉教之脈，1990年），頁 60。為天真庵的聖地化起先鋒作用的卞基榮神父也主張丁若鏞的參與，他闡說，天主降生的 1779 年在天真庵權哲身與丁若鏞等舉辦學術研究的講學會，參見氏著：《이벽 성조와 천진암》〔李檗聖祖與天真庵〕（首爾：進明出版社，1981 年），頁 10。

〔註2〕根據尹敏求神父，韓國天主教會始於 1784 年之說不是近來突發性的主張，而是約兩百年傳承下來的正確說法，因此從前才會於日帝時代紀念韓國天主教會的 150 周年、於 1984 年教宗若望·保祿二世來到韓國慶祝韓國天主教會的 200周年，都是根據 1784 年之起源說。然而，1980 年代初開始出現韓國天主教會1779 年天真庵講學起源說與韓國天主教會的壬辰倭亂起源說，使人陷於混亂，他主張這些說法都根據不足，參見氏著：《한국 천주교회의 기원》〔韓國天主教會之起源〕（首爾：國學資料院，2002 年），頁 15。較早前，崔奭祐神父也強調，韓國天主教會是創立於 1784 年。他批判李元淳支持耶穌會麥迪納（Juan G. Ruiz de Medina）神父所主張的韓國天主教會壬辰倭亂起源說，又反駁卞基榮神父將 1779 年天真庵講學視為韓國天主教會的起源之看法。崔奭祐強調，問題的核心不在於信仰的起源，而在於教會的起源。他認為 1779 年天真庵講學會可說是信仰的起源，但若要論及教會的起源應該是 1784 年。他更進一步說，1784 年朝鮮天主教教會的起源，不是指李承薰個人的領洗，而是指李承薰回國後進行施洗以及與受過洗的教徒一起形成信仰共同體。參見氏著：〈한국천주교회의 기원 문제〉〔韓國天主教會的起源問題〕，《韓國基督教與歷史》卷1（1991 年），頁 8～20。

〔註3〕金相洪以四點為根據，而主張丁若鏞並無參與天真庵講學會：一、丁若鏞本人說第一次接觸天主教是 1784 年 4 月；二、丁若鏞在天真庵作詩，其中說「李檗讀書猶有處」，其回想不像是本人親自曾參與過；三、除了 40 多歲的權哲信之外，講學會的其他參與者的年齡大約是 20 歲初中，1779 年丁若鏞則只有 18歲而已；四、由丁若鏞的玄孫丁圭英所編纂的《俟菴先生年譜》中，並未提天真庵講學會。尤其在 1779 年，18 歲的丁若鏞按父親之命，在首爾念功令文，當年冬天他考上了在成均館所舉辦的陞補試（可以應試生員、進士科的資格考），參見氏著：〈다산과 천진암의 관계〉〔茶山與天真庵的關係〕，《東洋學》35 卷（2004 年 2 月），頁 64～68。除了金相洪之外，歷史學者趙珖也討論天真庵講

目的在於以儒學研究為基礎的道德修養〔註4〕，如同參與者早晚所背誦的都是性理學的經文，而並未像 1779 年起源說所主張的那樣，天真菴講學會成了開始信仰生活的契機〔註5〕。

學的參集者，他說權哲身、李檗、丁若銓（丁若鏞的二哥）是肯定有參與，但因並未記錄丁若鏞的參與而不可斷定。參見氏著：〈한국 천주교회의 기원－가설에 관한 역사성 문제－〉〔韓國天主教會的起源：關於假設的歷史性問題〕，《조선후기 사회와 천주교》〔朝鮮後期社會與天主教〕（首爾：景仁文化社，2010 年），頁 103。金治完強調，丁若鏞參與講學會的主張是一種循環論證（Circular Reasoning），並且反對金玉姬主張丁若鏞在墓誌銘上所留的講學會記錄被反西學性的辯解遮蓋真相。金治完認為，記載天真庵講學會記錄的〈鹿菴權哲身墓誌銘〉與〈先仲氏墓誌銘〉都是丁若鏞親自標記為非公開的「秘本」，這即意味著他詳細地紀錄與天主教相關聯的部分，若丁若鏞自己參與過講學會，則沒有理由故意避諱而未言及，因此將此紀錄視為遮蓋真相的雙重表現，反而是牽強附會的解釋。參見氏著：〈天真庵 走魚寺 講學會의 성격에 관한 연구－茶山의『自撰墓誌銘』을 중심으로－〉〔關於天真庵走魚寺講學會之性質研究：以茶山的《自撰墓誌銘》為中心〕，《歷史與實學》47 卷（2012 年），頁 89～90。天主教人士也不全是支持丁若鏞的參與，例如反對 1779 年天真菴講學起源說的崔奭祐神父，他雖然將丁若鏞視為天主教徒，但認為當時丁若鏞只有 18 歲而已，主張參與的可能性很少。參見氏著：〈茶山 西學에 관한 논의〉〔有關茶山西學的討論〕，收入崔奭祐、琴章泰、朴東玉、金玉姬：《다산 정약용의 서학사상》〔茶山丁若鏞的西學思想〕（首爾：五車（意譯），1997 年），頁 27。更進一步說，崔奭祐又反駁李承薰也參加天真菴講學會的主張。他指出，根據 1783 年李承薰去北京之前不知天主教書籍的記錄，因此李承薰不參加講學會的看法比較恰當。見同上，頁 51。

〔註4〕李佑成是堅持如此觀點的代表學者，他指出：「（有人主張）1779 年在天真庵走魚寺所辦的講學是天主教研修會，但此仍是不確定。根據茶山的先仲氏（若銓）墓志銘，此講學期間鹿菴造出每日的生活規則，（…那時所讀的）以上箴銘都是儒學者在日常修養時必要的文章。」參見氏著：〈鹿庵 權哲身의 思想과 그 經典批判—近畿學派에 있어서의 退溪學의 繼承과 展開—〔鹿庵權哲身的思想及其經典批判：近畿學派中退溪學之繼承與展開〕〉，《退溪學報》36 卷（1982 年），頁 55。趙珖也主張與李佑成同樣觀點：「講學是權哲身所主導的。權哲身給他們制定嚴格之規定以及按時要背誦的各種箴銘。此箴銘都是蘊含著宋代儒學精神的性理學、朱子學。（…）由此可確定，他們是以根據儒學式儀禮而研究儒學為目的，並不是以天主教的研究為直接目的。當然，此研究過程中，他們檢討引用先秦儒學而說明教理的西學書；儘管如此，將此講學視為創立韓國天主教會，此之所以不能接受，是因為講學的目的終究是鑽研儒學。」參見氏著：〈한국 천주교회의 기원－가설에 관한 역사성 문제－〉〔韓國天主教會的起源：關於假設的歷史性問題〕，頁 97～98。

〔註5〕卞基榮神父是支持 1779 年起源說而積極地推動天真庵的聖地化事業的代表人物，他說：「1779 年，藉由韓國天主教發源地天真庵的講學會之機，（參與者）

　　至今為止，無論是學術界還是天主教人士，人們之所以圍繞著天真菴講學會起源說爭論不休，是因為以天真菴講學會為代表的天主教在朝鮮出現，牽涉到當時各方面的問題。暫先不分天真菴起源說的對錯，若只考慮在朝鮮後期發生，能夠討論天主教的「起源」問題之情況，對朝鮮治國理念而言，這不只是像中國接觸西方科學、宗教之風那樣的文化交流，而是意味著，在建國以來撐住朝鮮的朱子學終究因天主教產生了嫌隙。此外，接受天文曆法、科學、地理、天主教等的西學之主體是集權層的士大夫；更具體地說，是經

編寫〈天主恭敬歌〉、〈十誡命歌〉、《聖教要旨》而早晚進行祈禱；當時還未有星期，以農曆來定為主日的學者們——李檗、權哲身、李承薰、丁若鍾（丁若鏞的三哥）等創立韓國天主教會的祖先肯定是天主教徒，對此反對的主張才是有問題的。」參見氏著：〈한국 천주교회 창립 1779 년인가 1784 년인가?〉〔韓國天主教會之創立：1779 年還是 1784 年〕，《司牧》，144 卷（1991 年 1 月）：http://samok.cbck.or.kr/ content/sub0106.asp?idx=5594&bookNumber=144。不過，在此卞神父當作根據的〈天主恭敬歌〉、〈十誡命歌〉、〈聖教要旨〉等文獻都已被尹敏求神父提出偽作的可能性，例如被認為李檗著作的〈聖教要旨〉所使用的詞語都是新教（Protestantism）用語，並且「天主」這關鍵詞連一次也沒出現。參見氏著：《초기 한국천주교회사의 쟁점연구》〔早期韓國天主教會史的爭端研究〕（首爾：國學資料院，2014 年），頁 29～312。於 2014 年 7 月，韓國教會史研究所舉辦了研究發表會，專門討論尹神父的以上著作。在此車基真（崔良業教會史研究所長）、徐鍾泰（全州大學歷史文化 contents 系教授）、趙珖（前任高麗大學歷史系教授）等討論者，對尹神父的主張雖然在具體細節上有所不同意見，但針對收錄〈天主恭敬歌〉與〈聖教要旨〉的《萬川遺稿》之史料內容可靠性而言，都堅持負面態度。參見：〈윤민구 신부, "이벽의 '성교요지'는 위작" 주장—한국교회사연구소 발표회，〈만천유고〉등 사료비판에 관심 쏠려〕〔尹敏求神父主張「李檗的〈聖教要旨〉是偽作」—韓國教會史研究所發表會，對《萬川遺稿》的史料批判引起關注〕，《가톨릭뉴스지금여기》〔天主教新聞現在此處〕（2014 年 7 月）：http://www.catholicnews.co.kr/news/articleView.html?idxno=12896。除了學術上的歪曲歷史問題之外，卞基榮神父所進行的天真庵的聖地化事業仍有不少問題，例如天真庵的聖地化引起了與佛教界的糾紛。根據佛教界的指控，卞神父為了天真庵的聖地化，於 1979～1981 年之間遷葬李檗、李承薰等韓國天主教初期人物之墓，故意攆走原來住在天真庵的僧們。參見：〈'역사 왜곡 논란' 경기 광주 천진암〉〔「歪曲歷史的爭論」京畿廣州天真庵〕，《佛教新聞》（2006 年 9 月）：http://www.ibulgyo.com/news/articleView. html?idxno=76172。再加上，圍繞著天真庵聖地的土地問題而與鄰近居民的糾紛也仍未解決，實在需要再考察天真庵聖地化事業的合理性。參見：〈한국천주교발생지 천진암, 건축법 위반으로 몸살〉〔韓國天主教的發生地天真庵，違反建築法而陷入困境〕，《CATHOLIC PRESS》（2017 年 6 月）：http://www.catholicpress.kr/news/view.php? idx=4151。

過一百年以上的黨爭以後處於守勢的南人，此事實具有兩個含義：第一、當時南人素來批判朝鮮後期社會經濟制度的弊端而主張改革，又提出與朱子學不同的見解，故被後人稱為「實學」。就此而言，包含天主教思想的西學在某種程度上，涉及到朝鮮後期實學的形成與發展，兩者不可能是毫無關聯。第二、南人系統的星湖學派相較於同樣屬於實學領域的北學派，更為關注天主教思想，尤其與天主教思想親近的是星湖學派內年輕學者（即是天真菴講學會參與者）；與此相反，星湖學派的老年層學者幾乎批判天主教思想，可見天主教問題又涉及星湖學派內新老之間，進而產生了代溝與分化的現象。以上兩點都意味著，引進西學（無論是西方科學文物還是天主教思想）而發展的主體人群，其身分以及所處的環境皆相當敏感，而在如此情況底下，顯而易見地，朝鮮天主教問題早晚將成為再起黨爭的禍根。

　　總言之，從社會理念的角度來看，18 世紀末在朝鮮天主教的出現意味著作為主流意識形態三百年以上的朱子學開始解體；從當時政情來看，南人支持的正祖雖然即位，但有敵對關係的老論勢力依然還在，且正祖卻不到五十歲就駕崩。此時，南人是否接受天主教思想，加上這問題使原來不太穩定的南人之政治形勢更岌岌可危；從學術潮流之趨勢來看，南人批判朝鮮後期朱子學已僵化成遠離現實的清談空論，並主張社會制度改革，南人對朱子學的如此反省，後來被稱為「實學」。「實學」的代表特色，是以「經世致用」、「利用厚生」、「實事求是」等的口號為強調學術的實效性及其現實性，因此南人對除了朱子學之外的其他學術也堅持開放態度，這亦是他們當初將天主教當作學術思想的原因之一。可見，被後代稱為「實學者」的南人無論接受或不接受天主教，也不能全面否定天主教思想與他們所主導的新學問之間，存在重疊的部分。

　　以上在朝鮮天主教的出現隱含著多層含義與脈絡，丁若鏞的生涯及其與思想也正好有相同的背景。針對作為社會理念建構的朱子學進行了尖銳批判；身為正祖的寵臣而在政爭中經歷了波瀾起伏的一生；屬於南人系統的星湖學派而繼承了重視實效性與開放性的學術態度，可見丁若鏞哲學體系的形成背景，與社會理念構造、政界鬥爭、學術潮流等各局面的關係錯綜複雜地糾纏在一起。尤其，丁若鏞本人屬於信西派，且早年曾經投入天主教信仰，這不僅是成為當時直接被捲入政爭的禍根，也是後代使丁若鏞的思想研究脈絡更加龐雜的原因。

二、天真庵講學的內容及其性格（一）：不完全記錄

如同長久的丁若鏞研究一般，圍繞著丁若鏞與天主教之間的關係問題，所產生的爭論也具有悠久歷史。透過以往的討論來看，丁若鏞個人是否具有天主教信仰，以及可否將他當作天主教徒看待等，針對這些有關宗教信仰的問題，其結論傾向於需要與丁若鏞的學術思想分開而論。然而，即使宗教信仰需要與哲學問題區別是理所當然的，但對包括學術交流在內整個生活方面而言，形成丁若鏞個人的世界觀時，其天主教思想之影響力仍是不容小覷，因為丁若鏞早年，與他有血緣關係的親友都精力投入了天主教信仰，且他們與韓國天主教會的起源也有重要的關聯。不僅如此，對於丁若鏞哲學體系而言，丁若鏞全面接受天主教神觀而建立本體論，因此若要討論丁若鏞哲學理論研究，他的哲學體系中所謂的「天主教成分」是不能回避而不論，反而必須要釐清此「天主教成分」才能把握丁若鏞哲學體系所蘊含的問題意識。

在此情況下，目前針對天真庵講學而討論丁若鏞是否具有天主教信仰的問題，筆者之所以認為需要稍作修改其問題方向，是因為這反而恐怕無益於丁若鏞與天主教的相關研究。即是說，丁若鏞樹立對儒家經典的解釋觀點時，他身為信西派的成員而所接觸的天主教理論具有深厚的影響力，因此為了釐清丁若鏞哲學的問題意識及其含義，考察丁若鏞哲學與天主教理論是必須要指點的部分。然而，有些教會相關人士，總是以此為理由而實際上難以證明丁若鏞與天主教關係的有些問題上，也冒然設定「丁若鏞是天主教徒」的議題，即會引起過度偏向宗教信仰的反感，結果只要一提及丁若鏞與天主教的關係，便容易被視為不足以具有學術研究的客觀性，如上天真庵講學爭論與丁若鏞的參加與否即是代表例子：

（Ａ）在丁酉年（1777）知名學者權哲身，與丁若銓以及希望得到學識的其他學者一起，為了不受打擾研究深奧的學術，到了偏遠的小廟。聽到這消息的李檗喜不自勝，便決定他也要到他們之處。（…）講學會開了十天多。其間探求對天、世界、人性等最重要的問題，進而試圖加以解決。（他們）首先舉出以往學者的所有意見一一討論；其次，研究聖賢之倫理書籍；最後，檢討西方傳教士以漢文書寫的哲學、數學、宗教關聯之書，為了解釋深奧之意，都專注心神。（…）不過，這些科學書籍中，也有一些初步的宗教概論。這是都記載天主的存在與道理、靈魂的神靈與不滅，以及其七罪與以與此相反的

德行來修己的方法之書。（…）（Ｂ）雖然其說明不足以得到完整的知識，但他們所讀的那些卻足以使內心受感動，足以照亮心靈。他們即刻開始實踐對新宗教所知的一切，每天早晚跪拜祈禱。讀到七天中一天應該要完整地奉獻且恭敬天主後，每月 7 日、14 日、21 日、28 日都休息而專心默想，並且避開肉食。這一切都未向外人說，秘密行事。〔註6〕

關於天真庵講學的記錄，除了丁若鏞的記錄（下文會再詳述）之外，仍收錄於法國神父達里特的著作《朝鮮教會史》（Histoire de l'Église de Corée）。爾斯達・達里特（Charles Dallet，1829～1878）是以《朝鮮教會史》著名的天主教傳教士，不過問題在於，達里特神父本人從未居留過朝鮮，他所寫的《朝鮮教會史》是再整理第五代朝鮮教區長安敦伊（Marie Nicolas Antoine Daveluy，1818～1866）所留下的朝鮮天主教會相關聯之抄手本。換言之，《朝鮮教會史》並不是達里特神父本人在朝鮮傳教的寫作，而只是編纂屬於同修道會的安敦伊神父對朝鮮教會留下的備忘錄。安敦伊神父在 1845 年到達朝鮮後，從 1856 年開始蒐集朝鮮教會史與殉教史的資料，於 1862 年將這些資料送至巴黎外方傳教會神學校長阿爾布朗神父（François-Antoine Albrand，1803～1867）；在 1870 年達里特神父被派到加拿大魁北克而居於拉瓦爾大學，並開始整理安敦伊神父所蒐集的朝鮮教會的資料，出刊於 1874 年，這才是現在我們所謂的《朝鮮教會史》兩本。可見，在《朝鮮教會史》中關於天真庵講學的記錄，恐怕仍需要再商量其史料價值的空間，而這亦現在學界針對舉行天真庵講學的年度，都不隨《朝鮮教會史》所記載的 1777 年，而根據丁若鏞所記錄的 1779 年之原因。

　　先說結論，以上安敦伊神父對天真庵講學留下的記錄，實際上是將從 1780 年代到安敦伊神父在朝鮮傳教的 1860 年代，約八十餘年的紀錄壓縮而成。引文表面雖然沒有區分，但仍可以發現其內容可分成兩段，其區分點就是提到科學書籍中的宗教概論這一部分。即是說，講學參與者初步認識天主教思想的（Ａ），才是與歷史事實符合的天真庵講學之記錄。根據（Ａ）的內容，顯然地看出天真庵講學是講究聖賢之書及其注解的儒家典型讀書會之一；不過除了性理學之書之外，也曾討論過來自於西方的數學、科學之書，以及天主教概論書而已。

〔註 6〕爾斯達・達里特（Charles Dallet）著，安應烈、崔奭祐譯：《韓國天主教會史》上（首爾：韓國教會史研究所，1980 年），頁 300～303。

　　若說（A）是安敦伊神父到了朝鮮之後聽到傳聞的可能性極高，那麼（B）則是安敦伊神父在朝鮮進行傳教活動的 1860 年時所寫，因為當時對天主教徒展開血腥鎮壓的情況相當普遍，正因如安敦伊神父最後所說，天真庵講學的一切是秘密進行。然而，於 1779 年當時，甚至說在 1801 年之前，雖然打壓天主教，但並不會至於到嚴重的地步。例如，在 1785 年發生乙巳秋曹摘發事件〔註7〕時，因為除了中人金範禹之外的參與者都是士大夫，因此後來唯獨金範禹被流放。此時參與的士大夫為了救出金氏而去找刑曹請罰同罪，但都沒下獄而被訓誡赦免。1785 年是信西派正在發展的時期，但當時朝廷對天主教的處置卻不嚴重，僅僅是認為「多見西書」〔註8〕而已。於是 1779 年的情況更不用再說，實際上都沒有必須要「這一切都未向外人說，秘密行事」的理由。再加上，安敦伊神父在（B）後段所提的宗教儀式形態也是 1784 年以後的事，例如 1785 年秋曹揭發天主教的聚會時，李承薰（號蔓川，1756～1801）、李檗（號曠菴，1754～1785）、丁若鏞等所舉行的儀式才可以說是天主教彌撒禮式，而於 1779 年他們在天真庵讀到天主教概論後一兩天立刻舉行宗教儀式，

〔註7〕在 1785 年春被刑曹（秋曹）官吏發現李檗、李承薰、丁若鏞等所主持的天主教聚會，詳細內容參本文第四章第二節之三。

〔註8〕「（李時秀，號及健，1745～1821）仍曰：『吾家世掌館閣，凡奏御文字，粗知體段，如令公之疏，實所罕見。吾與成仲擊節屢讀，未嘗不稱善。觀令疏語，不過兒時一戲，吾家從弟田秀亦精於數學，多見西書，吾則心麤，從旁窺見，莫能曉解。大抵好書者，雖見異書，胡大罪也？』」見《定本與猶堂全書》37 冊，《與猶堂全書補遺》Ⅲ，《含珠日錄》卷之 1，〈閏六月〉，頁 89。從 1784 年投入天主教信仰的丁若鏞，在 1790 年天主教決定在朝鮮全面禁止祭祀之後就離教。然而，因為在 1791 年發生的辛亥迫害，丁若鏞在 1795 年被貶官到金井（現忠清南道青陽郡）。兩年後，於 1797 年正祖將丁若鏞任命為承政院同副承旨（正三品堂上官，似國王秘書）。丁若鏞被任命為同副承旨後，朝廷以丁若鏞與天主教的密切關係為理由立刻反對。在 1797 年當時丁若鏞確實不是天主教徒，於是丁若鏞向正祖稟告並他自己與天主教信仰劃清界線，此上奏文名為〈辨謗辭同副承旨疏〉。丁若鏞上這一奏文前後，留下了兩篇日記，詳細地描述正祖與朝廷對〈辨謗辭同副承旨疏〉的反應如何，名為《含珠日錄》。從當時朝廷對〈辨謗辭同副承旨疏〉的反應而看，對丁若鏞過去與天主教曾有密切關係，正祖與朝廷官員幾乎認為是「多見西書」而已；甚至在〈辨謗辭同副承旨疏〉中引起爭論的部分不是丁若鏞是否仍然具有天主教信仰，而是丁若鏞將天主教比喻為楊朱與墨翟，朝廷官員批評為楊朱與墨翟是個賢人，若將他們比喻為天主教則不恰當等等，可見當時正祖生前有關天主教的行跡，當然不是可以張揚的事，但對天主教的打壓亦不是達到血光之災的地步。

其說服力恐怕是不足〔註9〕。

三、天真庵講學的內容及其性格（二）：星湖左派的讀書會

　　由此可見，即使天真庵講學所討論的學術思想範圍廣泛且種類多樣，主要講究對象仍然是「聖賢之倫理書籍」（ les livres de morale des grands hommes），即是〈夙夜箴〉、〈敬齋箴〉、〈四勿箴〉、〈西銘〉等的性理學之書：

> 乾隆戊寅三月之朔，公生於馬峴之宅。（…）（A）游乎京輦，博聞尚志，與李潤夏、李承薰、金源星等，定為石交，以受星翁之學，沿乎武夷，溯乎洙泗，揖讓講磨，相與進德修業。旣又執贄請教於鹿菴之門。（B）嘗於冬月，寓居走魚寺講學，會者金源星、權相學、李寵億等數人。鹿菴自授規程，令晨起掬冰泉盥漱，誦〈夙夜箴〉，日出誦〈敬齋箴〉，正午誦〈四勿箴〉，日入誦〈西銘〉，莊嚴恪恭，不失規度。（C）當此時，李承薰亦淬礪自強，就西郊行鄉射禮，沈洮為賓，會者百餘人，咸曰：「三代儀文，粲然復明。」而聞風嚮義者，蔚然以眾。

丁若鏞為二哥丁若銓（號巽庵，1758～1816）寫的〈先仲氏墓誌銘〉〔註10〕也提到與天真庵講學相關聯的內容。因為關於天真庵講學的內容並不是單獨被寫出來，而是與其他事情混在一起，所以需要注意其前後。從此脈絡來看，（A）、（B）、（C）這三段雖然不會像安敦伊神父的記錄般間隔一段相當長的時間，但也不是同時發生。首先對（A）而言，可發現星湖學派內年輕學者聚在天真庵之前已有一種同伴關係，這不是單純交流，而是以權哲身（號鹿庵，1736～1801）為首的學術交流。從「執贄請教於鹿菴之門」這句話可知，已形成了現在所謂的「星湖左派」之集體。這是在李瀷生前出現其集體化的預兆〔註11〕，而在 1779 年當時，權哲身等年輕學者實際上已是與星湖學派

〔註9〕例如於 1784 年在北京第一次受洗而回國的李承薰，沒參加天真庵講學，甚至在 1779～1780 年當時李承薰尚未投入天主教信仰，詳細內容參本文第四章第二節之三。

〔註10〕《定本與猶堂全書》3 冊，《文集》卷 15，〈先仲氏墓誌銘〉，頁 242。

〔註11〕在 1760 年李瀷寄兩封信給權哲身，其中可發現李瀷稱贊權哲身及其友人不止於談笑風生，更進一步做「講習」：「朋友講習，今世本無其人，君到頭方覺覺，便是好消息。聖人豈不曰『不亦樂乎』？獨坐深究，如虛室生白，精神感通，雖謂之鬼神之力可也。君能至此境界，又何患於無朋。（…）而把袂執袂，留連酒炙，自有其人，君亦不自知少朋之為患，故曰好消息。」見李瀷：

分離〔註12〕而成立有規模的學術團體，這亦是李檗去找權哲身的理由所在，因此丁若鏞指出：「始李檗首宣西教，從者既眾，曰：『鑒湖（權哲身），士流之望，鑒湖從而靡不從矣。』遂駕至鑒湖，旬而後反，於是公之弟日身，熱心從檗。」〔註13〕

其次，天真庵講學是以權哲身為代表的星湖左派多次開辦的讀書會之一，而其內容主要是研究儒家經典，如同是（B）。（B）所說的「寓居走魚寺講學」即是現在所謂的天真庵講學，走魚寺位於天真庵之內的小廟，在此他們所做的即是典型的儒家修養工夫：「鹿菴自授規程，令晨起掬冰泉盥漱，誦〈夙夜箴〉，日出誦〈敬齋箴〉，正午誦〈四勿箴〉，日入誦〈西銘〉，莊嚴恪恭，不失規度。」若對儒家系統的理解不深，則容易誤解為他們的舉動是一種宗教儀式；不過他們所做的是程頤所提倡的整齊與嚴肅，在此〈四勿箴〉即是指程頤所撰的視、聽、言、動《四箴》。對其他經典而言，《西銘》是張載的著名寫作；〈夙夜箴〉是指宋代陳柏所寫的《夙興夜寐箴》，與此成對的《敬齋箴》是在1172年朱熹建立中和新說之時仿照張載的《主一箴》寫的。此外，除了《四箴》之外的《西銘》、《夙興夜寐箴》、《敬齋箴》都收錄於李滉的《聖學十圖》，即是第二圖〈西銘〉；第九圖〈敬齋箴〉；第十圖〈夙興夜寐箴〉。丁若鏞在〈鹿菴權（哲身）墓誌銘〉中所提的此講學相關內容也與（B）大同小異：「先兄若銓，執贄以事公，昔在己亥冬，講學于天真菴走魚寺，雪中李檗夜至，張燭談經（…）」〔註14〕可見在此所說的「談經」，主要是以朱熹與李滉為主的性理學經典，再加上也討論到其他學術思想，如同當時流行的西方天文數學、科學，以及天主教概論。

從此脈絡來看，1779年的天真庵講學，實際上不是以天主教為代表的宗教聚會，而是作為信西派之原型的「星湖左派」所主導的讀書會，最後的（C）即反映出1779年前後星湖左派的形勢如何。在（C）所謂的「鄉射禮」

《星湖全集》，收入《韓國文集叢刊》第199輯（首爾：民族文化推進會，1997年），卷30，〈答權既明〉（庚辰），頁33c～33d。本文以下凡引自《星湖全集》，不再詳註，僅分別標明書名、冊數、卷數、標題、頁數，如《星湖全集》卷30（《韓國文集叢刊》第199輯），〈答權既明〉（庚辰），頁33c～33d。
〔註12〕在1763年李瀷死後，以尹東奎、李秉休、安鼎福為持續的星湖學派，在1773年尹東奎之死、在1776年李秉休之死以後，實際上已走向分化之路，尤其安鼎福與權哲身之間所形成的緊張關係成為核心關鍵。
〔註13〕《定本與猶堂全書》3冊，《文集》卷15，〈鹿菴權（哲身）墓誌銘〉，頁234。
〔註14〕定本與猶堂全書》3冊，《文集》卷15，〈鹿菴權（哲身）墓誌銘〉，頁234。

是盛行於先秦時期的儒家傳統儀式，主要是由有品德與聲望的人士來主持，邀請當地士大夫而在鄉塾中訓練射箭。李承薰所參加的活動是在此的鄉射禮，而不是（B）的天真庵講學。天真庵講學與鄉射禮是發生在不同時間點的兩件事，根據安鼎福（號順庵，1712～1791）的年譜，在（C）的鄉射禮是舉辦於 1780 年四月〔註15〕。而引文中「李承薰亦淬礪自強」云云，應是指在 1780 年當年考中進士的李承薰不願上仕途，而與星湖左派的學者如切如磋的情形，若說此時李承薰根據天主教信仰來進行修養，則恐怕是太急著套上天主教的框架。（C）這一條所意味的，則是以權哲身為首的一群年輕學者已具有不可小視的形勢；無論是1779年的天真庵講學還是1780年的鄉射禮，在這一時間點天主教的影響力反而是無足輕重。根據安鼎福所留下的一首詩〔註16〕，對這一次鄉射禮，不是當地元老先提出舉辦而主導，而是「鄉里少輩」向安鼎福主動表達要舉行鄉射禮之意。去找安鼎福的「鄉里少輩」，可推知是與安鼎福早已認識的權哲身等一群年輕人，而來參加他們舉辦的鄉射禮的人也相當有規模，安鼎福對此說是個「盛會」。這亦合於引文最後一條的情況，如同「會者百餘人，咸曰：『三代儀文，粲然復明。』而聞風嚮義者，蔚然以眾。」

　　基於以上考察可知，在〈先仲氏墓誌銘〉中丁若鏞提出與天真庵講學關聯的那一段，其重點不是只有在於（B）的天真庵講學，而是在於合起（A）、（B）、（C）的整體段落來可推測的星湖左派的形勢。在此可以發現，當時他們的活動最為旺盛，正如丁若鏞說：「往在戊戌‧己亥之間，京洛游談之士，恭趨長楫，攝以威儀，儼然有三代氣象，是誰之力？皆星翁為之拓基址立門

〔註15〕「四年庚子。先生六十九歲。○四月，行鄉射禮。洞中諸生好禮者，來請行射禮，先生參酌古今，作鄉射笏記以行之。」見安鼎福：《順菴集》，收入《韓國文集叢刊》第 230 輯（首爾：民族文化推進會，1998 年），〈順菴先生年譜〉，頁 389b。本文以下凡引自《順菴集》，不再詳註，僅分別標明書名、冊數、卷數、標題、頁數，如《順菴集》（《韓國文集叢刊》第 230 輯），〈順菴先生年譜〉，頁 389b。在此要注意的是，此鄉射禮是丁若鏞的二哥丁若銓所參與的，不同於在 1784 年丁若鏞所參與的鄉射禮。參見金治完：〈天真庵 走魚寺 講學會의 성격에 관한 연구 –茶山의『自撰墓誌銘』을 중심으로–〉〔關於天真庵走魚寺講學會之性質研究：以茶山的《自撰墓誌銘》為中心〕，頁 74～76。

〔註16〕「四月清和淑景遲／青衿濟濟步相隨／為嫌習俗多偷薄／欲正鄉風舉射儀／當懋實功須自勵／徒騰虛譽悔何追／諸君盛會難容嘿／聊代乞言強和詩」見《順菴集》卷 1（《韓國文集叢刊》第 229 輯），〈四月二十日，鄉里少輩請行鄉射禮為草節目，權幼星來會，賦一律求和，次之〉（庚子），頁 354b～354c。

戶，以中興斯道，而樹萬世不拔之業也。」〔註17〕至於天真庵講學，那是在「往在戊戌・己亥之間」（1778～1779）以「京洛游談之士」主導而舉行的種種活動之一。並且，這些活動不僅是天真庵講學，也包含以星湖右派的代表人物安鼎福也參加的鄉射禮，不難看出這時期仍不足以說信西派的形成，而是意味著星湖學派的一群年輕學者之間的交流已成為一個集體，即是現在我們所謂的「星湖左派」。

對於天真庵講學的參與者而言，不僅不能說他們是天主教徒，也難以說他們是以宗教觀點看待天主教。雖然星湖學派內已有將天主教視為宗教信仰的學者，例如與李漢同時代的、朝鮮最初天主教徒洪儒漢（號隴隱，1726～1785），但洪儒漢信奉天主教是個人修養為主而並未曾傳播教義；李檗則是有意圖地到天真庵向左派學者傳播教義，可見他是已將天主教看待成宗教信仰。不過，這就反映著當時除了李檗之外的星湖學派門徒中的年輕學者（即星湖左派）還沒接受天主教信仰，因而李檗才願意去天真庵向他們傳教。星湖左派在天真庵讀天主教書籍，是因為他們對朱子學以外的其他思想保持開放態度而已，未必是賦予天主教超過學術性以上的意義。鑒於以上種種情況，天真庵講學與其說是朝鮮天主教會的起源，倒不如說是處於從星湖左派遂漸變為信西派的，亦即是星湖左派對天主教的觀點從學術思想遂漸變為信仰的過渡期，這才是更合理的說法。

至於丁若鏞的參加與否，筆者同意丁若鏞不參與論。丁若鏞在1795年曾參加西巖講學，即在溫陽的西巖鳳谷寺與李森煥（號木齋，1729～1813）以及其他學者討論李翼的《家禮疾書》，此時丁若鏞都記載包括本人在內的參與者十三個人的名、字、生年與故鄉，並且以問答方式來記載講學內容〔註18〕。與丁若鏞對天真庵講學所寫的記錄相比，他未留下天真庵講學的參加名單，其內容也不是單獨寫出來而在墓志銘中回想並敘述，就此而言，丁若鏞參加天真庵講學的可能性極低。

然而，支持1779年天真菴講學起源說的一些學者，以丁若鏞留下的記錄中所隱藏的雙重性〔註19〕為由，稍微急著下了丁若鏞有參加天真菴講學

〔註17〕《定本與猶堂全書》4冊，《文集》卷19，〈上木齋書（李先生森煥，號木齋〇乙卯秋，在金井）〉，頁94～95。

〔註18〕《定本與猶堂全書》4冊，《文集》卷21，〈西巖講學記〉，頁279～304。

〔註19〕丁若鏞親自手抄的《冽水全書續集》，其中卷八收錄了六人的墓志銘：李基讓（號伏菴，1744～1802）、李家煥（號貞軒，1742～1801）、權哲身、吳錫忠

的定論，甚至更進一步主張丁若鏞是朝鮮天主教書籍的編者〔註 20〕等，無論有意無意，這些皆難免給人對朝鮮天主教問題刻意拉攏丁若鏞的印象。而此負面印象使天真庵講學問題的焦點局限於宗教信仰的私人領域，如此傾向會導致難以進行信西派與丁若鏞哲學思想的相關研究。在丁若鏞哲學體系中，必須要分析的天主教神學理論被看成個人宗教信仰的問題，甚至會出現從優劣觀點衡量丁若鏞思想中的儒學與天主教理論的情況〔註 21〕，可見丁若鏞是否具有天主教信仰的問題走偏方向，給哲學理論研究帶來的阻礙似乎不少。

總言之，包括天真庵講學在內，丁若鏞與天主教的關聯性討論之重點，並不在於丁若鏞是否參與講學或者是否為天主教徒；而星湖左派與信西派之形成與變遷過程當中，考察天真庵講學的意義為何、丁若鏞與這群人之間的交流如何影響到他的思想結構等，這些才是針對丁若鏞與天主教的關係所需要關注的問題。就此而言，以「往在戊戌、己亥之間」（1778～1779）為頂點，其前約 1770 年到 1784 年之間，像天真庵講學、鄉射禮般星湖學派內一群年輕學者之間的頻繁交流，即意味著星湖左派的形成與發展。而星湖左派可以說是信西派的原型，但此時仍未達到凸顯出宗教彩色的地步；這時期針對星湖左派可以指出的特色，不在於天主教思想，而在於圍繞著學問方法所產生的分歧。

（號梅丈，1743～1806）、丁若銓，以及丁若鏞的〈自撰墓志銘〉壙中本與集中本兩篇。如此總共七篇的墓志銘之所以很特殊，是因為在《洌水全書續集》卷八封面，丁若鏞本人注明為「秘本」，從此可以窺見丁若鏞不欲對外公開此內容的意圖。這也意味著，至少此七篇墓志銘的內容未必具有像丁若鏞故意避而不提天主教那樣心口不一之雙重性，而關於 1779 年天真庵講學的記錄都全在於此，可見實際上不能以雙重性為理由而曲解丁若鏞的記錄。

〔註 20〕金玉姬在《서학의 수용과 그 의식구조》〔西學的受容及其意識構造〕（首爾大學歷史學系碩士論文，1973 年）中主張丁若鏞是《蔓川遺稿》的編者。金治完對此批判為金玉姬疏忽了文獻上的考證。參見氏著：〈天真庵 走魚寺 講學會의 성격에 관한 연구 −茶山의『自撰墓誌銘』을 중심으로−〉〔關於天真庵走魚寺講學會之性質研究：以茶山的《自撰墓誌銘》為中心〕，頁 71。

〔註 21〕例如：「重視宗教信仰的立場肯定茶山信奉天主教，傾向於理解身為天主教徒的茶山學；也有主張茶山叛教即意味著他認定性理學的優越性與世界觀的立場。」參見孫興徹：〈조선후기 천주교 수용의 학술사적 의미 고찰 —다산 정약용과 신서파·공서파를 중심으로〉〔朝鮮後期天主教受容的學術史的意義考察：以茶山丁若鏞與信西派、攻西派為中心〕，《茶山學》9 號（2006 年），頁 42。

第二節　李瀷與星湖學派的分化：從星湖左派到信西派

一、李瀷的求學方法：「自得」

於 1614 年（萬曆四十二年，光海君六年）多次奉命出使明朝的李睟光（號芝峯，1563～1629）在《芝峰類說》中首次提及天主教的存在〔註 22〕，同時從中國大量的書籍不斷地流入朝鮮〔註 23〕，因此朝鮮後期國內廣泛流通包括天主教思想的漢譯西學書不是稀罕的事〔註 24〕。不過，唯獨星湖學派，無論

〔註22〕 主要是介紹利瑪竇的《天主實義》及其內容，雖然是簡略，但都提出像天地創造、靈魂不滅、天堂地獄等天主教理論的核心內容：「歐羅巴國，亦名大西國，有利瑪竇者，泛海八年，越八萬里風濤，居東粵十餘年。所著《天主實義》二卷，首論天主始制天地，主宰安養之道；次論人魂不滅，大異禽獸；次辨輪廻六道之謬，天堂地獄善惡之報，末論人性本善而敬奉天主之意。其俗謂君曰「教化皇」，不婚娶故無襲嗣，擇賢而立之。又其俗重友誼，不為私蓄，著《重友論》。焦竑曰：『西域利君以為友者第二我，此言奇甚云。』事詳見《續耳譚》。」見李睟光著：《芝峯類說》卷 2，〈外國〉。關於《芝峯類說》原文，本文均引自「韓國古典綜合 DB」：http://db.itkc.or.kr/

〔註23〕 從中國進口書籍的代表例子即是最初韓文小說家許筠（號蛟山，1569～1618）奉光海君（朝鮮第 15 代國王，1575～1641）之命而在 1614 年、1615 年兩次來往燕京（北京）時所帶來的大約四千本的書籍，不過其書單不詳：「乙卯二月初六日癸未傳曰：『許筠貿來冊四件入之。』」見《朝鮮王朝實錄》，《光海君日記》（中草本）卷 31，〈光海七年二月六日癸未第一記事（1615 年明萬曆四十三年）〉。（本文以下凡引自《朝鮮王朝實錄》，均引自：「韓國古典綜合 DB」：http://db.itkc.or.kr/，不再詳註，以下書名重見者不錄）；「傳曰：『上年千秋使許筠，非但多貿書冊，至於辨誣事，多般聞見馳啟，且世宗皇帝御製箴、御筆，購印以來，此真寶墨也，加資。書狀官金中清，亦不無周旋相議之事，陞敘堂上，譯官宋業男加資。』」見《光海君日記》（中草本）卷 32，〈光海七年六月五日庚辰第二記事（1615 年明萬曆四十三年）〉。根據裴賢淑，雖然傳來者與傳來時期不詳，但至少宣祖（朝鮮第 14 代國王，1552～1608）以來，許筠與昭顯世子（1612～1645，朝鮮第 16 代國王仁祖的嫡長子）從中國將天主教書籍帶回國的可能性很大，並且李承薰在中國受洗之前在朝鮮內至少已有 64 種的漢譯西學書。參見氏著：〈17・18 世紀에 傳來된 天主教書籍〉〔17、18 世紀傳來的天主教書籍〕，《教會史研究》卷 3（1981 年），頁 41～43。

〔註24〕 關於此點，可參考《正祖實錄》卷 19，〈正祖九年四月九日戊子第三記事（1785 年清乾隆五十年）〉：「掌令柳河源上疏，請𤩴、福黨與，嚴加治戮，金斗默亟施刊削，末曰：『西洋之書，始自雲臺象胥之輩，流出有年，而註誤日甚，寔繁有徒。』」；1791 年，全羅道珍山天主教徒尹持忠（丁若鏞的外從兄弟）母親逝世，他與其從弟權尚然卻焚燒神主、不做祭祀，因此處以死刑（辛亥迫害）；此時李承薰也因散佈西學書的罪名而被責罰，對此正祖判決中看出當時流通西學書的情況：「此囚（李承薰）則只當以雜冊受來罪重勘，而此亦有欲

是會贊成或反對，圍繞著天主教思想所進行的爭論不休，若上推溯而究其原因，與星湖李瀷本人的學術傾向亦不無關係。

　　眾所周知，中國與朝鮮都一樣，收錄天主教思想的書籍流入國內時，幾乎是先以西方天文科學、數學之名為人知；而李瀷對這些西方天文、科學技術有極大的興趣又高度評價其成果〔註25〕，不難推測他對漢譯西學書的接觸頻度也相當高。實際上李瀷多次為西書做題跋，在從其內容可發現他基本上相當肯定西方傳教士〔註26〕。並且不僅是天主教，李瀷對於像佛教、陽明學、

商量者。大抵厥冊之出來我國者，已屢百年，自《芝峰類說》已有評隲之語，而弘文館藏書之閣，亦有之。近來京外之流播，不可勒歸之於渠所歸傳。」見《正祖實錄》卷33，〈正祖十五年十一月八日己卯第六記事（1791年清乾隆五十六年）〉。

〔註25〕李瀷對西方曆法極度稱讚，例如他在耶穌會傳教士陽瑪諾（Emmanuel Diaz, Junior，1574～1659）的《天問略》之跋文中評價為因「西洋之書」而中國曆法更為完整：「至元太史郭守敬最號精通，比諸西洋之書，未或測其皮膚。故及西洋之書出，而推算之術，幾於大成矣。夫聖莫聖於放勳，而其於授時別立賓餞之官，隨時測候，然後方有允釐之效。非智之有所未周，殆人文肇判，法制未備，尚容有後出之愈工，若今之曆所謂坐致千歲之日至者也。自容成以後幾千萬年，猶不免有憾，賴西士曉以啟之，遂得十分地頭，豈非此道之明，有數存者耶。」見《星湖全集》卷55（《韓國文集叢刊》第199輯），〈跋天問略〉，頁517d～518a。李瀷對天文圖也有興趣，他的著作中多次提到西方傳教士所畫的漢譯天文圖：「此圖不但中國未始有，中國人未曾覺也。乾坤父母，坎離匡郭，絪縕交感，莫非水火所為。水行於銀河，火行於黃道，皆周復如環，水外而火內，與天腹赤道交貫也。黃道出入四十度之間，中國之見知也；銀河則上近於北陸，下近於南極，南者未曾見，故宜未曾知也。」見同上，〈跋天問略〉，頁515d。

〔註26〕主要是高度評價傳教士們的為人，則是不願私利而克己奉公：「夫西洋之於中土，未之相屬，各有皇王君主域內，彼特以救世之意，間關來賓。故官之而不肯拜，惟費大官之廩，即一客卿之位耳，中土君臣，方且沾其膶馥，而尊奉之不暇。」見《星湖全集》卷55（《韓國文集叢刊》第199輯），〈跋天問略〉，頁518b。；「今按艾儒略《職方外紀》云：『大西洋，極大無際涯，西國亦不曾知洋外有地。百餘年前有大臣閣龍者，尋到東洋之地，又有墨瓦蘭者復從東洋，達於中國大地，於是一周。』，而子思之指（是指《中庸》「今夫地一撮土之多，及其廣厚，載華嶽而不重，振河海而不洩，萬物載焉」），由此遂明，西士周流採世之意，不可謂無助矣。」見同上，〈跋職方外紀〉，頁515a。；「耶穌之世，上距一千有六百有三年，而瑪竇至中國，其朋友皆高準碧瞳，方巾青袍，初守童身，不曾有婚。朝廷官之不拜，惟日給大官之俸，習中國語，讀中國書。至著書數十種，其仰觀俯察，推算授時之妙，中國未始有也。彼絕域外臣，越溟海，而與學士大夫遊，學士大夫莫不斂袵崇奉稱先生而不敢抗，其亦豪傑之士也。然其所以斥笠乾之教者至矣，猶未覺畢竟同歸於幻妄也。」見同上，〈跋天主實義〉，頁516c～516d。

黃老申韓等與朱子學不同的思想也不會完全排斥，僅僅是討論其長短，而若對現實社會有效用則給予正面評價〔註27〕。然而，李瀷對與朱子學不同的「異端」所做的正面評價，是基於對社會現實上有沒有效用，並不是離開性理學（朱子學）而認定另外學術系統。換言之，李瀷在可以改善社會的實用性方面上，對西方科學技術保持肯定、樂觀展望且以開放觀點對待其他思想；與此同時，從學術系統方面上，他明顯地表示從朱子到李滉、從李滉到自己的「繼承意識」，如同李瀷收集李滉的言行而編纂的《道東錄》〔註28〕。這即

〔註27〕 李瀷的代表著作有《星湖全集》與《星湖僿說》。《星湖全集》主要是李瀷與門徒之間的書信與雜著為主；《星湖僿說》是李瀷四十歲前後開始記錄的一種閱讀心得，其中〈人事門〉與〈經史門〉更加反映出李瀷對政治、經濟制度等對社會環境中諸般現實的極大關注。以下是李瀷除朱子學之外對其他學說的正面評價，都收於《星湖僿說》（關於《星湖僿說》原文，本文均引自「韓國古典綜合DB」：http://db.itkc.or.kr/。韓國古典綜合DB所用的底本是李瀷著，民族文化推進會編譯：《國譯星湖僿說》，首爾：民族文化推進會，1977年。）：一、西方之術與天主教：「鄔若望者，西洋人，天啟間至中國，善醫究中國本草八千餘種，惜未翻譯。」見《星湖僿說》卷10，《人事門》，〈鄔若望〉；「《七克》者，西洋龐迪我所著，即吾儒克己之說也。（…）七枝之中更多節目，條貫有序，比喻切己，間有吾儒所未發者，其有助於復禮之功大矣。但其雜之以天主鬼神之說則駭焉，若刊汰沙礫，抄採名論，便是儒家者流耳。」見《星湖僿說》卷11，《人事門》，〈七克〉。二、佛教：「姑置禪家之學差而道誤，只觀其存心十分如此。其失不過在致知之未當，而誠意之功則不遺餘力，察世之儒術何嘗及此？」見《星湖僿說》卷13，《人事門》，〈俗儒斥佛〉；「程子至佛寺云：『三代威儀盡在是矣。』余見僧徒尊師極嚴，供佛極誠，相待甚敬，作事甚勤，會食有法，出必折腰云某出，反必折腰云某還，居者亦上手答禮，此已是聖王之教也。悅仲尼之道者，信仲尼之教至於如此，則何患不到大賢地位？」見同上，〈儒釋異迹〉。三、陽明學：「陽明學術，雖甚頗僻，其自好則亦不淺矣。虐民瀆貨，其有是耶？余觀陽明十家牌法，奸偽無所容，即必可施者也。然猶近苛緊豪猾，不樂者必歸之虐政，即登之言（是指誣告陽明之說）或指此類而云耳？」見《星湖僿說》卷18，《經史門》，〈王陽明〉。四、黃老申韓：「大抵漢俗，皆黃老申韓，貴清淨而賤浮，華風行而法立。風行則謹厚，法立則知恥。謹厚故優民，知恥故大臣多自殺。斯民寧有不庶而豐者哉？」見《星湖僿說》卷22，《經史門》，〈富民〉。

〔註28〕 「周衰典禮在魯，聖人歸而述之，統緒有傳。歷千五百有餘年，而紫陽子朱子生，大明先王之道，薄海內外，莫不尊親，是周禮之復行也。（…）歷二千有餘年，而退溪子李子生，步趨六經，以紫陽為依歸，實因殷之質用周之文，彬彬大成也。（…）瀷生也後，不得為其徒，徒能讀其書而悅之。竊自以不克該識其遺訓為大羞吝，輒採其要而錄之，名以道東編。」見《星湖全集》卷50（《韓國文集叢刊》第199輯），〈李子粹語序〉，頁413a〜413b。李瀷的《道東錄》，後來由安鼎福改編成《李子粹語》。

意味著，針對包括現實以及整個世界與人生的價值觀而言，李瀷反而從未脫離過性理學。可見，李瀷不同於當時長期停滯不前且被僵化的士大夫，而是一邊堅持性理學傳統的保守性，另一邊對其他學術思想展現靈活性。他做學問時能夠同時表現兩個不同性質，就此原因而言，當然也有其政治上的因素〔註29〕；但更重要的原因即在於李瀷以「自得」為最核心的求學方法。

比起與其他李瀷的直傳弟子，李瀷的著名弟子安鼎福受教比較晚，並且與李瀷對面的時間也很短，幾乎都是以書信往來為受教〔註30〕。他將與李瀷當面受教的情況都記錄備案，名為〈函丈錄〉。其中內容可以發現，安鼎福向李瀷請教：作為學術界主流之老論都滯泥於訓詁或誦習性理學經典，以此「多為利祿所誘」；相較與此，非主流的南人處於隱居狀態而難以堅持求學問之意，他基於對兩邊的批評而提問所謂「為學之要」是該要如何〔註31〕。對此問題的回答中，李瀷強調「其要都在于自己身上，不關他人」，並且針對安鼎福所抱怨的當時世態人情而囑咐：「且彼以利祿，我以其實；彼以窮弊不學，我以子路原思事自勵，是所謂善惡皆師。不可指摘彼短，徒致嘵嘵也。」〔註32〕安鼎福的一生確實是充滿了對李瀷的恭敬，也繼承了李瀷的歷史觀而撰述《東史綱目》，然而在此可見他們兩人的風格還是不太相同。如此回答，安鼎福心中似乎不服，再次提問「然則奈何？」李瀷回答：

〔註29〕 李瀷的二哥李潛（號剡溪，1660～1706）在1706年向肅宗（1661～1720，朝鮮第19代國王）上奏說老論對當時世子（則是朝鮮第20代國王景宗）有損無益，因此事而獄中冤死；李瀷因此事被連累而仕途受阻，一生不仕而終。

〔註30〕「余幼而落鄉，中嬰疾病，因以失學，摳衣星湖之願多矣。年二十六，始自茂朱來寓廣州慶安面之德谷楸下，貧弊疾憂，恒無寧歲。丙寅十月十七日，始往謁，一宿而歸；丁卯九月二十日，又往謁一宿辭退。戊辰十二月十四日，又往謁留一日，十六日辭歸，前後函丈承受，凡四日矣。」見《順菴集》卷16（《韓國文集叢刊》第230輯），〈函丈錄〉，頁114a。

〔註31〕「余因鞠躬請教曰：『今世學術蔑裂，黨議橫流。一邊雖謂淵源有自，而其學惟繳繞於訓詁小註之間，其所誦習，不過庸學心近而已，而多為利祿所誘。一邊窮弊不暇，無意於此事。學之所以不講，道之所以不明，實由於此，願聞為學之要。』」見《順菴集》卷16（《韓國文集叢刊》第230輯）頁117b～117c。

〔註32〕「先生曰：『此皆兩邊人之弊，不當以此斷定立論也。今世豈無豪傑之士？但余未及見耳。一邊之主張世道，自成義理，以為鉗勒之手段，誠可畏也。學惟在于遜志，遜志學習之久，義理自熟，心平氣和。其要都在于自己身上，不關他人。雖以繳繞訓詁為非，若欲泝流求源，無諸儒見成說話，何以求得其是非乎。然學實不在于此耳。且彼以利祿，我以其實；彼以窮弊不學，我以子路原思事自勵，是所謂善惡皆師。不可指摘彼短，徒致嘵嘵也。』」見《順菴集》卷16（《韓國文集叢刊》第230輯），頁117c～117d。

（A）橫渠教人，必先以禮。禮有所據，而日用之切，莫過於是。故孔子曰：「立於禮。」朱子《小學》書，即橫渠之意也。必先於小學中，爛熟體行，涵養有素，德性自固，此最是作人根基。向前一路，皆自此克拓耳。（B）然學貴自得，必也真知此事之貴而自得于心，然後無勉強矯偽之習，而日趨真正之域。胡安定「頭容直」三字，不過據古訓而戒之。而徐仲車能推而至于心亦要直，自此不敢有邪心，此非自得之實乎。〔註33〕

李瀷回答安鼎福所問的「為學之要」時所提的（A）與（B）內容，實際上是反映著如前所說的兩個不同性質——代表保守性與靈活性的不同求學方法。李瀷認為，許多教育方法中最重要的即是「禮」，因為禮是在日常生活中最切身體會的。因此儒家聖賢都強調「禮」，如同孔子說的「立於禮」、張載說的「必先以禮」、朱熹寫的《小學》。朱熹強調看《小學》即是「做人底樣子」〔註34〕，如此《小學》是因禮節往來之基礎而包含從末流瑣屑之學，因此《小學》是代表「事」，朱熹曾說：「小學是事，如事君，事父，事兄，處友等事，只是教他依此規矩做去。」〔註35〕李瀷舉朱熹的《小學》而解釋「爛熟體行，涵養有素，德性自固」的意思，是指生活中種種事情上都「依此規矩做去」，這才是「作人根基」。換言之，李瀷既然「必先以禮」為「作人根基」，那麼求學之人即根據聖賢所制定的禮儀規範而踏實地做，可見（A）的內容蘊含著堅持且尊重傳統的保守性。

李瀷不止於此，更進一步提出（B）的求學方法，即是「自得」。儒家傳統上，尤其程朱學系統中所謂「自得」是經常被提的修養方法；不過李瀷所提出的「自得」與以往的解釋有所不同。簡言之，例如《近思錄》所提出的「自得」，幾乎是強調「敬守此心，不可急迫」〔註36〕，而「須潛心默識，玩索久之，庶幾自得」〔註37〕，主要是提醒求學時不能緊迫，做工夫認真切實

〔註33〕見《順菴集》卷16（《韓國文集叢刊》第230輯），頁117d。
〔註34〕「後生初學，且看小學之書，那是做人底樣子。」見《朱子語類》，第1冊，卷7，〈學一〉，頁127。
〔註35〕「小學是事，如事君，事父，事兄，處友等事，只是教他依此規矩做去。大學是發明此事之理。」見《朱子語類》，第1冊，卷7，〈學一〉，頁125。
〔註36〕「14. 伊川先生曰：『學者須敬守此心，不可急迫。當栽培深厚，涵泳於其間，然後可以自得。但急迫求之，只是私心，終不足以達道。』」見朱熹、呂祖謙纂，張京華輯校：《近思錄集釋》上（長沙：岳麓書社，2009年），卷4〈存養〉，頁429。
〔註37〕「7. 所謂『日月至焉』，與『久而不息』者，所見規模雖略相似，其意味氣象迥別。須潛心默識，玩索久之，庶幾自得。學者不學聖人則已，欲學之，須

而不敷衍，自然地會「自得」。然而，李瀷在以上引文所說明的「自得」是針對「勉強矯偽之習」而言的，即他說「必也真知此事之貴而自得于心，然後無勉強矯偽之習」的意思，是指要注意若人沒主見而太過度「依此規矩做去」，便只能隨聲附和而其工夫做得東施效顰。此時值得注意的是，李瀷不僅是將「自得」視為「為學之要」之一，也與經典詮釋方法連接起來，如同對「頭容直」的解釋。在引文最後李瀷舉例而說：「胡安定『頭容直』三字，不過據古訓而戒之。而徐仲車能推而至于心亦要直，自此不敢有邪心，此非自得之實乎？」〔註38〕在此徐積（號仲車，1028～1103）透過「頭容直」而更進一步做「心亦要直，自此不敢有邪心」，這才是李瀷所認為的「自得」。為了不陷入「勉強矯偽之習」而「真知此事之貴」，也為了在經典詮釋上像徐積那樣不凝滯其原意而可以「自得于心」，必然需要根據主見。由此可見，比起保守性充滿的（A）之「必先以禮」，（B）之「自得」更重視是否具備自己的觀點。

二、星湖左派與安鼎福的對立：「自得」與「私意」

　　李瀷在經典詮釋方面上所重視的「自得」於李瀷逝世後不知不覺成為星湖學派開始進行分化的起點。具體而言，李瀷的思想與其求學方法上顯示保守性與靈活性，如此似乎不同的兩個性質都會被傳於他的門徒；尹東奎（號邵南，1695～1773）〔註39〕、李秉休（號貞山，1710～1776）〔註40〕、安鼎

熟玩味聖人之氣象，不可只于名上理會。如此只是講論文字。」見《近思錄集釋》上，卷3〈致知〉，頁308。
〔註38〕在此「頭容直」是指在《禮記‧玉藻》中描述君子九種容貌之一：「足容重，手容恭，目容端，口容止，聲容靜，頭容直，氣容肅，立容德，色容莊，坐如屍。」關於胡安定與徐仲車的例子，見於《朱子語類》：「『君子所貴乎道者三』。或云：『須是工夫持久，方能得如此否？』曰：『不得。人之資稟各不同，資質好者，纔知得便把得定，不改變；資質遲慢者，須大段著力做工夫，方得。』因舉徐仲車從胡安定學。一日，頭容少偏，安定忽厲聲云：『頭容直！』徐因思，不獨頭容直，心亦要直，自此不敢有邪心。」見《朱子語類》，第2冊，卷35，〈論語十七〉，頁916。
〔註39〕「星湖李先生生于東方絕學之餘，講道於畿甸，先生首先問學，卽歲辛卯，而先生之年十七矣。李先生愛其志操之堅貞，見解之明悟，曰：『吾道有托矣。』」見《順菴集》卷26（《韓國文集叢刊》第230輯），〈邵南先生尹公行狀〉（乙巳），頁323a。尹東奎是星湖學派最老的年長者，李瀷逝世後再整理、編纂《道東錄》（後被安鼎福改名為《李子粹語》）、《李先生禮說類編》、《星湖禮式》等的著作。
〔註40〕李秉休是李瀷的四哥李沈的三子而出繼為李瀷的二哥李潛。從小即與李瀷學習，李瀷逝世之後與尹東奎繼續做學問，與安鼎福交游。李瀷所有著作是任子李秉休與弟子尹東奎所收集且整理的。

福是與李瀷直接授課的弟子，亦是星湖學派內的老年階層，他們認定李瀷以朱熹與李滉的繼承作為「道東」的守恆性，故後代被稱為「星湖右派」；相反地，權哲身與李基讓（號伏菴，1744～1802）為主的青年階層是承繼了李瀷在求學方法上所凸顯出的「自得」，他們基於「自得」而在經典詮釋方面展現充滿的靈活性，對其他學術思想也堅持開放性思維，故後代被稱為「星湖左派」。〔註41〕

從李瀷逝世的 1763 年，到李承薰首次受洗禮的 1784 年之間，這時期需要關注的重點即是星湖學派的分化與星湖左派的形成。星湖左派的代表人物權哲身與李基讓的老師，亦即是與安鼎福同是星湖學派的第一代門徒李秉休，他在 1776 年逝世後，更加深化安鼎福與他的弟子權哲身、李基讓之間的爭論，而由此開始漸漸地出現其學派的分化現象。〔註42〕並且，安鼎福與「左派」所分開的重要分歧點，之所以可以說即是李瀷所提出的「自得」，是因為左派他們以李瀷的「自得」精神為基礎，不會拘束於古說而自由地展開自己的觀點；而右派代表人物安鼎福認為，左派做經典詮釋時所發揮的「自得」，反而是「私意」：

> 示諭「但以異於先儒之言，而一例揮斥，是豈前脩之所望於後人者耶？」是固然矣。前日愚嘗承聞吾先生語矣，曰：「聖王之治天下，首開言路。明道講學，是何等大事，而杜閉後生之言議耶？是以學貴自得，不必淹滯前人言議。」愚起而對曰：「下教誠然。

〔註41〕根據姜世求在《성호학통 연구》〔星湖學統研究〕中所檢討的星湖學派之系譜，所謂星湖「右派」與「左派」的名稱是韓國光復以後由歷史學者李佑成（號碧史，1925～2017）的研究開始出現。李佑成以星湖文人中兩大系統安鼎福與權哲身為列，安鼎福之列較具保守傾向因而稱之為「右派」，權哲身之列頗有激進傾向因而稱之為「左派」。參見姜世求：《성호학통 연구》〔星湖學統研究〕（首爾：慧眼，1999 年），頁 21～22。

〔註42〕根據姜世求，於 1763 年李瀷逝世後主要是以尹東奎、李秉休、安鼎福等的元老文人維持其學派。至少於 1773 年尹東奎逝世、於 1776 年李秉休逝世之前表面上是並無大礙。然而，到了 18 世紀後半開始所引起的分化徵兆，於 1780 年前後以天主教問題為更加深化，而於 1791 年安鼎福逝世後所謂星湖學派是與天主教教難同時實際上瓦解了。參見氏著：《성호학통 연구》〔星湖學統研究〕，頁 19。對於如此的看法，筆者同意的是李秉休在 1776 年逝世後才浮現星湖學派內右派與左派的分化；但有所保留的是他們開始分化的原因只在於接受天主教與否。具體而言，他們圍繞著天主教信仰而引起衝突，明顯是 1784 年以後，而李秉休還在世時，甚至星湖李瀷在世也早就埋伏著其分化的原因，也就是求學方法上的差異。

但恐專以自得，先立主意，則未免私意橫生，流弊不少。若後生少年窮格未到，志慮未定，畧有所見，卽自執己意曰：『古人之所不知者。』此習漸長，則徒益其輕浮躁淺之氣，而無益於進德之業。」先生笑而答曰：「此語誠是」。故愚意每為少年有才氣、徒言說者，矯其弊而已，誠於自得處，有真的之見者，何敢一例麾斥。然此豈易者哉？是以與其強究別意，不若守先儒之訓而不失之耳。〔註43〕

如前所述，尹東奎與李秉休，以及安鼎福在三人屬於星湖學派的第一代長輩，其友誼亦深厚；儘管如此，他們在學術研究上的風格仍是稍微不同：若說安鼎福是直傳門徒中保守性最強的人，那李秉休則是最體會到「自得」而解釋經典的人。以上安鼎福寄給李秉休之信中，李秉休曾經說「但以異於先儒之言，而一例揮斥，是豈前脩之所望於後人者耶」，即他以婉言相勸，希望安鼎福不要因後輩的解釋不同於聖賢之語而責備他們，從此可知他平時對聖賢經典的看法是如何。李秉休對古人的經典詮釋不太受拘束，以自己的觀點自如地表現出來，甚至也有主張認為他的學說接近於陽明學說〔註44〕。並且，李基讓是他門下的學生，而權哲身是與李基讓交流頗深的親友，不難推測此李秉休所肯定的「學貴自得」精神，也影響到以後的星湖左派。

在安鼎福的回想中，李瀷在此強調「自得」而說：「明道講學，是何等大事，而杜閉後生之言議耶？是以學貴自得，不必滯滯前人言議。」可見，李瀷所提倡的「自得」不是單純的儒家式涵養工夫，而是在經典詮釋上更偏重於主見的求學方法，而這亦是李秉休所堅持的立場。安鼎福在〈函丈錄〉中

〔註43〕《順菴集》卷4（《韓國文集叢刊》第229輯），〈答李景協書〉（己丑），頁414a～414c。

〔註44〕李秉休接受陽明學；李秉休的學生李基讓、李基讓的親友權哲身都在某種程度上與陽明學會具有交點，徐鍾泰是提出這種主張的代表學者。徐種泰主張，在表面上李秉休並沒有闡明對陽明學的認同，也沒有引用過陽明學的詞語，而有時李秉休也引用程朱學而當作根據；儘管如此，李秉休卻批判朱子的《大學章句》而認為《大學》古本才是對的。具體而言，李秉休強調，人都先天地能夠把握道德原理，因此不需要格物致知工夫，而關於「行」工夫的「誠意」才是第一工夫；而將心之性解釋為「至善」；將「明明德」與「新民」為等同起來，認為「誠意」是「明明德」與「新民」的共同工夫，李秉休這些解釋與陽明學的核心主張都是一致的。參見徐鍾泰：《星湖學派의 陽明學과 西學》〔星湖學派的陽明學以及西學〕，韓國西江大學校史學系博士論文，1995年。

對「自得」雖然在內心並未同意，但當場沒有再提出任何質疑；不過這次與以往不同，李瀷再提出「自得」時他立刻會反駁說：「但恐專以自得，先立主意，則未免私意橫生，流弊不少。」對安鼎福而言，以「自得」為藉口而固執己見，偏偏主張「古人之所不知者」，這反而是「私意」。他雖然肯定可能也有「誠於自得處，有真的之見者」，但這並不是容易達到的境界；既然如此，後輩就不要「強究別意」，而要好好學習「先儒之訓」。

在此值得注意，與李秉休有以上書信往來的 1769 年，當時安鼎福對後輩指責為「私意」來「強究別意」，這並不意味著他們接觸天主教思想，而是他們以「自得」為名分而總會提出與以前不同的解釋，如同當時李基讓對《中庸》首章「中」與「未發」的解釋：

> 竊觀來意，以中為不作未發看。盛諭有云：『動作言語，一皆中正，而特一喜怒哀樂，未發之時而言。』未審此有古語耶？抑公自得之見耶？雖是古語，已悖于子思之意。而動作言語，一皆中正，是為發而中節之時，豈可言于未發之中耶？若是自得，則恐是千慮之一失。凡看書之法，先觀文勢，次觀文義，必尋討平正明白處去。何必艱曲深險，求昔賢不言之意而自以為得乎？（…）通下諸說而觀之，公於未發之中，必欲異于前人，而以中為已發。如是看，其有何十分道理，而其於用工之實事，能有過于本註之義乎？〔註45〕

根據安鼎福同樣 1769 年寄給李基讓的回信，李基讓將《中庸》首章「未發之中」視為「思慮之已發」；將「未發」視為「喜怒哀樂之未發」〔註46〕。李基讓由此解釋否定「未發」與「中」所包含的本體之意，因此他說：「喜怒哀樂之伏而不發者，是甚義理緊要，而必也目之以中，而舉而書之於中庸首章耶？」〔註47〕、「目觀聖賢之書，耳聽父師之訓，心思口談，左酬右應，無不中道者。

〔註45〕《順菴集》卷 8（《韓國文集叢刊》第 229 輯），〈答李士興書〉（己丑），頁 500c ～500d。

〔註46〕「四十五年己丑，先生五十八歲。〇三月：答李基讓書，李說以中庸喜怒哀樂未發之中，謂之思慮之已發；而其所謂未發者，只是喜怒哀樂之未發而已。」見《順菴集》（《韓國文集叢刊》第 230 輯），〈順菴先生年譜〉，頁 377d。

〔註47〕「中和一節，學者用工之方，無過于是。其于性情上喫緊為人處，捨此何求？而盛諭言：『喜怒哀樂之伏而不發者，是甚義理緊要，而必也目之以中，而舉而書之於中庸首章耶？』此語誠未知主意所在，示破之如何？」見《順菴集》卷 8（《韓國文集叢刊》第 229 輯），〈答李士興書〉（己丑），頁 501a。

雖無喜怒哀樂之相干，而特以思慮之已發，不謂之中耶？」〔註48〕李基讓對「中」與「未發」所提出的這些疑問，即反映出他批判且否定形而上本體。然而，安鼎福認為「未發之中」必定是本體，如同他說：「吾所謂中者，即一性渾然，道義全具，靈明不測之體。」〔註49〕就此而言，他不能接受李基讓所解釋的「以中為已發」，因此安鼎福影射李基讓對經典冒然以「自得」所做的解釋而說：「若是自得，則恐是千慮之一失。」再加上，權哲身也同意李基讓的看法〔註50〕，這使安鼎福更堅持認為，以李基讓與權哲身為首的後輩對經典所做的詮釋幾乎是顯示出「我之私意，橫在肚裏，却以先儒之說，求合於己」的態度：

> 而大抵聖賢言語，皆平易明白，不可探曲以求，自致纏繞于疑亂之中矣。退溪李子曰：「讀書不必深求異意，當於本文上，求見在之義。」此語的當簡易，試入思議也。經文固有兩般義，後人解釋時，必量度而取其最近者。今君讀書，有與傳義不同者，試就其不同處，劑量輕重，諷詠詳玩，則自有可別之道矣。我之私意，橫在肚裏，却以先儒之說，求合於己，是甚不可。若然則我去自做一般文，何必苦苦讀古書乎？〔註51〕

〔註48〕「盛諭謂：『目觀聖賢之書，耳聽父師之訓，心思口談，左酬右應，無不中道者。雖無喜怒哀樂之相干，而特以思慮之已發，不謂之中耶？』公每以已發中節之和，必欲歸之于中。然則和字用工，當何以為之耶？此等所諭，異乎吾所聞，不敢強下。」見《順菴集》卷8（《韓國文集叢刊》第229輯），〈答李士興書〉（己丑），頁501b。

〔註49〕「盛諭又云：『若以不思慮無聞見為中則死睡人入定僧，亦可謂中乎？』所謂不思慮無聞見，則果無異死睡入定，豈可謂中乎？吾所謂中者，即一性渾然，道義全具，靈明不測之體。此時合下用子思所謂戒懼，程子所謂主敬工夫時節，豈可以昏昧無知覺者為中乎？公意每欲以中字別為一義看，故不覺杜撰至此也。」見《順菴集》卷8（《韓國文集叢刊》第229輯），〈答李士興書〉（己丑），頁501b～501c。

〔註50〕安鼎福在1784年寄給權哲身的書信中也可以發現安鼎福再次責備權哲身同意「未發之訓非」：「公自少為學，至此已多年矣。可謂年高德邵而終無定規，務出新意而少信服先儒之意，考究同異而無沉潛縝密之工，不用力於涵養之實而本源不固，不遵行於已定之訓而私意橫出。以是之故，隨遇而變，見物而邊，人曰：『主敬之義非也』，公亦曰：『非也』；人曰：『未發之訓非也』，公亦曰：『非也』；人曰：『人心道心之語非舜辭也』，公亦曰：『非舜辭也』。聞人好異之論，不復深究體察而從而和之，公之受病，全在於以主敬未發為非而不能致力於本源之致也。」見《順菴集》卷6（《韓國文集叢刊》第229輯），〈與權旣明書〉（甲辰），頁463c～463d。

〔註51〕《順菴集》卷6（《韓國文集叢刊》第229輯），〈答權旣明（哲身）別紙〉（庚辰），頁449a～449b。

如上一段落所述，安鼎福在 1776 年向李秉休表示反對李瀷所主張的「學貴自得」之後，又訴說心中對後輩所做的解釋之不滿〔註 52〕，甚至以此為由委婉譴責他們的老師李秉休〔註 53〕。不過安鼎福如此批評並不只是在 1776 年前後一時之間所進行的，他歷來不斷地批判年輕學者的經典詮釋與求學態度總是不自重，至少從李瀷生前早已開始指責，見於以上安鼎福在 1760 年寄給權哲身的書信。安鼎福開頭雖然稱讚權哲身的學問見解而說有疑問是好事〔註 54〕，但仍暗指聖賢之說並未隱晦曲折因而不需「深求異意」。安鼎福認為，李瀷早已揭示求學的政法，即是「當於本文上，求見在之義」，可見安鼎福對求學方法所具有的如此看法，實際上大不同於李瀷所說的「學貴自得，不必淹滯前人言議。」對安鼎福而言，所謂「自得」反而導致「探曲以求」的態度，即權哲身不會根據經典原本上的解釋，而依循自己個人的想法而理解。安鼎福對此苛責而提及「我之私意，橫在肚裏，却以先儒之說，求合於己」這句話，即反映出他並不肯定李瀷所主張的「自得」。

　　若與李瀷在同年寄給權哲身的書信相比，則可更明顯地看出，李瀷對權哲身的訓誡似乎與安鼎福不同。即是說，雖然李瀷也與安鼎福同樣訓誡權哲身，但李瀷所指責的重點不在於經典詮釋方面上的「自得」，而在於權哲身對自己的理解似乎太過於自信：

> 退溪答琴聞遠書，舊有遊思慕齋門下者，不屑為舉業，看經無不曉解，意謂吾有過人之學，自處不卑。後經涉變故，避譏畏禍，遂自放倒，亦不再過講誦，不能為製述事，雖欲科舉發迹得乎？其人資

〔註 52〕「向來士興（李基讓）有書，論《中庸》首章未發之義，太狼藉一反舊說。此義理大頭腦，程朱豈覷不得耶？於此不信從，則其弊當如何？觀此書以後，心氣不安，殆累日未定也。士興亦云：『聖人無靜工夫，敬近禪學；朱子格致之訓，又為口耳之弊。』旣明（權哲身）從而和之。此等氣習，豈非大可憂悶者乎？」見《順菴集》卷 4（《韓國文集叢刊》第 229 輯），〈答李景協書〉（己丑），頁 414c。

〔註 53〕「旣明（權哲身）、士興（李基讓），非惟當世之才，求之古人，亦罕其倫。但其才氣勝而工夫不篤，欲以一時所見，求壓前人，此習若長，弊將如何？（…）此友輩相從已久，而終無沉潛謹厚之容，而浮躁淺薄之態，自不可掩，不曾有讀書人貌樣，是可歎也。尊兄何不呵抑之耶？」見《順菴集》卷 4（《韓國文集叢刊》第 229 輯），〈與李景協書〉（乙未），頁 418d。

〔註 54〕「惠來別紙，三復玩賞，精覈之論，超詣之見，誠為欽歎。讀書須要有疑，有疑而後，可以進業。」見《順菴集》卷 6（《韓國文集叢刊》第 229 輯），〈答權旣明（哲身）別紙〉（庚辰），頁 449a。

質非凡，與恒人無異，宜後學之申戒也。百順（安鼎福）莊岳之齊
傅也。於君誠願獨至，每惜其不能堅固，朋儕之厚望。「君子不重則
不威，學則不固」，此語須三思回量也。頂鍼一句，出於真心，奚待
魯莽之語？知其病而欲去之心，便是能去之藥矣。〔註55〕

權哲身雖然不是李瀷親自收入門下的弟子且兩者年齡差也較大，但李瀷認為
他是能夠接續此學脈的後起之秀，李瀷對直傳門徒常提到權哲身說：「觀今之
景像，一箇狂狷字〔註56〕復何處著手耶？近有權哲身秀才，差有志氣，亦是
難得。」〔註57〕、「權既明（權哲身）連見書，其言果然真實通明，多少見得，
非依樣規模。」〔註58〕可見李瀷對權哲身寄予厚望。〔註59〕然而，李瀷對權
哲身又有所擔憂。如上引文是李瀷在 1760 年寄給權哲身的兩封書信之一，不
過這些書信的內容大同小異，都主要是李瀷以《論語》的「君子不重不固」
這句話來婉言訓權哲身做學問時要自重。李瀷認為，像李滉答覆琴蘭秀（號
惺齋，1539～1604）之信中所提到的門生那樣，權哲身是「看經無不曉解，
意謂吾有過人之學，自處不卑」，這即是他指責權哲身「不重」的內容；而接
著說若如此「不重」則任何事情都可以擾動他，動到讓權哲身自己「遂自放
倒，亦不再過講誦，不能為製述事」的地步，即導致「不固」。

　　不過在此值得注意的是，李瀷之所以指責權哲身「不重不固」，並不是因
為權哲身對經典提出與以往注解不同的解釋，而只是因為他太過於信任自己，

〔註55〕《星湖全集》卷 30（《韓國文集叢刊》第 199 輯），〈答權既明（哲身）〉（庚辰），
　　　　頁 33a～33b。
〔註56〕「子曰：『不得中行而與之，必也狂狷乎！狂者進取，狷者有所不為也。』」
　　　　見《論語》〈子路〉。
〔註57〕《星湖全集》卷 21（《韓國文集叢刊》第 198 輯），〈答尹幼章〉（庚辰），頁
　　　　431b。
〔註58〕《星湖全集》卷 27（《韓國文集叢刊》第 198 輯），〈與安百順〉，頁 543b。
〔註59〕李瀷寄給權哲身父親的信中可以仔細觀察李瀷對權哲身的看法。李瀷雖然確
　　　　實是誇贊權哲身篤實好學，甚至說是「吾道之幸」，但又擔心權哲身一邊讀
　　　　性理學，同時另外邊常觸陽明學而不顧科舉之書，可發現李瀷對權哲身關心
　　　　不少：「胤哥（權哲身），不意，留心經訓益深。今見數紙簡札，不但意旨崇
　　　　深，其論辨詞藻，沛然可觀。不有所得於中，其能然乎？近世志學無人，否
　　　　極必通，亦其理或然，既明卽其人耶？吾道之幸也。亦聞其科學分數漸輕，
　　　　此則非望也。前奉札，頗以門戶為憂，此不可不念。若人之才，豈不能左畫
　　　　圓而右畫方耶？只恐有遊騎太遠之慮，於既明何憂焉。世豈有殺人曾參？」
　　　　見《星湖全集》卷 30（《韓國文集叢刊》第 199 輯），〈與權孟容〉（庚辰），
　　　　頁 20d。

反而恐怕導致失去了「禮」。如前所述，李瀷以「必先以禮」與「自得」為為
學的主要精神，李瀷是擔心權哲身偏重於「自得」而忽視了「必先以禮」這
一方面的重要性。而正因如此，以上引文的前後李瀷一向強調「禮」的重要
性，甚至他稱贊唯獨權哲身一人行禮〔註 60〕。最後他還向權哲身提建議說要
祭拜齊國虞人、魯國兩個書生，唐代魯儒〔註 61〕，可見李瀷希望權哲身效法
這些古代聖賢「其志行高潔，不渝紛華波盪之間，直與泰山同其安重」的氣
象，而此時李瀷卻沒有提及經典詮釋上的對錯。若再更進一步細察，李瀷由
權哲身所受到的「不重不固」之印象，很可能是來自於安鼎福將權哲身的「自
得」視為「私意」的批評。李瀷強調安鼎福所打的「頂鍼」都是因為對權哲
身期望甚殷，如同安鼎福是「於君誠願獨至，每惜其不能堅固，朋儕之厚望。」
就此而言，李瀷雖然對權哲身三令五申要求「自重」，但這勸告，與其說是原
來李瀷自己內心所生起的，不如說是李瀷身為學派的首長而顧及安鼎福的體
面。當然，李瀷確實是同意安鼎福對權哲身的指責，但他所同意的是權哲身
在求學方面上不許太自信，該要穩重的要求，而不至於權哲身對經典進行詮
釋時所根基的「自得」。

三、信西派與丁若鏞：走向宗教信仰之路

如前所述，李瀷所起名的《道東錄》表示李瀷本人以李滉繼承者自居，
這即意味著李瀷基本上是屬於以朱子學為基礎的性理學系統，但對除了朱子
學以外的「異端」也保持開放性的態度。現在我們可知，如此看法根據李瀷
清楚地提出的「學貴自得」。李瀷為了不陷入「勉強矯偽之習」而強調「自得」，

〔註 60〕「近從孫云：『頃逢君於眾坐，君獨起而相與為拜。』此可驗不染世套之一端。
聞近日京裏通俗，逢別都闕拜跪。拜者行禮之最先，而施為不難，此而廢之，
無所不廢也。禮亡則道亡，非細故也，其說長不可猝既。君能不憚於羣議之
間，是謂為之兆也。從此而一事二事，修復當行之儀，即次第事，何憂乎俗
之不祛，禮之不明乎？」見《星湖全集》卷 30（《韓國文集叢刊》第 199 輯），
〈答權既明（哲身）〉（庚辰），頁 33a。

〔註 61〕「余近與人言，昔齊之虞人、魯之兩生及李白詩所謂魯儒，不識姓名，而其
志行高潔，不渝紛華波盪之間，直與泰山同其安重，心常慕之，願學而不能
也。凡於所仰人必欲譬宗而祀之。四夫子千載之下，不知何等人，茫無依泊，
只將吾一簡方寸為區域，如石鼓鹿洞之例，誠心饋享於空寂之中，朝夕不廢，
庶幾有益於身已。此意如何？此甚可笑事，人必拍手；老妄顛錯，於君透發
矣。」見《星湖全集》卷 30（《韓國文集叢刊》第 199 輯），〈答權既明（哲身）〉
（庚辰），頁 33b～33c。

重視自己觀點而不要太凝滯於先哲的言論，可以說是針對被西人老論僵化的朱子學所批判的另一表現，而不是違背孔子以來儒家都依循的「述而不作」傳統。當時社會種種弊病長期處於膠著狀態，士大夫對此都並未試圖根治，反而執著於訓詁誦習，可見當時作為主流思想的朱子學已失去了能解決社會弊端的動力，「自得」是李瀷為了給如此情況打開一個缺口的求問方法。

如此的「自得」必然顯現出靈活自由的思維，都被權哲身、李基讓為首的星湖左派繼承，至少李瀷逝世之前的三、四年，以權哲身為首的一群年輕學者開始頻繁交流聚會，此不是單純增進友誼的會合，而是「朋友講習」的讀書會〔註62〕。權哲身在 1760 年向李瀷所提到的「朋友講習」，直到大約 1760 年代中後半，最晚 1770 年之前已成為現在被稱為「左派」〔註63〕。而這一群年輕人，到了如前丁若鏞所說的「往在戊戌・己亥之間」（1778～1779）左右已具備一定規模，直到 1784 年左右接受天主教，以此真正離開星湖學派，同時變為「信西派」。在此必須要注意的是，對於從 1770 年前後到 1784 年大約十五年的時段，仍不足以提及信西派的開始，因為這時期是作為信西派原型的星湖左派與安鼎福經過長時間的糾葛，終於另起爐灶的過程。換言之，星湖左派在 1784 年前後變為信西派之前，安鼎福與星湖左派之所以引起了不少論爭，並不是因為接受天主教信仰與否，而是因為由李瀷的「學貴自得」受到影響的左派，對以性理學為代表的舊思想常提出異議而探索新意。以往廣為人知的安鼎福批判權哲身接受天主教信仰之書信，都是聚在 1784 年以後〔註64〕，在 1784 年之前安鼎福與他們未提過有關天主教信仰之事。

〔註62〕「朋友講習，今世本無其人，君（權哲身）到頭方覺覺，便是好消息。聖人豈不曰『不亦樂乎』？獨坐深究，如虛室生白，精神感通，雖謂之鬼神之力可也。君能至此境界，又何患於無朋。（…）而把袂執袂，留連酒炙，自有其人，君亦不自知少朋之為患，故曰好消息。」見李瀷：《星湖全集》卷30（《韓國文集叢刊》第 199 輯），〈答權既明〉（庚辰），頁 33c～33d。

〔註63〕在 1768 年安鼎福回覆權哲身的書信，以及在 1770 年寄給李基讓的書信中可以推測以權哲身、李基讓為中心形成了一種學術團體：「當此世衰學絕，人心陷溺之餘，公輩數人，相携於寂寞之濱滄桑局外，自做冷淡生活，歌詠先王之遺澤，講論六經之遺旨，是何等大歡喜好消息耶。」見《順菴集》卷 6（《韓國文集叢刊》第 229 輯），〈答權既明書〉（戊子），頁 456a；「朋友相聚之際，非徒有講論之益，其於處心、行事、容貌、辭氣之間，自相勸勉，似有勝於講究一二句疑辭，未知此意如何？」見《順菴集》卷 8（《韓國文集叢刊》第 229 輯），〈與李士興書〉（庚寅），頁 504c～504d。

〔註64〕《順菴集》卷 6 收錄了於 1784 年安鼎福與權哲身之間往來的三封書信，這亦

　　從 1760 年到 1784 年，安鼎福與權哲身有書信往來，這時期安鼎福不斷地指責左派為不尊重「古聖先賢」的解釋而堅持己見，如此偏激急進的求學態度被安鼎福所指責為「私意」。在此被稱為「私意」的左派之學術討論內容，並不是指天主教思想，而都是儒家經典以及其詮釋。尤其權哲身與李基讓都對陽明學有興趣，以此根據而批評朱子學，見於安鼎福在 1766 年〔註65〕與 1780 年〔註66〕寄給權哲身、李基讓的書信。於 1784 年權哲身與李基讓等接受天主教信仰而變為信西派，在時間上最接近於 1784 年的 1782 年，安鼎福與權哲身所探討的仍然是《家禮》的喪禮、婚禮等種種儀式〔註67〕。由此可見，天主教思想仍不是他們主要爭論的對象，而左派他們在學術活動上，基於「自得」而所呈現出的「反性理學」傾向才是可提出的特色。並且，根據安鼎福對權哲身與李基讓的許多訓話，在此所謂的「反性理學」不意味著全然針對朱子之學，而廣泛地說是一種「溺於言談，說理氣，論情性，而疎於踐履」〔註68〕的學術風格，亦是他們總具有反感而試圖推翻的舊思想。

　　在 1784 年之前，安鼎福與左派圍繞著經典詮釋上的觀點，因「私意」與「自得」僵持並持續深化，直到 1784 年左右，藉由權哲身門下李檗之傳教而

是他們之間最後的書信往來。在 1784 年的三封書信中，安鼎福才提及天主教關聯之事，然而前面兩封書信的大致內容是安鼎福批評權哲身的書信類似於佛教風格（「頗帶伊蒲塞氣味」），參見：《順菴集》卷 6（《韓國文集叢刊》第 229 輯），〈答權既明書〉（甲辰）（頁 462b～462c）與〈答權既明書〉（甲辰）（頁 462c～463b）。

〔註65〕「向日君過時，深以陽明致知之說為當，其時雖欲以拙見相告，而氣動未果，殆猶為恨。陽明所以得罪先儒者，以其入頭工夫錯誤故也。」見《順菴集》卷 6（《韓國文集叢刊》第 229 輯），〈答權既明書〉（丙戌），頁 451b。

〔註66〕「公素乏遜志之工，幸加意，而念此老友之意如何？（…）世路之多險如此，公亦戒此，隨事而處之也，第公恐是過者也。過者之弊，其於事有多不足卹者。常愛王陽明之言，有曰：『語到快活時，必截然能訒默得；意到發揚時，必翕然能收斂得；喜怒嗜慾蜚騰時，必廓然能消化得，為天下之大勇。』此果克治之要法也。」見《順菴集》卷 8（《韓國文集叢刊》第 229 輯），〈與李士興書〉（庚子），頁 505b～505c。

〔註67〕《順菴集》卷 6（《韓國文集叢刊》第 229 輯），〈答權既明書〉（壬寅），頁 461a～462a。

〔註68〕「後世之學，溺於言談，說理氣，論情性，而疎於踐履。公之學，壹以是孝弟忠信為宗旨，居家唯順父母養志，友昆弟如一身，是務是力，凡入其門者，但見一團和氣沖融肸蠁，似有薰香襲人，如入芝蘭之房。」見《定本與猶堂全書》3 冊，《文集》卷 15，〈鹿菴權（哲身）墓誌銘〉，頁 233。

左派接受天主教信仰後，安鼎福與左派的緊張局面才到此而終〔註69〕。不過在此要注意，1784 年星湖左派變成信西派的現象，難以說是左派對天主教的理解更加深化的結果。1784 年前，左派雖然熟悉當時包括天主教在內的西學書，但天主教不是主要討論對象，他們更在意的是懷疑以往的儒家經典詮釋而提出新意。在 1784 年之前，左派實際上仍未將天主教視為宗教信仰。

　　具體而言，至少最晚至 1770 年代中後期，開始信奉天主教的李檗在 1783年聽到李承薰將隨著父親往北京，因此勸他到北京必須要受洗禮。李承薰確實是對西方科學與數學之書興趣頗高，但 1783 年當時往北京前，並沒有真正認識天主教，李承薰到北京請受洗禮全是靠著李檗的建議。加上，北京天主堂的神父們也以李承薰對天主教不熟悉為由拒絕施洗禮，只有耶穌會法國神父梁棟材（Jean-Baptiste-Joseph de Grammont，1736～1812）才答應。因此李承薰與他透過筆談而學天主教教理，大約 40 天之後才受洗禮〔註70〕；在 1784年李承薰回國之後，李承薰身為神父給信徒進行施洗。這就反映出，所謂天主教信仰的擴散，不是從左派內部開始的自主發展，而李檗個人的傳教才是最重要因素。

〔註69〕　安鼎福寄給權哲身等左派的書信中也可發現，從 1784 年開始，他書信中經常警告左派陷入天主教，再加上在 1785 年安鼎福寄給李基讓的書信（《順菴集》卷 8，〈李士興書〉乙巳，頁 505c～506a）為最後，連他們之間的書信往來也即此中斷了。

〔註70〕　黃嗣永（字德紹，1775～1801）是朝鮮天主教的殉教者，也是丁若鏞之長兄丁若鉉的女婿。1801 年發生辛酉迫害時他試圖將朝鮮的情況告訴北京教區長湯士選神父（Alexander de Gouvea，方濟各會神父，1571～1808），寫了一本書信，名為〈帛書〉：「（…）李承薰伯多祿，李家煥之甥姪、丁奧斯定（丁若鍾）之妹兄。少登進士，素好學問窮理，布衣李檗大奇之。時李檗密看聖書，而承薰不知。癸卯（1783 年）隨父入燕，李檗密託曰：『北京有天主堂，堂中有西士傳教者，子往見之，求信經一部，並請領洗，則西士必大愛之。多得奇物、玩好，必勿空還。』承薰如其言，到堂請洗。諸位司鐸，以其不明要理，不許領洗；惟梁神父力主授洗，並給許多聖書。」見呂珍千：《黃嗣永 帛書와 그 異本의 研究》〔黃嗣永帛書與其異本研究〕（韓國天主教大學國史學系碩士論文，1999 年），頁 67～68。關於黃嗣永帛書的版本，其原本是在日帝時期送到羅馬教廷，現在廣為通用的黃嗣永帛書是異本，於 1801 年 10 月 9日義禁府所抄寫的邪學罪人嗣永等帛書。本文所採取的原文，是呂珍千神父根據第 8 代朝鮮教區長閔德孝神父（Gustave-Charles-Marie Mutel，巴黎外方傳教會神父，1854～1933）將帛書送到羅馬教廷之前所做的銅版與手抄本而再整理的原本帛書。有關帛書的版本問題，參見同上，頁 6～11。

　　那麼究竟為何左派學者大部分積極地接受天主教信仰，變為「信西派」？比起當時與星湖左派同樣熟識西學的北學派，只有星湖左派全面投入天主教信仰，其根本原因仍然是在於他們基於「反舊學」而繼承的「自得」，以及其強烈的道德意識。即若說，李瀷是為了突破在道德實踐方面上「勉強矯偽之習」而強調「自得」，那左派則是以由「自得」得到的靈活開放的思維為前提，更進一步顯現出對道德實踐的渴望，這才是接受天主教信仰的動力：

> 矢弟自仁川，抵書矢身幹：「其學之初頭所聞，盧不可信矣。其後得看其書，則其中欽崇主宰之說、生覺靈三魂之說、火氣水土四行之說，誠有至理，不可誣者。須熟看此書，然後攻之，不可隨眾泛斥。」故矢身亦看此書。〔註71〕

在 1801 年辛酉迫害〔註72〕時，權哲身因過去與天主教信仰密切聯繫，而被連累處以死刑。根據如前丁若鏞之話，當初因李檗的傳教而開始信天主教的是權哲身的弟弟權日身；權哲身仍未接受天主教時，權日身寄信給他勸說「須熟看此書」而「不可隨眾泛斥」，可見左派的自得學風。不過在此更重要的，是權日身認為「誠有至理」的天主教理論，如同「欽崇主宰之說、生覺靈三魂之說、火氣水土四行之說」。其中核心關鍵即是所謂「欽崇主宰之說」，那則是對人格神的恭敬：

> 刑曹啟言：「權日身供：『喜看西洋冊子，故年前禁令前，得見《職方外紀》等書，而間有好處，或有不好處，故以所見（…）大抵其

〔註71〕《推案及鞠案》，〈辛酉邪獄罪人李家煥等推案〉，權哲身供招（1801 年二月十一日）。關於《推案及鞠案》的原文，均引自『추안급국안』정서화 및 DB 기반구축〔《推案及鞠案》的正書化以及其 DB 基礎的建立〕：http://waks.aks.ac.kr/rsh/?rshID=AKS-2012-CAB-1101。

〔註72〕眾所周知，於 1784 年由平信徒自發性建立的朝鮮天主教，陸陸續續遭受政府的迫害。朝鮮天主教歷史上有代表性的迫害有四次，即辛酉迫害（1801）、己亥迫害（1839）、丙午迫害（1846）、丙寅迫害（1866）。其中辛酉迫害（1801）就是在正祖駕崩後即位的純祖（朝鮮第 23 代國王，1790～1834）元年發生，李承薰、丁若鍾，以及權哲身等都此時被死刑。1801 年辛酉迫害之前，正祖在世時所發生的辛亥迫害（1791），就是指尹持忠與權尚然不接受儒家喪禮並燒毀神主的珍山事件。不過嚴格而言，珍山事件不足以說是迫害，因為它算是堅持信仰的個人性義舉，不是有規模並以政府為主導的迫害；儘管如此，以珍山事件預告血腥殘酷迫害的開始，這仍然是事實。朝鮮天主教史上最後一次的教難是丙寅迫害（1866），其規模甚大並產生大量殉道者的最後迫害，至少大約 6000 名以上的人都被處以死刑。

學，以天主為重，而其寅畏謹事之義，暗合於古書昧爽丕顯，嚴恭寅畏之訓，故其時果為看閱。而一自禁條頒示之後，此等書甚稀罕，一切不掛眼。』（…）五供：『渠若真見其為邪學，則豈難言其妖邪乎？其書中昭事天主，感人忠孝等數段嘉言外，他實未見，豈可強言其妖書乎？』六供：『所看冊子，只是《職方外紀》、《天主實義》二冊，而一自設禁後，更不看習。禁書刊行事，則所未見所未聞，可知傳說之虛謊。至於耶蘇為人之邪正，雖不知其書之全體大意，而記得其中，有嚴恭寅畏，奉天主，則無法而自忠於君，不令而自孝於親云者，似不悖於為人之道。此非理外之邪說，則何可斥言其人之為邪乎？』〔註73〕

權日身因在 1791 年發生的珍山事件（辛亥迫害），而被流放途中病死。從當時他對天主教的供詞中可以發現投入天主教信仰的動機，且更仔細提出所謂「欽崇主宰」的意思。權日身的供詞當然要否認他信天主教；儘管如此，他仍然主張他之所以看天主教之書是因為「天主為重，而其寅畏謹事之義，暗合於古書昧爽丕顯，嚴恭寅畏之訓」。此時權日身所提的「古書」是《尚書》，「昧爽丕顯」是來自於《尚書》〈太甲〉。殷湯王之孫太甲，因即位後廢除湯王建立的制度，伊尹對此進諫：「先王昧爽丕顯，坐以待旦。旁求俊彥，啟迪後人。」可見，對左派而言，對天主的恭敬是等同於恭敬《尚書》之上帝。不僅如此，「昭事天主，感人忠孝」以及「有嚴恭寅畏，奉天主，則無法而自忠於君，不令而自孝於親」，這都是左派並沒有任何反感而能夠接受信仰的關鍵。左派認為這些「好處」所包含的共同意義，則是一個絕對者以及從絕對者命令下來的道德實踐。總之，左派對道德實踐已毫無動力的舊思想所表示的反感，經過「自得」精神更強化，並進而將道德實踐作為像聖經那樣絕無誤謬的教義，終於選擇走向宗教信仰之路。

　　丁若鏞將權哲身視為繼承李瀷的繼承者〔註74〕，因此若說他將學術系統

〔註73〕 「○命李承薰削職，權日身減死，圍籬安置。」見《正祖實錄》卷33，〈正祖十五年十一月八日己卯第六記事（1791 年清乾隆五十六年）〉。

〔註74〕 「星湖先生，篤學力行，沿乎洛・閩，溯乎洙・泗，開發聖門之扃奧，披示來學。及其晚慕，得一弟子，曰鹿菴權公。穎慧慈和，才德兩備，先生絕愛之，恃文學如子夏，意布揚如子貢。先生既沒，後生才俊之彥，咸以鹿菴為歸。」見《定本與猶堂全書》3冊，《文集》卷15，〈鹿菴權（哲身）墓誌銘〉，頁 232～233。

上的認同性放在星湖左派也無妨，因為他對舊思想所進行的尖銳批判，甚至達到瓦解性理學體系的地步，這些都表出左派所繼承的自得精神。然而，更嚴格而言，丁若鏞在 1784 年，由於李檗的傳教接受天主教信仰時，所謂星湖左派已變為具有宗教信仰的信西派，這即意味著，比起 1779 年天真庵講學參與之說，在 1784 年以後的一段時間，丁若鏞與天主教建立密切關係，這對丁若鏞本人而言更能夠留下莫大影響：

> 乙巳春承薰與丁若銓、若鏞等，說法枚掌禮院前中人金範禹家，有李檗者，以青巾覆頭、重肩主壁而坐，承薰及若銓、若鏞、若鍾三兄弟，及權日身父子，皆稱弟子，挾冊待坐，藥說法教誨，比之吾儒師弟之禮尤嚴，約日聚會，殆過數朔，士夫、中人會者，數十人。
>
> 秋曹禁吏，疑其會飲賭技，入見則舉皆粉面青巾，舉指駭異，遂捉其耶穌畫像，及書冊物種著于、納于秋曹。〔註75〕

丁若鏞在 1784 年因李檗而接受天主教信仰，而從此到 1791 年之間頗為醉心於天主教〔註 76〕，這時期信西派的聚會明顯有別於天真庵講學會，乙巳秋曹摘發事件是其代表例子。於 1785 年，李承薰、李檗、丁若銓、若鍾、若鏞三兄弟，以及權日身及其子，在漢城（今首爾）明禮洞中人譯官金範禹之家舉行宗教儀式時，刑曹的禁吏〔註 77〕誤會他們是賭博團夥，便闖入聚會場所逮捕所有人，且搜出耶穌像及大量天主教書籍。由引文可知，他們被發現時「舉皆粉面青巾，舉指駭異」，意味著這是完整的宗教儀式，而與一般讀書會已是天差地別，亦即此宗教聚會才是丁若鏞本人所參加的集會：

〔註75〕《闢衛編》卷 2，〈乙巳秋曹摘發事件〉，收入李晚采著，金時俊譯：《闢衛編：韓國天主教迫害史》（首爾：明文堂，1931 年），頁 463。本文以下凡引自《闢衛編》，不再詳註，僅分別標明書名、卷數、標題、頁數，如《闢衛編》卷 2，〈乙巳秋曹摘發事件〉，頁 463。

〔註76〕丁若鏞首次接受天主教信仰的情景，仔細描述於丁若銓的墓誌銘：「甲辰（1784）四月之望，旣祭丘嫂之忌，余兄弟與李德操，同舟順流，舟中聞天地造化之始，形神生死之理，惝怳驚疑，若河漢之無極。入京，又從德操見《實義》、《七克》等數卷，始欣然傾嚮，而此時無廢祭之說。自辛亥冬以後，邦禁益嚴，而畦畛遂別。」見《定本與猶堂全書》3 冊，《文集》卷 15，〈先仲氏墓誌銘〉，頁 247。與此同樣的記錄，也見於丁若鏞自己的墓誌銘：「甲辰夏，從李檗舟下斗尾峽，始聞西教，見一卷書，然專治儒文，習表箋詔制，蒐輯累百卷。」見《定本與猶堂全書》3 冊，《文集》卷 16，〈自撰墓誌銘（集中本）〉，頁 253。；「旣上庠，從李檗游，聞西教見西書。丁未（1787）以後四五年，頗傾心焉。辛亥（1791）以來，邦禁嚴，遂絕意。」見同上，〈自撰墓誌銘（壙中本）〉，頁 250。

〔註77〕管制都城內非法行為的司憲府下級官吏。

丁未冬李承薰、丁若鏞等，托做儷文，會于泮人金石太家講習邪書，
誘入年少輩說法。李基慶往見其所作儷文，率皆潦草，未有完篇，
怪問曰：「君輩科業，自來精工，令如是草率忙何也？得無為他事耶？」
舉皆色沮漫漶。〔註78〕

信西派在 1785 年的聚會以及丁若鏞的參與，皆非一次性，甚至說丁若鏞是一個主導者也不為過。於 1787 年十月，李承薰與丁若鏞被發現在泮村（現首爾惠化洞）閱讀研究天主教書籍，因為原來與李氏、丁氏親近的李基慶（號瘠菴，1756～1819）匿名投書，檢舉二人，這即是丁未泮會事件。當時朝廷都沒有處罰，不過從此開始李基慶與丁若鏞之輩反目，影響到 1791 年珍山事件。並且，從丁若鏞與李基慶之間來往的書信來看當時情況〔註79〕，兩者都明確地意識當時對天主教的探求已帶有相當濃厚的宗教色彩，而不是像 1779 年星湖左派那樣學術研究為目的的讀書會。

由此可見，丁若鏞投入天主教信仰的 1784 年開始，到因祭祀問題而離開天主教的 1791 年之間的，信仰生活做得相當透徹；而更進一步說，此六、七年的時間與信西派的發展與消失的時期也是一致的。即是說，在 1779 年還以除朱子學之外其他學術思想之一看待天主教的星湖左派，到了 1783～84 年左派內不少學者因李檗的傳教已投入天主教信仰，其宗教彩色也比 1779 年前後更濃厚而足以信西派為起名。然而，到了 1790 年北京教區長禁止朝鮮教區的

〔註78〕《闢衛編》卷 2，〈丁未泮會事件〉，頁 461。
〔註79〕發生丁未泮會事件之後，丁若鏞寫信指責李基慶的揭露：「近日事，尚竊無訛，一則弟（丁若鏞）罪，二則兄（李基慶）過，弟之不遵密戒，錯信人誤處事，知罪知罪。兄之不竢終日，錯認人，遽庭義理，不嫌無過。」見《闢衛編》卷 2，〈進士丁若鏞與李基慶書〉。對此李基慶回覆，強調自己沒說過丁未泮會事，只是不知不覺說出幾句而更未提人名：「弟（李基慶）之前後向兄輩（丁若鏞等），說道於他人者，弟當一一陳之，無有毫絲隱藏。兄若以此事怒弟，則弟當甘受；若於此說之外，更有所聞，則兄須更質於弟，以歸十分至當之地。馬弟之言曰：丁某李某，昨冬在半，名做功令，實為他事，非吾之所心服也。又曰：丁某始以好奇之習，或披閱其書，而近則脫灑，故吾之交情，與前如一。（…）弟之所言，不過如斯，而本無指的姓名，曰某也為此學，某也為此術之說。」李基慶接著批評丁若鏞隱藏並擁護天主教的態度：「兄若曰此學真簡好道理，則固當布之於稠人之中，自處於十目之視使一世之人，皆知某也為某學，其禍不過一丈通文一番鳴鼓而已，通文鳴鼓有何損？（…）弟之與兄，論此事者（天主教），非一非再，當初之似疑似信，弟何異於兄？及其略見源流，徐究歸趣，則其妖邪誕妄，昭不可掩，兄何以謂弟不知而徒費辭說耶？」見《闢衛編》卷 2，〈李進士答書〉，頁 460。

祭祀〔註80〕，接著 1791 年天主教徒尹持忠因焚毀母親之神主而處以死刑（珍山事件）。經過這兩年，以星湖左派為原型而 1784 年以後發展的信西派，實際上分化為兩群人：一群是因祭祀問題而拋棄或至少保持距離天主教信仰的人，即是包括丁若鏞在內的一些士大夫；另一群是不顧一切而全然地投入天主教信仰的人，則是李承薰與權日身（權哲身之弟弟）、丁若鍾（丁若鏞的三哥）。〔註81〕

〔註80〕 "Entre autres doutes et questions que l'Eglise naissante de Corée m'avoit proposés en 1790, on m'avoit demandé s'il étoit permis d'eriger les ta- blettes des ancelres ou de conserver celles qui l'etoient déj à. Je répondis, conformement aux décisions tres formelles du St. Siége dans la Bulle de Be- noit XIV. ex quo, et dans celle de Clement XI. ex illá dic, que cela n'étoit point permis. Cette réponse fut une pierre de scandale pour plusieurs nobles Coréens." 參見 Mgr Alexandre de Gouvéa：《Relation de l' établissement du christianisme dans le royaume de Corée》（de l' imprimerie de Ph. Le Boussonnier：1800），頁 12。在北京教區長湯士選神父的書信中的引文是從拉丁文翻成法文，筆者所參考的英文翻譯文是如下：
"Among other doubts and questions that the Church of Korea had submitted to me in 1790, I had been asked if it was permitted to erect ancestral tablets or to preserve those that already existed. I replied, following the very formal decisions of the Holy See in the Bull of Benedict XIV ex quo and that of Clement IX ex illa die that it was not permitted. That reply was a stumbling-block for several noble Koreans." 收入安善材（Brother Anthony of Taizé）and Robert Neff：《Brief Encounters：Early Reports of Korea by Westerners》, Irvine: Seoul Selection, 2016 年。

〔註81〕 正祖駕崩半年後的 1801 年正月，這兩群人因辛酉迫害而遭遇災禍，幾乎都是處以死刑或被流放，大約三百人以上都處以死刑。蒙難的主要對象是南人系列的士大夫，以此為契機南人已是支離破碎，完全沒落了。1795 年派到朝鮮的中國神父周文謨也這時候殉了教。丁若鏞也不例外，從此開始他十八年的流放生活。因為辛酉迫害被認為是朝鮮朝廷全面鎮壓天主教的最初大規模事件，因此通常將受害者都視為天主教徒。然而，丁若鏞對如上從 1790 年到 1801 年之間信西派所分歧的兩群人做了明確的區分。丁若鏞認為，1801 年辛酉迫害（辛酉邪獄）並不是「教難」，而是西人老論為了除掉政敵南人而圖謀的「士禍」，其目標對象是丁若鏞撰述墓志銘的六人，即是丁若鏞本人與李基讓、李家煥、權哲身、吳錫忠，以及丁若鏞的二哥丁若銓。這些人群，都是原本與天主教保持距離或無關的（李基讓、吳錫忠），或者是 1790 年天主教正式禁止祭祀之後離開天主教信仰的（李家煥、權哲身、丁若銓、丁若鏞），丁若鏞說：「辛酉二月初九，大獄起，錦翁一隊已在囚，而十二日公猶為承旨。至十六日，睦萬中等，嗾發玉堂之疏以誣公，憲府踵而發啟，遂逮公下獄，而物論猶復冤之。（…）公平生不見西人書一字，而乃以婚姻之故，陷害如此，此己丑·庚申之所未有也。（…）嗚呼！鄭汝立未嘗非逆賊，而人稱己丑之冤者，為崔永慶·鄭彥信等，多非其罪也。許堅未嘗非逆賊，而人稱庚申之冤者，為李元禎·柳赫然等，多非其罪也。然則雖逆賊雜治之獄，其冤者，士禍也。」見《定本與

至今對丁若鏞研究的問題設定而言，不難發現以丁若鏞與天主教之關係為一種附帶問題的傾向。再加上，因所謂「士大夫自願接受外來宗教」的特殊情況，而使星湖左派與信西派之間的界限分不清楚，如此情況令人默許星湖左派與天主教之間似乎存在思想史的連續性；丁若鏞又基本上是屬於南人，如此種種原因都凸顯出身為星湖左派士大夫的丁若鏞，而至於天主教問題，幾乎認為只是私生活的一部分。如此觀點之所以可能需要再考慮，是因為這使人以為，丁若鏞建立哲學體系時他對儒家與天主教之間做出取捨，似乎是為了一種「補儒」。

筆者所具有的看法於此正好相反。我們要注意，丁若鏞批判「理」，並不等於他批判一個哲學系統對本體之需求；而他之所以批判「理」是因為「理」擔當不起所謂本體的角色，因此將人格化的「上帝」放在原來「理」所代表的本體之位。換言之，丁若鏞瓦解了朱熹之「理」但並未否定本體的存在；而從本體論的觀點來看，丁若鏞以人格神取代了「理」，這即意味著整個哲學體系的方向轉換，就此而言，丁若鏞哲學體系更接近於以有神論為前提而關注道德實踐的神學之意。可見，丁若鏞哲學思想中可發現的天主教思想成分，不是單純的補儒，亦不是兩個不同思想成分並立而存。另外，如前所述，星湖左派之所以變為信西派，不是因為在思想觀點上的連續性，或左派特別關注天主教的研究，而是因為他們以「自得」為代表的學術風格以及李檗的個人傳教行為；其時間點也頗為明確，可以說信西派是從 1784 年開始的。如此情況底下，丁若鏞雖然自稱為私淑星湖李瀷〔註 82〕，但從建立自己的思想體

猶堂全書》3 冊，《文集》卷 15，〈茯菴李（基讓）墓誌銘〉，頁 225。與此相反，丁若鏞從 1784 年到 1790 年前後投身於天主教信仰時與李檗、李承薰關係密切，但丁若鏞都沒留下他們的行狀或墓志銘；並且，身為丁氏家門四兄弟之幼子的丁若鏞，都撰述了長子若鉉（〈先伯氏進士公墓誌銘〉）、次子若銓的墓志銘（〈先仲氏墓誌銘〉），唯獨關於三哥若鍾反而沒有留下任何記錄，可見丁若鏞與在1790～91 年後為了堅持宗教信仰而拋棄儒家祭祀的人群劃清界限。1791 年後丁若鏞雖然拋棄天主教信仰，但在 1795 年因受周文謨神父偷渡事件一案牽連，被貶為金井察訪使，當時他甚至在金井逮捕並揭發在地下隱藏的天主教徒：「鏞入冬來，苦饒疾病，又無以登山臨水詠詩讀書，良負初意也。牖戟之政，默察事情，視庚戌・辛亥間，殆十去八九。其或一二迷不知反者，又隱匿出沒，無以執，頃與巡使議譏得之飭，無得輕釋耳。」見《定本與猶堂全書》4 冊，《文集》卷 18，〈上樊巖蔡相公濟恭書（乙卯冬，在金井）〉，頁 45。

〔註 82〕「十五（1776）娶豐山洪氏，武承旨和輔女也。既娶游京師，則聞星湖李先生瀷學行醇篤，從李家煥、李承薰等得見其遺書，自此留心經籍。」見《定本與猶堂全書》3 冊，《文集》卷 16，〈自撰墓誌銘（壙中本）〉，頁 250。

系之角度來看，他是因李檗的傳教而進入信西派的第一代天主教徒，這才是更正確的說法。〔註83〕

〔註83〕具體而言，丁若鏞最初看星湖之著作是 1777 年，當時後學都效法星湖學，因而丁若鏞也跟隨此學問趨向。並且丁若鏞將權哲身視為星湖學統的繼承人，頻繁交流的師友都是權哲身門下，丁若鏞的學問背景基本上是屬於星湖學派。不過嚴格而言，丁若鏞雖然將學問的宗旨放在星湖李瀷，但仍難以說他是個星湖學的正統繼承者。1777 年秋天丁若鏞隨著父親到全羅南道和順之後，在 1782 年在首爾倉洞置辦房子之前，其居住仍未穩定，不是一直住在首爾並讀星湖之遺稿。加上他在這時間所學習的幾乎是為準備科舉，在 1783 年二月丁若鏞考中科舉且入成均館。由此可推測，丁若鏞在弱冠之前認識星湖學，那是他的二哥丁若銓以及當時流行的學術潮流之影響比較多；相較於此，他入成均館之後 1783 年左右與李檗開始交流，從此認識天主教理論以及接受信仰，這才是他二十歲之後首次專心投入的學問。就此而言，丁若鏞與星湖左派在思想史上的連續性也仍存在著需要再考察的空間，例如丁若鏞對四七說也不會跟隨當時南人重視李滉的看法，而單獨主張李珥的「四包七」，在《俟菴先生年譜》中可見：「公在太學時，御製《中庸》條問八十餘條，首論四七理氣之辨，問退溪、栗谷所論之異。東齋諸生並以退溪四端理發之說為正，公以栗谷氣發之說直捷無滯，遂主其說。書既進而言大起。後數日，上謂都承旨金尚集曰：其所陳講義，能擺脫流俗，唯心是揆，不唯見解明的，其公心可貴。當以此卷為首大加稱賞。自茲以後，凡太學課試，輒蒙批拔，此公見知正廟之始也。先是上撰四七續編專主栗谷之說，然此時實未嘗知有是撰也。」見丁奎英著：《俟菴先生年譜》，1921 年。（原文均引自：「首爾大學奎章閣韓國學研究院」http://kyujanggak.snu.ac.kr/home/index.do?idx=06&siteCd=KYU&topMenuId=206&targetId=379）由此可見，以往丁若鏞研究中，通常將丁若鏞視為星湖學派所屬的觀點，也許需要再考察。

第五章　丁若鏞「道心人心論」的含義及其工夫論

第一節　丁若鏞對「理氣」的批判

一、「依附之品」之「理」

　　眾所周知，儒家的宇宙論是陰陽五行之氣的運動，如同朱熹說：「天以陰陽五行化生萬物，氣以成形，而理亦賦焉，猶命令也。」〔註1〕可見，天地造化即是「氣」的作用；換言之，所謂宇宙的生成，是源於由「氣」的運動而衍生的一種產物。當然，從宋明儒學的觀點來看，比陰陽五行之氣的運動而發生的天地造化更重要的是其「所以然」，因此朱熹說：「以至於天地間造化，固是陽長則生，陰消則死，然其所以然者是如何？又如天下萬事，一事各有一理，須是一一理會教徹。」〔註2〕雖然在宇宙論上沒有先後順序而並存，但若從本體論來說則是「理先後氣」〔註3〕。總之，「理」與「氣」都是形成本體論及宇宙論的一雙核心概念。

　　然而如前所述，丁若鏞將人格化〔註4〕的上帝當作其哲學體系的本體，這

〔註1〕《中庸章句》，頁17。
〔註2〕《朱子語類》，第1冊，卷18，〈大學五‧或問下〉，頁414。
〔註3〕劉述先：《朱子哲學思想的發展與完成》（臺北：臺灣學生書局，1995年），頁274。
〔註4〕討論上帝概念時所提出的「人格性」，需要區分為包含經驗性的人格化與單純擬人化。對包含經驗性的人格化而言，「知覺」是不可缺的概念：「說上帝是人格化的，起碼是說如下這些事：上帝有知識與意識；上帝有行動；在其所作的

即意味著以往在宋明儒學中理本體所擔當的宇宙萬物的生成原理與普遍絕對善，都必須要歸屬於上帝（神）。正因如此，以往直接牽涉到宇宙萬物的發生原理及其作用的「理」與「氣」，進入丁若鏞哲學系統時必須要再安排價值上的等級順序：

> 盖氣是自有之物，理是依附之品，而依附者必依於自有者，故緣有氣發，便有是理。然則謂之「氣發而理乘之」可，謂之「理發而氣隨之」不可。何者？理非自植者，故無先發之道也。未發之前，雖先有理，方其發也，氣必先之。〔註5〕

丁若鏞在 1783 年考上成均館生員試，次年 1784 年開始天主教信仰生活，此時正祖提出關於《中庸》的七十條問題，下令成均館儒生回答。因此丁若鏞與李檗一起討論並寫了一篇《中庸講義》，從獻上之後到 1814 年，丁若鏞單獨進行不少修改，名為《中庸講義補》〔註6〕。朝鮮儒學與黨爭有密切關係是人人皆知，這樣的情況下，無論是個人意見如何，僅是針對其學派系統而言，南人基本上是支持四端不同於七情而接受「理發氣隨」。然而，以上《中庸講義補》的引文中可發現丁若鏞卻贊同「氣發理乘」，這即意味著他否定「理發」之可能，因為其所謂「理」是「依附之品」，既然是「依附」就需要可以依靠的「自有者」，而能夠獨立存在的「自有者」，那就是「氣」。

行動上，上帝是自由的；並且上帝能都進入與人的關係之中，而不是只停留在自身。這些要求似乎是最低限度的，因為缺乏它們中的任何一個，上帝都似乎不是完全人格化的；另一方面，如果上帝符合上述要求，那麼，即使上帝在很多方面都與我們所知道的人有很大差異，他也可能被稱為是人格化的。以一神論觀之，顯然，人個性、位格性應該被認為是上帝的一個卓越之處。許多我們知道的好事物，諸如愛、智慧、創造性、道德的善，都是人所獨具的屬性，如果上帝不是人格化的，那麼，他就不能擁有它們中的任何一個。對於許多一神論者而言，極其重要的一點是，敬拜和宗教生活通常都是被與上帝具有一種人格化的關係來理解的；因此，如果上帝不是人格化的，宗教生活的所有設想都將崩潰。」參見麥克·彼得森（Michael Peterson）外，孫毅游譯：《理性與宗教信念：宗教哲學導論》第三版（北京：中國人民大學出版社，2005 年），頁 83。

〔註5〕《定本與猶堂全書》6 冊，《中庸講義補》，〈朱子序〉，頁 396。

〔註6〕「乾隆癸卯春，余以經義升太學。厥明年甲辰夏，（余年二十三）內降《中庸》疑問七十條，令太學生條對。時亡友曠菴李檗在水橋讀書，（時年三十一）就問其所以對，曠菴樂之為談討。相與草創，歸而視之，間有理活而詞窒者，以意刪潤，遂微審覽。（…）時余在茶山，著《中庸自箴》二卷。始取甲辰舊稿，再加刪潤，其或有違於本旨者，追改之。其或聖問之所不及，而義有當辨者，按節增補，共六卷。」見《定本與猶堂全書》6 冊，《中庸講義補》，〈序〉，頁282。

　　丁若鏞以「依賴之品」與「自有者」來再界定理氣概念的含義，是來自於利瑪竇的《天主實義》：

> 夫物之宗品有二：有自立者，有依賴者。物之不恃別體以為物，而自能成立，如天地、鬼神、人、鳥獸、草木、金石、四行等是也，斯屬自立之品者；物之不能立，而托他體以為其物，如五常、五色、五音、五味、七情等是也，斯屬依賴之品者。且以白馬觀之：曰白，曰馬，馬乃自立者，白乃依賴者。雖無其白，猶有其馬；如無其馬，必無其白，故以為依賴也。比斯兩品：凡自立者，先也、貴也；依賴者，後也、賤也。一物之體，惟有自立一類；若其依賴之類，不可勝窮。如人一身固為自立，其間情、聲、貌、色、彝倫等類俱為依賴，其類甚多。〔註7〕

利瑪竇主張，萬物可分為兩種，一種是「自立者」，另外種是有「依賴者」。「自立者」是天地鬼神、禽獸草木、火水氣土四行等個別自然物；「依賴者」是指因無法獨立存在而務必要依靠「自立者」，例如「五常、五色、五音、五味、七情」。以所謂的「獨立存在」為標準，因此「自立者」先於「依賴者」。在此利瑪竇說明的「自立者」與「依賴者」是基於亞里斯多德在《範疇論》所提的存有者之分類〔註8〕，也見於多瑪斯阿奎那（St. Thomas Aquinas，1225～1274）的著作《神學大全》中對「天主肉是否有依附體」的討論〔註9〕。

〔註7〕利瑪竇，梅謙立注，譚傑校勘：《天主實義今注》（北京：商務印書館，2014年），〈首篇：論天主始制天地萬物而主宰安養之〉，頁95。本文以下凡引自《天主實義今注》，不再詳註，僅分別標明書名、標題、頁數，如《天主實義今注》，〈首篇　論天主始制天地萬物而主宰安養之〉，頁95。

〔註8〕有關《天主實義》中「自立者」與「依賴者」概念之意，林月惠指出：「利瑪竇對於『太極』的理解，是以亞里斯多德對存有者（beings，物）的分類來理解的。根據亞氏的《範疇論》，存有者可分為「自立體」（substance）與「依賴體」（accident）兩大類。此分類若從邏輯上看，是主詞與謂詞的關係；若就形上學而言，則是「實體」（substance）與「附質」（accident）的關係。從利瑪竇的論述來看，他採取的是形上學的角度。他依據亞氏之說，指出「自立體」是不依賴他物而能自立之物（物之不恃別體以為物），如天地，鬼神，人動植物等；「依賴體」是指必須依賴他物才能存在（託他體以為其物），如五常，五色等。」參見氏著：〈太極與萬物一體：利瑪竇對宋明理學的詮釋與批判〉，收入《東亞哲學的終極真理》（臺北：中央研究院中國文哲研究所，2017年），頁184。

〔註9〕「第三，因為凡是本然而存在者或屬於本質者（est perse），先於那偶然而存在者或屬於依附體者（est peraccidens）。天主既然是絕對的第一個或最先的存在

具體而言，針對非信徒對諸如天主的懷疑—天主是物體、天主是與一般物體同樣形象與質料合而形成、天主與本質不是同一等，阿奎那對這些懷疑主張天主不是物體，就是「天主的單純性」。此時所謂「單純性」是指單一性，即意味著天主是唯一的必然存在〔註10〕，因此天主內無法存在可生滅並偶然的「依附體者」。

問題是從利瑪竇將「依賴者」（依附體者）視為「理」開始：

> 且其初無一物之先，渠言必有『理』存焉？夫『理』在何處？依屬何物乎？依賴之情不能自立，故無自立者以為之托，則依賴者了無矣。如曰賴空虛耳，恐空虛非足賴者，理將不免於僵墮也。試問：盤古之前，既有理在，何故閒空不動而生物乎？其後誰從激之使動？

者（第二題第三節），在祂內不可能有什麼屬於依附體者。即使本然的或由本質引伸出來的依附體，如笑的能力或能笑是人的本然的依附體，也不可能出現在天主內。因為這樣的必然的依附體是由主體之構成原單素（principiap）所形成的；而在天主內，卻不可能有什麼是被形成的，因為祂是第一原因。所以，不得不結論說，在天主內絕無依附體。」見多瑪斯阿奎那著，高旭東、陳家華譯：《神學大全》（SUMMA THEOLOGIAE）（臺南：中華道明會、碧岳學社聯合出版，2008 年），第 1 冊：論天主一體三位，第 1 集：第一題至第四十三題，〈第六節在天主肉是否有依附體〉、〈第三題論天主的單純性〉，頁 45。本文以下凡引收入《神學大全》，不再詳註，僅分別標明書名、輯數、卷數、標題、頁數，如《神學大全》第 1 集第 1 冊，〈第三題論天主的單純性〉、〈第六節在天主肉是否有依附體〉，頁 45。

〔註10〕這即是阿奎那的五路論證(Five ways)第三題(the argument from contingency)：「『第三路』是由可能存在物和必然存在物為出發點的，它的進行是這樣的：我們發現在萬物中有些是有可能存在，也有可能不存在；因為我們發現有些東西有生有滅，可見這些東西有可能存在也有可能不存在。凡是這樣的東西就不可能常常存在，因為有可能不存在的東西，就有一個時期不存在。因此，如果所有的東西都有可能不存在的話，那麼就有一個時期什麼東西都不存在。如果真是這樣的話，那麼，連現在就也沒有什麼東西存在了；因為不存在的東西，必須借助於已經存在的東西，才能開始存在。如果從未有過東西存在，那麼就不會有東西開始存在，而且現在也不會有東西存在；但這顯然不是真的。所以，不是所有的物都是可能存在的物，在萬物中應該有一個必然存在的物；而凡是必然存在物，其（存在）必然性之原因，或者是來自別處，或者不是來自別處(而在於自己)。但這些其存在必然性另有原因的必然存在物，不可能無限地推延下去，就像在成因方面一樣，如同前面已證明了的。所以，應該承認有一物，他本身就是必然存在的物，其存在必然性之原因不是來自別處，而且他是其他物之存在必然性的原因，大家都稱說這一物就是天主。」見《神學大全》第 1 集第 1 冊，〈第二題論天主——天主是否存在〉、〈第三節天主是否存在〉，頁 29。

況理本無動靜，況自動乎？如曰昔不生物，後乃願生物，則理豈有
意乎？何以有欲生物，有欲不生物乎？〔註11〕

從阿奎那的本質者（est perse）與依附體者（est per accidens）的範疇來看，
若「理」是本質者，「理」則可以不依靠並獨立存在。但對利瑪竇而言，他
所聽到的「理在人心」、「理在事物」，讓利瑪竇以為「理」總是依靠人心與
事物；換言之，若無法發現單獨存在的「理」，一定是透過人心與事物才能
夠看到「理」，這即是利瑪竇所理解的「格物」。利瑪竇基於這樣的思路，對
他而言「理」（「太極」）是依附體者，而不是本質者。利瑪竇對「理」（「太
極」）的理解當然有問題〔註12〕，並且無論「理」是本質者還是依附體者，
原來阿奎那神學所提出的本質者與依附體者也不能直接置換。即是說，在中
國哲學傳統上，「理氣」是不離不雜關係的一種成對概念，因此若「理」是
依附體者，就很容易誤解為「氣」等同於本質者。然而，若要說本質者，必
須是自己成為自己原因、自己做自己作用，對利瑪竇與丁若鏞而言，當然「氣」
不是如此〔註13〕。

丁若鏞與利瑪竇都同樣以「理」為依賴者（依附體者）而進行批評，此
時除了詞語的類似性之外，還要值得注意的是兩者之所以批判「理」的原因
何在，其原因之一即是「理」沒有動力。因為「理非自植者，故無先發之道」，
所以丁若鏞支持「氣發理乘」；同樣地，因為「理本無動靜」，所以利瑪竇主
張「理」（「太極」）是依賴者。除此之外，兩者還有批判「理」的共同原因為
「理」沒有「知覺」，亦即是「理」無動力的理由：

〔註11〕《天主實義今注》，〈首篇 論天主始制天地萬物而主宰安養之〉，頁95～96。
〔註12〕關於這一點，林月惠指出利瑪竇所使用的「自立者」與「依賴者」的哲學模
　　　　式太簡化：「然而，即使就亞里斯德與多瑪斯有關『自立體』與『依賴體』的
　　　　哲學討論來看，利瑪竇也不免過於簡化。因為就自立體的區分而言，有第一
　　　　自立體與第二自立體之區分，前者指實際上個別之物，如個別具體之『人』（李
　　　　白）；後者指普遍之物，如普遍之『人』，也有所謂物質自立體與精神自立體
　　　　之別，前者如動物的魂，隨物質之生滅而生滅；後者如人之靈魂，其存在與
　　　　行動，都不需仰賴物質，一旦脫離物質，仍然可以繼續生存。如此一來，在
　　　　利瑪竇的論證中，天主（上帝）既然可以視為最高的精神自立體，為何朱子
　　　　的『太極』，作為存在之理的本體，不能視之為最高的精神自立體？當然，在
　　　　利瑪竇的思維裡，天主是造物主，人與萬物是受造物，而朱子的太極之『理』，
　　　　不具有形而上的理論位階，也非受造物，只是受造物的依賴體而已。就此而
　　　　言，利瑪竇的形上思維，難免有其來自士林哲學的侷限。」參見氏著：〈太極
　　　　與萬物一體：利瑪竇對宋明理學的詮釋與批判〉，頁184。
〔註13〕詳細內容參本章本節之二。

試問於子：陰陽五行之理，一動一靜之際，輒能生陰陽五行；則今有車理，豈不動而生一乘車乎？（…）又問：理者靈、覺否？明義者否？如靈、覺明義，則屬鬼神之類，曷謂之太極，謂之理也？如否，則上帝、鬼神、夫人之靈覺由誰得之乎？彼理者以己之所無，不得施之於物以為之有也；理無靈無覺，則不能生靈生覺。請子察乾坤之內，惟是靈者生靈，覺者生覺耳。自靈覺而出不靈覺者，則有之矣；未聞有自不靈覺而生有靈覺者也。子固不逾母也。〔註14〕

天主性雖未嘗截然有萬物之情，而以其精德包萬般之理，含眾物之性，其能無所不備也；雖則無形無聲，何難化萬象哉？理也者，則大異焉。是乃依賴之類，自不能立，何能包含靈覺為自立之類乎？理卑於人，理為物，而非物為理也，故仲尼曰：「人能弘道，非道弘人也。」如爾曰：「理含萬物之靈，化生萬物」，此乃天主也。何獨謂之「理」，謂之「太極」哉？〔註15〕

利瑪竇認為，「理」沒有「靈、覺」，既然沒有「靈、覺」，就無法「明義」。此時利瑪竇所提的「靈」與「覺」，是指包括感官知覺（「覺」）在內而可以「推論明辨」的「靈」，亦即是魂三品之說中的「靈魂」〔註16〕，又是利瑪竇在《天主實義》開頭比天主先提出的「靈才」〔註17〕，這都表示「靈、覺」是只有人才可以具有的理性思維能力。從利瑪竇這樣的批評，足以知道「理」與「氣」都不是自立者，因為具有「靈、覺」才可以成為自立者，而成為自立者才可以化生萬物。由此可見，利瑪竇所主張的自立者，亦是阿奎那所主張的本質者，唯是具有「靈、覺」的「天主」而已，這即是丁若鏞將「理」批評為無靈之物的原因所在。與利瑪竇一般，丁若鏞也認為若稱之為「本體」則理應要具備理性思維能力：

〔註14〕《天主實義今注》，〈首篇 論天主始制天地萬物而主宰安養之〉，頁97。

〔註15〕《天主實義今注》，〈首篇 論天主始制天地萬物而主宰安養之〉，頁98～99。

〔註16〕「彼世界之魂有三品：（…）上品名曰靈魂，即人魂也。此兼生魂，覺魂，能扶人長養及使人知覺物情，而又使之能推論事物，明辨理義。」見《天主實義今注》，〈第三篇 論人魂不滅大異禽獸〉，頁109。

〔註17〕「凡人之所以異於禽獸，無大乎靈才也。靈才者，能辯是非，別真偽，而難欺之以理之所無。」見《天主實義今注》，〈首篇 論天主始制天地萬物而主宰安養之〉，頁79。

鼓萬物。○韓云：「聖人雖體道以為用，不能全無以為體，故順通天下，則有經營之跡也。」○孔云：「道則心跡俱無，是其全無以為體。聖人則跡有而心無。」論曰：道是何物？是有靈知者乎？並與靈知而無之者乎？既云「心跡俱無」，則是無靈知，亦無造化之跡。究竟，道是何物？《書》曰：「非天不中，惟人在命」，此知本之說也。今指無為道，戴之於聖人之上，非異教乎？〔註18〕

從以上引文我們可發現，丁若鏞之所以反對韓伯（字康伯，332～380）與孔穎達（字衝遠，574～648）在解釋「鼓萬物」時以「道」為本體的看法，是因為韓、孔他們所認為的「道」是以「無」為體。丁若鏞認為，若作為本體的「道」是「無」，這即意味著沒有所謂的「靈知」；既然說「道」沒有「靈知」，就根本沒有能夠「鼓萬物」的可能性，因此無論是「道」還是「無」，都是無法成為本體的。在此暫且不論丁若鏞對道家思想的理解是否恰當，本文所關注的論點就是丁若鏞心目中如何理解「本體」觀念。丁若鏞對某一個概念在判斷可否將此當作本體時，「這個概念是否具有靈知」是一個絕對判準。並且，在所謂的「靈知」與「心」之間存在著密切關係，因為若沒有「心」，就沒有「靈知」。即丁若鏞認為有了這個「靈知」，所謂的「本體」才可以對天地萬物發揮主宰性，因此若無法保證「靈知」的存在，則不可能發生以「鼓萬物」為代表的「造化之跡」。可見，來自於「心」的「靈知」以及由「靈知」來主宰萬物，是丁若鏞認為成為本體的必要條件：

後世之學，都把天地萬物無形者、有形者、靈明者、頑蠢者，並歸之於一理，無復大小主客，所謂「始於一理，中散為萬殊，末復合於一理」也。（…）束萬殊而歸一，復成混沌，則凡天下之事，不可思議，不可分別。惟有棲心冥漠，寂然不動，為無上妙法而已，斯豈洙、泗之舊觀哉？夫理者何物？理無愛憎，理無喜怒，空空漠漠，無名無體，而謂吾人稟於此而受性，亦難乎其為道矣。〔註19〕

丁若鏞反對將「心」、「性」、「天」混為「一理」的看法〔註20〕，因為若對「心」、「性」、「天」之間沒有做區分，就難以掌握在現實世界所需要做的工夫，因

〔註18〕《定本與猶堂全書》17冊，《易學緒言》卷2，〈韓康伯玄談考〉，頁108。
〔註19〕《定本與猶堂全書》7冊，《孟子要義》卷2，〈盡心〉，頁227～228。
〔註20〕「伯溫又問：『孟子言心、性、天，只是一理否？』曰：『然。自理言之謂之天，自稟受言之謂之性，自存諸人言之謂之心。』」見《河南程氏遺書》卷22上，《二程集》上冊，頁296～297。

此會導致「惟有棲心冥漠，寂然不動，為無上妙法而已」的狀態。丁若鏞這樣的批判，乍看似乎他僅僅是強調每個不同概念之間的差別及其界說是不能模糊而已；然而，丁若鏞在此所蘊含的問題意識，實際上是針對著「理」而起的。具體而言，丁若鏞根本不認為「理」是比「心」、「性」、「天」更高一層的價值概念，這樣的理解下的「理」當然不可能成為統合「心」、「性」、「天」的本體。對丁若鏞而言，程朱所主張的「理」之所以無法成為唯一的價值本體，是因為「理無愛憎，理無喜怒，空空漠漠，無名無體」。即他認為，所謂「本體」既然是道德的存在及其實踐的永恒普遍根據，作為本體的「理」就不能「無情意，無計度，無造作」〔註21〕，因為作為道德行為之根據的本體，必須要具有作為必然存在的實際特徵，例如有情意、有計度、有造作的「靈知」。

從以上丁若鏞所理解的本體觀念來看，不僅是「道」或「理」，「太虛」也不足以成為本體；甚至「天」也是不能直接等同於本體：

> 天之主宰，為上帝。其謂之天者，猶國君之稱國，不敢斥言之意也。彼蒼蒼有形之天，在吾人不過為屋宇帡幪，其品級不過與土地水火平為一等，豈吾人性道之本乎？〈太極圖〉上一圓圈，不見六經。是有靈之物乎，抑無知之物乎？ 將空空蕩蕩，不可思議乎？凡天下無靈之物，不能為主宰。故一家之長，昏愚 不慧，則家中萬事不理，一縣之長，昏愚不慧，則縣中萬事不理。況以空蕩蕩之太虛一理，為天地萬物主宰根本，天地間事，其有濟乎？〔註22〕

張載曾經將「太虛」界定為「天」〔註23〕，對此丁若鏞指責說，張載所謂的「天」只是與自然界一般的「蒼蒼有形之天」而已；「太虛」也不例外，丁若鏞稱之為「以空蕩蕩之太虛一理」，這也同樣是「無知之物」。在以上引文中，丁若鏞明顯地提出自己所理解的本體是如何：「凡天下無靈之物，不能為主宰。」從此可見，「蒼蒼有形之天」或「太虛」都不是「有靈之物」，這

〔註21〕 「或問『先有理後有氣之說』。曰：『不消如此說。而今知得他合下是先有理，後有氣邪；後有理，先有氣邪？皆不可得而推究。然以意度之，則疑此氣是依傍這理行。及此氣之聚，則理亦在焉。蓋氣則能凝結造作，理卻無情意，無計度，無造作。』」見《朱子語類》，第1冊，卷1，〈理氣上〉，頁3。

〔註22〕 《定本與猶堂全書》7冊，《孟子要義》卷2，〈盡心〉，頁228。

〔註23〕 「由太虛，有天之名；由氣化，有道之名；合虛與氣，有性之名；合性與知覺，有心之名。」見《張載集》，《正蒙》，〈太和〉，頁9。

就是包括「道」與「理」在內，程朱學的本體論諸般概念都無法成為「天地萬物主宰根本」的原因所在。丁若鏞認為，若針對某種概念指稱像「天地萬物主宰根本」那樣的終極超越的本體，理應是能夠自行裁度並發揮主宰天地萬物；不僅如此，作為道德實踐之根據的本體，也必須由「靈知」來影響現實世界人類所實踐的道德行為，這樣才可以「天地間事，其有濟」。

二、「自有之物」之「氣」

如前所說，利瑪竇與丁若鏞在自立者與依賴者關系上，都以人的知覺（靈知、靈明）為判準而將「理」視為依賴者。具體而言，丁若鏞在瓦解朱熹的理氣論時所展開的第一攻擊是對「理」的批判，即「理」為依附之品，「氣」為自有之物，而在這樣的看法上「理」變成「氣」的一種附屬性質。然而，丁若鏞對「理」所進行這樣的批判，並不能直接連接到「氣」是自立者的結論。就是說，丁若鏞透過「理」與「氣」的對比而提出「氣是自有之物」，這是說明有「體質」之「氣」才可以發動，並引起萬物的產生及其變化，如同他說「雖先有理，方其發也，氣必先之」。換言之，在此所謂「自有之物」的意義，其重點在於「氣」是有形的、有體質的，而不意味著丁若鏞將「氣」視為本體並認為能夠產生萬物之根源〔註24〕：

> 鏞曰：「退溪・栗谷以後，四七已成大訟。固非後生末學所敢容喙，然嘗取兩家文字，反復參驗，則其云『理』字、『氣』字，字形雖同，字義判異。蓋退溪所論理氣，專就吾人性情上立說，理者，道心也，天理分上也，性靈邊的也，氣者，人心也，人慾分上也，血氣邊的也。故曰：『四端理發而氣隨，七情氣發而理乘。』蓋心之所發，有從天理性靈邊來者，此本然之性有感也，有從人慾血氣邊來者，此

〔註24〕因為丁若鏞將理氣區分為依附之品與自有之物，有些學者主張丁若鏞否定普遍實在性而只認定個別者，這意味著從程朱學的觀念存在論轉認具體個別優先的經驗存在論；不僅如此，還強調丁若鏞這樣的思維促進經驗實證性研究，也反映著丁若鏞哲學思想的近代性，參見張勝求：〈정약용의 향외적 철학과 그 근대적 성격〉〔丁若鏞的向外性哲學與其近代性格〕，《東方學志》90 號（1995年2月），頁336～337。筆者之所以對這樣的看法有所保留，是因為丁若鏞從未否定普遍實體，也不會如北學派一般極為重視科學技術。丁若鏞確實是徹底地區分道德價值與自然物質，但僅僅是這一點因而稱之為近代性，或將丁若鏞放在主氣論者，這都是恐怕難以成立，因為他整個世界觀的重點聚焦於道德價值這一方面。

氣質之性有觸也。栗谷所論理氣，總括天地萬物而立說，理者，無形的也，物之所由然也，氣者，有形的也，物之體質也。故曰：『四端七情以至天下萬物，無非氣發而理乘之。』盖物之能發動，以其有形質也。無是形質，雖有理乎，安見發動？故未發之前，雖先有理，方其發也，氣必先之。栗谷之言，其以是也。然則退溪・栗谷，雖同論四七，共談理氣，卽其『理氣』二字，注腳判異。」〔註25〕

於 1795 年，丁若鏞參加在溫陽西巖的鳳谷寺所進行的讀書會〔註26〕，此時丁若鏞強調李滉與李珥的四七論與理氣論都有各自的脈絡。他認為，李滉是「專就吾人性情上立說」，從此觀點來看，「理」是指「道心」、「天理」、「性靈」，「氣」是指「人心」、「人慾」、「血氣」；李珥與李滉不同，李珥是「總括天地萬物而立說」，此時「理」為「無形」的「物之所由然」，「氣」為「有形」的「物之體質」。可見，丁若鏞對道德價值（吾人性情／無形）與自然物質（天地萬物／有形）做出截然區分，理氣概念的含義是根據這樣的區分而被界定。在此我們要注意的是，丁若鏞以「理」為「道心」、「天理」，這並不意味著丁若鏞對「理」或李滉的看法有所變化〔註 27〕。具體而言，丁若鏞將「理」視

〔註25〕《定本與猶堂全書》4 冊，《文集》卷 21，〈西巖講學記〉，頁 282～283。

〔註26〕丁若鏞留下了本人所參加的西巖講學的詳細記錄，名為〈西巖講學記〉：「乾隆末年乙卯十月廿有四日，余自金井赴禮山坎舍，木齋先生先已來會。廿六日，至閑谷，訪李文達，行十里踰疎松嶺，又十里卽溫陽西巖之鳳谷寺。厥明日，木翁來臨。於是近邑諸士友，次第來會，校師門遺書，先取《家禮疾書》，發凡起例。○鳳谷在溫陽之西，其南廣德山，其西千方山，崇巒疊嶂，穹林絕壑，幽窈可喜。時早雪盈尺，每晨興，與諸友就澗水，敲冰掬泉，以盥以漱，及夕與諸友同登山阿，逍遙眺望，煙雲錯雜，山氣益佳。晝則與諸友繕寫《疾書》，而木齋手自校訂，夜則與諸友講學論道，或木齋發問而諸人答對，或諸人質問而木齋辨論，如是者十日，甚樂事也。」見《定本與猶堂全書》4 冊，《文集》卷 21，〈西巖講學記〉，頁 279。

〔註27〕具體而言，丁若鏞早年明顯地反對李滉的「理發氣隨」：「李德操（李檗）曰：『若就理字、氣字之原義而公論之，則此說固近之。若就性理家所言之例而剖論之，則理只是道心，氣只是人心。心之自性靈而發者為理發，心之自形軀而發者為氣發。由是言之，退溪之說甚精微，栗谷之說不可從。』謂余錯主此論，此乾隆甲辰事也。」見《定本與猶堂全書》6 冊，《中庸講義補》，〈朱子序〉，頁 396。從此過了十年後，丁若鏞都肯定李滉的「理發氣隨」與李珥的「氣發理乘」。正因如此，在學界一般認為，丁若鏞由於 1791 年的辛亥迫害而在 1795 年被貶官到金井（現忠清南道青陽郡）時，開始讀李滉所留下的書籍與書信之後修改之前的看法，並這些變化都見於〈陶山私淑錄〉（《定本與猶堂全書》4 冊，《文集》卷 22，〈陶山私淑錄〉，頁 306～323）。然而，〈陶

為「道心」與「天理」，這僅是在李滉所主張的「理發」上肯定以「道心」與「天理」為名的性善價值本體的存在以及其必要性，而並不意味著丁若鏞接受宋明儒學的「性即理」為代表的「理」。丁若鏞如前對「理」所批判的「依附之品」，在自然物質界方面上仍然是有效的，即在經驗現象界中「性即理」的「理」是無形的，也是沒有體質的，因此沒有發動力而需要依靠「氣」（「無非氣發而理乘之」），如同丁若鏞指出：「盖物之能發動，以其有形質也。無是形質，雖有理乎，安見發動？」由此可推，丁若鏞所認定的「氣」是必須要具有「體質」，亦是要「有形」，即有形的、有體質的「氣」才可以運動並在現象界中實際存在著，這即是丁若鏞所謂的「氣是自有之物」的含義所在。

是否具有「體質」，丁若鏞由這個條件而將陰陽五行之「氣」拆卸開來：

> 朱子曰：「天以陰陽五行，化生萬物，氣以成形，理亦賦焉。」○今案：陰陽之名，起於日光之照掩。日所隱曰陰，日所映曰陽。本無體質，只有明闇，原不可以為萬物之父母。特以北自北極，南至南極，天下萬國，或東或西，其日出入時刻，有萬不同，而其所得陰陽之數，萬國皆同，毫髮不殊。以之為晝夜，以之為寒暑，其所得時刻，亦皆均適。故聖人作《易》，以陰陽對待，為天道為易道而已。陰陽曷嘗有體質哉。〔註28〕

在朱熹哲學體系中，「天命之謂性」是理氣宇宙論的大命題〔註29〕，在這命題上所謂「陰陽」不再是單純自然現象，而是成為宇宙萬物生成的運動本身之

山私淑錄〉主要內容是丁若鏞透過李滉之書而反省自己過去輕舉妄動，就是一篇自我省察與修養之記錄，而實際上難以發現丁若鏞在理論上的看法所有變化。再加上，丁若鏞最初對李滉的反對見於《中庸講義補》，《中庸講義補》的初稿在 1784 年與李檗一起寫，之後丁若鏞單獨經過許多次的修改，到了 1814 年才脫稿；若丁若鏞對李滉的「理發氣隨」真正有所改變，則應該至少以有所批註來表示出如何變化，但丁若鏞到脫稿的最後也反而完整地保留下他自己不同意「理發氣隨」的論辯。總之，丁若鏞在道德價值與自然物質的區分上，確實是從道德價值優先性來肯定李滉的「四端理發而氣隨」，然而這不意味著丁若鏞肯定「理」的本體之意或修改「理」的依附之意，因此若說丁若鏞對「理發氣隨」所具有的批判性視覺早晚年有所變化，則恐怕需要再考察。

〔註28〕《定本與猶堂全書》6 冊，《中庸講義補》，〈天命之謂性節〉，頁 283。
〔註29〕「命，猶令也。性，即理也。天以陰陽五行化生萬物，氣以成形，而理亦賦焉，猶命令也。於是人物之生，因各得其所賦之理，以為健順五常之德，所謂性也。」見《中庸章句》，頁 17。

「氣」〔註30〕。然而，到了丁若鏞哲學體系，「陰陽」被還原為自然現象且代表「日光之照掩」，這亦即是全世界共同的自然現象，並無特殊。此時丁若鏞之所以否定「陰陽」，是因為「陰陽」不具有「體質」，如同丁若鏞說「本無體質，只有明闇，原不可以為萬物之父母」、「陰陽曷嘗有體質哉」。根據丁若鏞這樣的批判而可知，若要針對萬物之生成及其變化而提出「氣」，則理應是具備「體質」。然而，具有「體質」這個條件並不能保證可以成為萬物生成與變化之根源，這一點可見於丁若鏞對「五行」的看法：

> 五行不言用者，五行是有形質，天作之物也，八用皆作事功，人為之法也。（…）且在〈虞〉、〈夏〉之書，或稱五行，或稱六府（如〈甘誓〉、〈禹貢〉）總認為材物，未嘗云天地生成之理，本於此五也。（…）若云天地萬物，盡出於五行，日月星辰，不雜於土石，鳥獸蟲魚，無賴於金木，又何解矣？〔註31〕

> 況五行不過萬物中五物，則同是物也，而以五生萬，不亦難乎？〈禮運〉曰：「人者，五行之秀氣」，先儒所宗，皆此一言。今夫血氣之倫，刳而視之，不見金木等物，將於何驗得此理？〔註32〕

如前所述，「陰陽」是因太陽的明暗而所引起的自然現象，並無「體質」；「五行」雖然具有「形質」，但與「陰陽」同樣不能當作萬物之根源，甚至也不是形成萬物的原料，因為在丁若鏞看來，五行只是「材物」，亦是「萬物中五物」。由此可見，即便「五行」有「形質」（「體質」），仍然不能成為天地萬物造化之根源，而徹底地歸屬於自然界的五種物質。

　　丁若鏞瓦解朱熹的理氣論，這並不是意味著賦予「氣」以原來「理」所帶的形上性格並將「氣」放在「理」之先，亦不是說既然「理」被丁若鏞名為「依附之品」而變成偶然性，「氣」就可以直接代表一種必然性；而是指：無論是「理」還是「氣」，都無法擔保若是本體則理應要具備的必要條件，這就是形而上根源。既然「理」無法成為道德價值以及其實踐的形而上根源，那麼「氣」也就無法成為宇宙萬物生成的形而上根源。因此，原來在朱熹的

〔註30〕 「易說『一陰一陽之謂道』，這便兼理與氣而言。陰陽，氣也；『一陰一陽』，則是理矣。猶言『一闔一闢謂之變』。闔闢，非變也；『一闔一闢』，則是變也。蓋陰陽非道，所以陰陽者道也。」見《朱子語類》，第5冊，卷74，〈易十〉，頁1896。
〔註31〕 《定本與猶堂全書》12冊，《尚書古訓》卷4，〈洪範〉，頁72～73。
〔註32〕 《定本與猶堂全書》6冊，《中庸講義補》，〈天命之謂性節〉，頁285。

宇宙論上與「理」有不離的關係而能夠生成萬物之「氣」，進入了丁若鏞的哲學體系之後，以陰陽五行為代表的氣化流行以及生生不息的作用被排除，而只有留下了「有形」與「體質」的物質屬性。總言之，由於陰陽沒有體質而從「萬物之父母」被排除；有形質的五行也只不過是材料而與陰陽一般不能成為「天地生成之理」；「氣」雖然是在經驗現實上可以發揮物理性動力並實際地存在著（「自有之物」），然而已經被除去陰陽五行的「氣」永遠只能是被利用的物質性工具，亦不能促進萬物產生的宇宙運行。

三、「鬼神」與「上帝」

丁若鏞既然將「氣」界定為有形、有體質的物質性，那麼朱熹與他的前輩都以「二氣之良能」為「鬼神」的觀點就會變化。先說結論，丁若鏞認為，所謂「鬼神」不是「理」，亦不是「氣」；而是無形、無體質的，也不是「無知無覺」的，可見丁若鏞所理解的「鬼神」即是典型的傳統鬼神觀念：

> 鬼神固非理也，亦豈是氣乎？吾人有氣質，鬼神無氣質，鬼神之為二氣之良能，臣未之信。至於朱子之以性情功效為德者，謂鬼神不過為二氣之良能，則贊美其德，不如就性情功效上立說也。然臣謂「齊明盛服，以承祭祀」者，郊天之謂也。〔註33〕

眾所周知，朱熹對「鬼神」做出一種人文理性觀點的解釋，即所謂「鬼神」是針對「氣」之運行而所描述的現象，亦可以替代陰陽的動靜。顯而易見，朱熹由理氣宇宙論的框架來解釋「鬼神」，早已脫離傳統信仰的鬼神觀念，而可以說是比「子不語：怪、力、亂、神」更理性化〔註34〕。然而，丁若鏞完全推翻了鬼神這樣的宇宙論解釋。丁若鏞明顯地表示「理氣」概念並不足以說明「鬼神」，「依附之品」之「理」不用再說；「自有之物」之「氣」是有形、有體質的，因此「氣」當然不同於「無氣質」的「鬼神」。

〔註33〕《定本與猶堂全書》6 冊，《中庸講義補》，〈鬼神之為德節〉，頁 319。

〔註34〕有關朱熹的「陰陽」與「鬼神」概念之意，黃瑩暖指出：「朱熹解釋他在『陰』『陽』二字之外，復用『鬼』『神』二字，是為了更傳神地說明氣的良能功用，（…）在朱熹的理氣論中，氣的往來屈伸，無不依從理的軌則，而『天下未有無理之氣，亦未有無氣之理』；鬼神是氣，於是亦有『鬼神之理』。在這層意義上，朱熹所定義的『鬼神』，已納入其理氣二元的宇宙論系統中，成為可經由知識分析而被理解的存有。如此『有理有氣的鬼神』，較諸世俗義中視之不見、聽之不聞、似有還無、降禍賜福的鬼神，其神秘色彩已減削不少。」參見氏著：〈朱熹的鬼神觀〉，《國文學報》第 27 期（2000 年）頁 80～81。

　　既然「鬼神」不再是「二氣之良能」，所謂「鬼神之為德」的含義也就會變。即是說，朱熹原來所註解的「為德，猶言性情功效」〔註 35〕，意味著因為人在經驗現實上無法由感官知覺來認識鬼神，因此只有鬼神的功用才可以「認取」〔註 36〕，可見朱熹以「性情功效」為「德」是指以鬼神之名為代表的「氣」所發動的作用。丁若鏞在引文中雖然對「為德，猶言性情功效」似乎還勉強與朱熹做同樣的解釋〔註37〕，但丁若鏞卻提出「贊美其德」，這明顯地反映著丁若鏞所理解的「鬼神之為德」之「德」是從道德價值方面上的「善德」，就此而言，丁若鏞所理解的「鬼神」即是一般世俗之鬼神概念。根據丁若鏞的說法，「鬼神」雖然是無形但卻具有善惡，因此可分為「善神」與「惡鬼」，而這些鬼神在經驗現實上可以對人發揮影響力〔註 38〕。從此可以推知，丁若鏞所主張的「鬼神」是超越經驗現實並具有意志的存在，亦意味著孔子以前，中國古代宗教的常識中存在已久的鬼神信仰與祖先崇拜。

　　以上丁若鏞對「鬼神」的論述，相當類似於利瑪竇所主張的「氣」與「鬼神」的區分。具體而言，利瑪竇也對「二氣之良能」做與丁若鏞同樣的批判〔註39〕，並且利瑪竇還說中國人不知所謂的「氣」只不過是「火水氣土」四

〔註35〕《中庸章句》，頁 25。

〔註36〕「問：『性情功效，固是有性情便有功效，有功效便有性情。然所謂性情者，莫便是張子所謂「二氣之良能」否？所謂功效者，莫便是程子所謂「天地之功用」否？』曰：『鬼神視之而不見，聽之而不聞，人須是於那良能與功用上認取其德。』」見《朱子語類》，第 4 冊，卷 63，〈中庸二〉，頁 1549。

〔註37〕不過，丁若鏞接著又否定朱熹「為德，猶言性情功效」的註解，再度強調理氣概念無法說明鬼神：「『性情功效』，本非經文，則朱子之說，雖或有彼此矛盾，恐不必細究也。大抵鬼神，非理非氣，何必以理氣二字左牽右引乎？《易》曰：『陰陽不測之謂神。』又曰：『一陰一陽之謂道。』此皆著卦剛柔之義，豈所以說鬼神？豈所以言天道乎？《楚辭》曰：『一陰兮一陽，眾莫知兮余所為。』此言其往來倏忽，豈遂以陰陽為鬼神乎？鬼神不可以理氣言也。」見《定本與猶堂全書》6 冊，《中庸講義補》，〈鬼神之為德節〉，頁 319～320。

〔註38〕「凡天下無形之物，莫過於鬼神。佛氏所謂本然之體，亦無以踰於鬼神。然鬼神之中，亦有善神惡鬼。《周禮》『祀日月、星辰、司中、司命、社稷、五祀』，此明是善神之保佑吾人者也。《左傳》云：『投諸四裔，以禦魑魅』，《國語》云：『木石之怪變魍魎』，此明是惡鬼之害人者也。鬼神本無形軀，而其有善惡若是，即所謂本然之體，亦豈無可惡之理乎？人顧不之察耳。」見《定本與猶堂全書》6 冊，《心經密驗》，〈心性總義〉，頁 199。

〔註39〕「所謂二氣良能、造化之跡、氣之屈伸，非諸經所指之鬼神也。」見《天主實義今注》，〈第四篇　辯釋鬼神及人魂異論，而解天下萬物不可謂之一體〉，頁 121。

元素之一而已，並不是生命的根本，因此導致將「氣」視為鬼神、靈魂的結果〔註40〕。利瑪竇說：

> 《中庸》謂：「體物而不可遺。」以辭迎其意可也。蓋仲尼之意謂：
> 鬼神體物，其德之盛耳，非為鬼神即是其物也。魂神在人為其內本
> 分，與人形為一體，故人以是能論理而列於靈才之類；彼鬼神在物，
> 如長年在船非船之本分者，與船分為二物而各列於各類，故物雖有
> 鬼神而弗登靈才之品也。但有物自或無靈，或無知覺，則天主命鬼
> 神引導之，以適其所，茲所謂體物耳矣，與聖君以神治體國家同焉。
> 〔註41〕

利瑪竇主張，孔子所說的「體物而不可遺」，是指人懷著敬仰之心而稱揚鬼神具有德行，如同丁若鏞所說的「贊美其德」，而不是將鬼神當作一物。在利瑪竇看來，鬼神不僅是不同於「物」，亦不同於「魂神」〔註42〕，因為天主賦予「鬼神」與「魂神」的對象不同，這即是只有人才可以屬於「靈才之類」的原因。就是說，「魂神」在人內成為「本分」並與人形合為一體，此時所謂「本分」就是指靈明，亦可以說是靈魂，人根據這個靈明而「能論理」。然而，在物內的「鬼神」無法成為其物的「本分」，只是居留在其之內而已；此時「鬼神」與物，雖然同在一起，但不會合為一體，而只是「各列於各類」。因此「鬼神」在內之物，不能屬於「靈才之類」，甚至有些物是「無靈」（禽獸／覺魂）或「無知覺」（草木瓦石／生魂），因此它們需要「天主命鬼神引導之，以適其所」。可見，天主支配、制裁宇宙萬物，這即是利瑪竇所理解的《中庸》「體物」的含義。

　　以上利瑪竇提出的天主之主宰性，顯然有別於朱熹所說的「鬼神」之「主」。具體而言，朱熹也認為鬼神是從主宰而言的〔註43〕，又肯定鬼神是

〔註40〕「若以氣為神，以為生活之本，則生者何由得死乎？物死之後，氣在內外猶
　　　　然充滿，何適而能離氣？何患其無氣而死？故氣非生活之本也。傳云：『差毫
　　　　厘，謬千里。』未知氣為四行之一，而同之於鬼神及靈魂，亦不足怪；若知
　　　　氣為一行，則不難說其體用矣。」見《天主實義今注》，〈第四篇 辯釋鬼神及
　　　　人魂異論，而解天下萬物不可謂之一體〉，頁130～131。
〔註41〕《天主實義今注》，〈第四篇 辯釋鬼神及人魂異論，而解天下萬物不可謂之一
　　　　體〉，頁125。
〔註42〕「鬼神在物，與魂神在人，大異。」見《天主實義今注》，〈第四篇 辯釋鬼神
　　　　及人魂異論，而解天下萬物不可謂之一體〉，頁125。
〔註43〕「鬼神以主宰言，然以物言不得。又不是如今泥塑底神之類，只是氣。」見
　　　　《朱子語類》，第1冊，卷3，〈鬼神〉，頁49。

萬物之「體」、「主」〔註44〕，這即意味著，形而下可見的具體之物，是由於氣之屈伸來往而存在的。然而，既然朱熹的宇宙世界是由「理氣」而構成的，鬼神就無法脫離「氣」，鬼神所具有的主宰性最終也歸屬於「理」，因此朱熹說：「鬼神只是氣之屈伸，其德則天命之實理，所謂誠也。天下豈有一物不以此為體而後有物者耶？以此推之，則體物而不可遺者見矣。」〔註45〕這即是朱熹所解釋的「體物而不可遺」。

此意與利瑪竇所提的主宰是不同的。利瑪竇所理解的鬼神之主宰，是有知覺的、有意志的神直接參與萬物生成以及其運作，如同利瑪竇所說的「天主制作萬物，分定各有所在，不然則亂。」〔註46〕利瑪竇對鬼神這樣的理解，其背後蘊含著阿奎那「五路論證」的第五目的論論證。根據阿奎那，在世界「必定有一個有智力者，自然界的萬物，都是在他的安排或治理下，趨向自己的目的」〔註47〕，這即是天主治理萬物的意義；換言之，包括無靈無覺在內的所有萬物，它們的生死存在都是取決於有靈有覺的最高存在者，可見第五路是證明有人格的、有理智的存在者，這是天主。

丁若鏞的鬼神觀，雖然與以上利瑪竇的「鬼神」概念不盡相同，然而丁若鏞對「鬼神」與「上帝」的觀點還可以說是基於利瑪竇所陳述的「天主」。具體而言，丁若鏞指出，鬼神有三種，則是「天神」、「地示」、「人鬼」。其中「地示」原來是「人鬼」，因此鬼神可歸於兩種，一種是「昊天上帝，日、月、星、辰，司中、司命，風師、雨師」的「天神」，而這個天神是負責管理水火

〔註44〕「問：『「體物而不可遺」，是有此物便有鬼神，凡天下萬物萬事皆不能外夫鬼神否？』曰：『不是有此物時便有此鬼神，說倒了。乃是有這鬼神了，方有此物；及至有此物了，又不能違夫鬼神也。「體物而不可遺」，用拽轉看。將鬼神做主，將物做賓，方看得出是鬼神去體那物，鬼神卻是主也。』」見《朱子語類》，第4冊，卷63，〈中庸二〉，頁1544。

〔註45〕《朱子文集》，第5冊，卷47，〈答呂子約九〉，頁2132～2133。

〔註46〕《天主實義今注》，〈第四篇 辯釋鬼神及人魂異論，而解天下萬物不可謂之一體〉，頁123。

〔註47〕「『第五路』是根據萬物之治理。我們看到有些沒有知覺的東西，即自然界的物體為了一個目的而行動，這可以由它們常常或幾乎常常以同樣的方式行動，以求達到最好效果之事實中看得很清楚。是以，它們之抵達目的，顯然絕非偶然，而是基於有意的行動。可是，沒有知覺的東西，除非是有知覺，有智力者在導引它們，是不會趨向目的的，就如箭必為射箭人所導引一樣。所以，必定有一個有智力者，自然界的萬物，都是在他的安排或治理下，趨向自己的目的。這就是我們所說的天主。」見《神學大全》第1集第1冊，〈第二題論天主——天主是否存在〉、〈第三節天主是否存在〉，頁30。

金木土等自然界的職務。另一種是「先王、先公、先妣之廟」的「人鬼」，亦即是人死後的靈魂，丁若鏞認為這個「人鬼」才是在《論語》所說的鬼神，而不是宋明儒學家所主張的二氣良能〔註48〕。「天神」也不例外，「天神」是指於上帝左右輔佐的許多臣下，祂們都有自己的號稱與地位，如同《周禮》〈春官宗伯〉中「辨六號」：「辨六號，一曰神號，二曰鬼號，三曰示號，四曰牲號，五曰粢號，六曰幣號。」在丁若鏞看來，天神這樣的職分是「有良能主張造化」，從此發揮力量並能夠使天下人都齋戒明潔、恭敬地進行祭祀，這確實是不同於「無知無覺」的陰陽五行之氣的造化〔註49〕。

　　丁若鏞所說的鬼神，除了以上兩種之外，還有存在者可以涵蓋「天神」與「人鬼」的上帝，因此丁若鏞的鬼神實際上是三種：最上層概念的上帝，其臣下的天神，以及人鬼。利瑪竇的鬼神分類也不遠於此，利瑪竇曾說：「夫鬼神非物之分，乃無形別物之類。其本職惟以天主之命司造化之事，無柄世之專權。故仲尼曰：『敬鬼神而遠之。』彼福祿、免罪非鬼神所能，由天主耳。」可見，在利瑪竇那裡，鬼神可分為：具有「專權」的天主，由天主之

〔註48〕「今按《周禮·大宗伯》，所祭鬼神，厥有三品，曰天神，二曰地示，三曰人鬼。天神者，昊天上帝，日、月、星、辰，司中、司命，風師、雨師，是也。地示者，社稷、五祀、五嶽、山林、川澤，是也。人鬼者，先王、先公、先妣之廟，是也。祭祀之秩，雖有三品，其實天神、人鬼而已。何者？蓐收者，五祀之神，明係地示，而《春秋外傳》史嚚之言，乃以蓐收謂之天神，則句芒、祝融、玄冥、后土，都是天神，可知也。重、該、修、熙者，少皞氏之四叔也，黎者，顓頊氏之子也，句龍者，共工氏之子也，柱者，烈山氏之子也，棄者，高辛氏之子也。社稷五祀，是祭是祀，則地示之本人鬼，可知也。天以天神，各司水、火、金、木、土、穀、山、川、林、澤，人主亦使人臣分掌是事。及其後世，乃以人臣之有功者，配於天神，以祭社稷，以祭五祀，以祭山川，則名雖地示，其實皆天神、人鬼也。人鬼者，人死之鬼。『天地功用』，『二氣良能』，非所《論語》人鬼也。」見《定本與猶堂全書》6冊，《中庸講義補》，〈鬼神之為德節〉，頁315～316。

〔註49〕「天神者，本無形質，為上帝之臣佐，（見《禮》注）昭布森列，有號有位，春官大祝，實掌是事。（辨六號）安得舍此經文，別立新義，或疑為造化之遺跡，或疑為二氣之良能，歸之於有無之間，置之於恍惚之域，使先王昭事之典，無所徵於後世乎？（⋯）天地者，鬼神之功用，造化者，鬼神之留跡，今直以跡與功用謂之乎神，可乎？二氣者，陰陽也。日影為陰，日光為陽。雖此二物往來隱映，以為畫夜，以為寒暑，而其為物至冥至頑，無知無覺，不及禽獸虫豸之族遠矣。安有良能主張造化，『使天下之人，齊明盛服，以承祭祀』乎？」見《定本與猶堂全書》6冊，《中庸講義補》，〈鬼神之為德節〉，頁316。

命而管理宇宙萬物的鬼神（丁若鏞所說的天神），以及「與人形為一體」而成為「靈才」且死後不滅的靈魂（丁若鏞所說的人鬼）。

不僅如此，丁若鏞積極地接受鬼神的主宰性，如同利瑪竇對《中庸》「體物而不可遺」所做的解釋：

> 視之而弗見，聽之而弗聞，則天下之至隱至微者，莫鬼神若也。然天道至誠，體物不遺，日月運行，四時錯行，造化發育，各正性命，其德至著至顯。使天下之人，皆齊明昭事，如在其上，斯何故也？至誠不可掩也。〔註50〕

在此丁若鏞所提的「天道」，可以說等於是「上帝」。在丁若鏞看來，上帝可以掌握並安排宇宙萬物的運行及其作用，不僅是自然物質界，在經驗現實中上帝能夠使人勤勉做事。可見，丁若鏞所理解的「體物而不可遺」含義與利瑪竇的解釋是大同小異。總之，包括「體物」的詮釋在內的丁若鏞的鬼神觀，可以確定幾乎是在天主教理論的影響之下所成立的，因為這些說法大致上是天主教徒李檗之說，而不是丁若鏞單獨進行的論述：

> 總之，「微顯」者，天德也。上章發「行遠、登高」之義，以六親當卑邇，則其高遠之說，必在此章，其驗一也。上天之載，無外無內，故隨其所祭，無不洋洋如在，其驗二也。體物而不可遺，故道不可須臾離也，上天之載，包含萬物，為物體之所充，故物不能自遺，其驗三也。此節之下，繼言宗廟之禮，而統結其文曰：「郊社之禮，所以祀上帝也，宗廟之禮，所以祀乎其先」，此節若非天德，下文何以雙舉而統結之乎？其驗四也。下文曰：「質諸鬼神，知天也，百世以俟聖人，知人也」，聖人既人，則鬼神非天乎？其驗五也。（此本李曠菴之說）若以鬼神為二氣之良能，則凡山川土木之神，魑魅魍魎之屬，通在其中，而乃曰：「為德其盛矣乎」，曰：「體物而不可遺」，曰：「洋洋乎如在其上」，有是理乎？〔註51〕

丁若鏞所提的「微顯」，狹義地說是指《中庸》第十六章最後「夫微之顯，誠之不可掩如此夫」；廣泛地說亦可以涵蓋到首章「莫見乎隱，莫顯乎微」與最後一章「知微之顯」〔註52〕。在此所謂「微顯」者，主要是指形容「為德」

〔註50〕 《定本與猶堂全書》6冊，《中庸講義補》，〈鬼神之為德節〉，頁317。

〔註51〕 《定本與猶堂全書》6冊，《中庸講義補》，〈鬼神之為德節〉，頁318。

〔註52〕 「○案：首章曰：『莫顯乎微』，此節曰：『夫微之顯』，篇末曰：『知微之顯』，上下相照，同條共貫，脈理不斷，首尾貫徹，通則全通，塞則全塞，無二

之狀態，而朱熹是始終由工夫論的角度來解釋這樣的描述。具體而言，朱熹認為「『知微之顯』又專指心說就裏來」〔註53〕，此時「微顯」是人透過工夫才可知的一種境界〔註54〕，因此若其工夫仍未熟則不能直接提其德〔註55〕。由此可見，對朱熹而言，除了在宇宙論上陰陽五行之功效之外，所謂「德」是君子必須進行某種程度以上的工夫才可以形容的道德境界狀態。此意與丁若鏞針對「微顯」所做的結論是正好相反的。在丁若鏞看來，描述「為德」的「微顯」是指「天德」，並且從丁若鏞引用李檗（李曠菴）的「五驗」來看，在此「天德」是等同於有覺有靈的上帝，而不是指人踏實著手下學工夫久後而上達的境界。

在此所謂「此本李曠菴之說」的「五驗」，實際上是證明上帝存在的朝鮮版「五路論證」，亦即是丁若鏞建立鬼神觀的基本前提。貫穿「五驗」整個內容的關鍵是《詩經》《大雅》中的「上天之載」。宋明以來，儒學一向由宇宙論的角度而被解釋的「上天之載」〔註56〕，到了李檗與丁若鏞那裡反而

義也。」見《定本與猶堂全書》6 冊，《中庸講義補》，〈鬼神之為德節〉，317。

〔註53〕「先生檢『知風之自』諸說，令看孰是。伯豐以呂氏略本，正淳以游氏說對。曰：『游氏說，便移來「知遠之近」上說，亦得。呂氏雖近之，然卻是「作用是性」之意，於學無所統攝。此三句，「知遠之近」是以己對物言之，知在彼之是非，由在我之得失；如「行有不得，反求諸己」。「知風之自」是知其身之得失，由乎心之邪正；「知微之顯」又專指心說就裏來。大抵游氏說話全無氣力，說得徒勝浪，都說不殺，無所謂「聽其言也厲」氣象。』」見《朱子語類》，第4冊，卷64，〈中庸三〉，頁1599。

〔註54〕「子武說『衣錦』章。曰：『只是收斂向內，工夫漸密，便自見得近之可遠，「風之自，微之顯」』」見《朱子語類》，第4冊，卷64，〈中庸三〉，頁1598。

〔註55〕「先生問：『遺書中「欲夾持這天理，則在德」一段，看得如何？』（…）「淡而不厭，簡而文，溫而理」，皆是收斂近裏。「知遠之近，知風之自，知微之顯」，一句緊一句。」先生再三誦此六言，曰：『此工夫似淡而無味，然做時卻自有可樂，故不厭；似乎簡略，然大小精粗秩然有序，則又不止於簡而已。「溫而理」，溫厚似不可曉，而條目不可亂，是於有序中更有分別。如此入細做工夫，故能「知遠之近，知風之自，知微之顯」。夫見於遠者皆本於吾心，可謂至近矣，然猶以己對物言之。「知風之自」，則知凡見於視聽舉動者，其是非得失，必有所從來，此則皆本於一身而言矣。至於「知微之顯」，則又說得愈密。夫一心至微也，然知其極，分明顯著。學者工夫能如此收斂來，方可言德，然亦未可便謂之德，但如此則可以入德矣。』」見《朱子語類》，第7冊，卷97，〈程子之書三〉，頁2490。

〔註56〕「問：『太極解引「上天之載無聲無臭」，此「上天之載」，即是太極否？』曰：『蒼蒼者是上天，理在「載」字上。』」見《朱子語類》，第6冊，卷94，〈周

呈現出相當濃厚的古典神論之意。尤其在「驗三」中李、丁對「體物而不可遺」而說：「上天之載，包含萬物，為物體之所充，故物不能自遺」，從這個解釋顯而易見，上天是超越經驗而具有人格的唯一神，祂可以「包含萬物，為物體之所充」，即意味著祂是萬物存在的根據同時化育萬物，因此祂是無所不在，如同利瑪竇說明「天主」時所說的「又推而意其體也，無處可以容載之，而無所不盈充也。」〔註57〕由此可見，李、丁以「上天之載」來解釋的「體物而不可遺」，明顯地表示且積極地肯定上帝的存在與全在性，而這便是李、丁他們所認為的《中庸》的正題。換言之，整個《中庸》所指的核心內容是闡明宇宙所有萬物、所有價值，而其開始與結束都會歸屬於上帝，即是「天命」：

> 故觀乎《中庸》之書而深察焉，則戒慎恐懼，方有真實之工矣。夫《中庸》之書，節節皆從天命而來，節節皆歸致於天命。故道之本末，於是乎該。是以首章則自天命，而性而道，至於隱也微也，統歸於不可離之天命而貫徹焉，下文則自成己而成物，至於天下也國家也，統於知天而終於天載焉。故中庸為道之本末也。（觀乎《中庸》以下，多李曠菴之文）〔註58〕

可見，李蘗與丁若鏞的《中庸》詮釋，基於他們對陰陽五行之氣的批判而從此回到了其人格性非常濃厚的古典神論。這樣的脈絡底下，所謂「天德」、「上天」、「天命」，都是指上帝，如同在利瑪竇那裡的「天主」。換言之，除了「上帝」之外，實際上是沒有足以使利、李、丁他們三者滿足的本體：

> 然上蒼、下黃，都是無情之物，與日月山川均為氣質之所成，了無靈識之自用，聖人明理，豈有父事、母事之理？惟其皇皇上帝無形無質，日監在茲，統御天地，為萬物之祖，為百神之宗，赫赫明明，臨之在上。故聖人於此，小心昭事。〔註59〕

子之書〉，頁 2366。；「『神無方，易無體。』神自是無方，易自是無體。方是四方上下，神卻或在此，或在彼，故云『無方』。『易無體』者，或自陰而陽，或自陽而陰，無確定底，故云『無體』。自與那『其體則謂之易』不同，各自是說一箇道理。若恁地滾將來說，少間都說不去。他那箇是說『上天之載，無聲無臭』。『其體則謂之易』，這只是說箇陰陽、動靜、闔闢、剛柔、消長，不著這七八箇字，說不了。」見《朱子語類》，第 5 冊，卷 74，〈易十〉，頁 1895。

〔註57〕《天主實義今注》，〈首篇 論天主始制天地萬物而主宰安養之〉，頁 89。
〔註58〕《定本與猶堂全書》6 冊，《中庸講義補》，〈鬼神之為德節〉，頁 320。
〔註59〕《定本與猶堂全書》14 冊，《春秋考徵 一》，〈吉禮〉，頁 59。

臣謂，天地鬼神，昭布森列，而其至尊至大者，上帝是已。文王小
心翼翼，昭事上帝，《中庸》之戒慎恐懼，豈非昭事之學乎？今人於
此，疑之於有無之間，置之於杳茫之地。故人主敬畏之工，學者慎
獨之義，皆歸於不誠。夫暗室獨處，雖使無所不為，畢竟無所發覺，
其將徒然畏怯乎。〔註60〕

民之生也，不能無慾，循其慾而充之，放辟邪侈，無不為已。然
民不敢顯然犯之者，以戒慎也，以恐懼也。（…）聖人以空言垂法，
使天下之人，無故戒慎，無故恐懼，豈迂且闊哉？人性原自樂善，
使之戒慎，猶之可也，夫恐懼為物，非無故而可得者也。師教之
而恐懼，是偽恐懼也。君令之而恐懼，是詐恐懼也。恐懼而可以
詐偽得之乎？暮行墟墓者，不期恐而自恐，知其有魅魖也。夜行
山林者，不期懼而自懼，知其有虎豹也。君子處暗室之中，戰戰
栗栗，不敢為惡，知其有上帝臨女也。今以命、性、道、教，悉
歸之於一理，則理本無知，亦無 威能，何所戒而慎之，何所恐而
懼之乎？〔註61〕

以上三段引文，清楚地顯示出在丁若鏞哲學體系中作為本體的上帝為何。從
第一段引文可見，像「上蒼、下黃」的天地自然是「無情之物」，因此根本不
存在「靈識之自用」，而丁若鏞認為若如此就無法找出以「父事、母事之理」
為代表的人倫道德的價值。在此所謂「靈識之自用」就是指「靈知」，也相同
於後文所提的「靈明」；具有這個靈知的「有情之物」，實際上是指「上帝」，
唯有「上帝」才能保證道德價值及其實踐。從此可見，丁若鏞在此所提出的
「上帝」之所以比傳統儒家的「意志天」更加強其人格化，是因為他以「靈
知」來凸顯出「上帝」的存在。

不僅如此，「上帝」也是在鬼神中「至尊至大」的存在，可見「上帝」基
本上等同於鬼神，對此丁若鏞曾說：「上帝之體，無形無質，與鬼神同德，故
曰鬼神也。以其感格臨照而言之，故謂之鬼神。」〔註62〕一般而言，鬼神是
有意志的存在，因為具有其意志，鬼神在現象界才可以有所展現；「上帝」也

〔註60〕《定本與猶堂全書》6 冊，《中庸講義補》，〈鬼神之為德節〉，頁 320。
〔註61〕《定本與猶堂全書》6 冊，《中庸自箴 一》，〈是故，君子戒慎乎其所不睹，恐
　　　　懼乎其所不聞。〉，頁 232～233。
〔註62〕《定本與猶堂全書》6 冊，《中庸自箴 二》，〈鬼神之為德其盛矣節〉，頁 253。

與鬼神同樣具有意志、關懷現實，並主宰人的道德實踐，因此如同第二段引文所指出，人在做像「人主敬畏之工，學者慎獨之義」那樣的工夫時，若懷疑天地鬼神之中最高的「上帝」，則很難說其工夫的誠實與否。

　　從最後第三段引文可知，丁若鏞將「上帝」當作本體，從工夫論的角度來看，其主要目的是為了強調所謂道德修養需要一種畏懼感。丁若鏞主張，所謂「恐懼」是「非無故而可得者」，並且也有真假之區分，若因外在權力而感覺「恐懼」不是真實的；唯有因為「知其有上帝臨女」所感到一種敬畏感，才能夠呈現出「不敢為惡」的效果。總之，丁若鏞認為，若不存在既恭敬又畏懼的本體，就無法保證人類真正做出道德實踐；此時「理」不可能成為天地萬物及道德實踐的本體，因為「理本無知，亦無威能」，根本毫無可以「戒慎」或「恐懼」。對丁若鏞而言，「恐懼戒慎，昭事上帝」〔註63〕就是儒家工夫的核心關鍵，由此可見，在丁若鏞哲學體系中「上帝」才是人類尋求真理的終極意義及參照點。

第二節　丁若鏞「道心人心論」的含義

一、「天之靈明」與「人心」

　　丁若鏞並沒有否定超越一切現象而永恒不變的本體之存在；相反地，他則認為具有「靈明」（靈知）而能夠主宰萬物的「上帝」才有足夠的資格成為本體，因此用「上帝」來取代以「理」為本體的概念。丁若鏞既然將「上帝」設定為本體，人處在任何情境都能夠做出道德實踐的絕對根據也就是來自於「上帝」的，這即是人直接稟受於「上帝」的「靈明」。丁若鏞說：

> 況草木禽獸，天於化生之初，賦以生生之理，以種傳種，各全性命而已。人則不然，天下萬民，各於胚胎之初，賦此靈明，超越萬類，享用萬物。（…）今乃云「健順五常之德，人、物同得，孰主孰奴，都無等級」，豈上天生物之理，本自如此乎？仁義禮智之名，本起於

〔註63〕「為仁由己，克己復禮，此孔門之正旨也。誠也者，誠乎恕也，敬也者，復乎禮也。以之為仁者，誠與敬也。然恐懼戒慎，昭事上帝，則可以為仁，虛尊太極，以理為天，則不可以為仁，歸事天而已。」見《定本與猶堂全書》3冊，《文集》卷16，〈自撰墓誌銘（集中本）〉，頁277。

吾人行事，並非在心之玄理。人之受天，只此靈明，可仁可義可禮
可智則有之矣。〔註64〕

在引文中所謂的「天」，並不是如前無情的「蒼蒼有形之天」，而是指創造萬
物並為之賦予生命的上帝之代名〔註65〕，這就是「靈明主宰之天」〔註66〕。
丁若鏞認為，人是受命於天地之「靈明」，因此人優於其他存在而可以「超越
萬類，享用萬物」。唯有人才能「超越萬類，享用萬物」，這基本上是針對道
德實踐而論，亦是上帝以「靈明」給予人的第一目的，如同丁若鏞說：「人之
受天，只此靈明，可仁可義可禮可智則有之矣。」這樣的脈絡下，仁義禮智
不再是固定必然的「性」本體，而是指人落實道德實踐之後未定而可變的結
果；而如同「可仁可義可禮可智」一般使得人能夠成就道德的「靈明」才是
固定必然的本體。丁若鏞接著說：

> 凡天下有生有死之物，止有三等。草木有生而無知，禽獸有知而無
> 靈，人之大體，既生既知，復有靈明神妙之用，故含萬物而不漏，
> 推萬理而盡悟，好德恥惡，出於良知，此其迴別於禽獸者也。〔註67〕

> 然則氣質之性，人物之所同得，而若所云道義之性，惟人有之，禽獸
> 以下所不能得。(⋯)天以世為家，令人行善，而日月星辰、草木鳥獸，
> 為是家之供奉。今欲與草木鳥獸，遞作主人，豈中於理乎？〔註68〕

以上兩段引文更明顯地看出「靈明」所指的道德先天性意義。如利瑪竇將「魂」
分為三種─「生魂」、「覺魂」、「靈魂」一般，丁若鏞也提出與利瑪竇的「魂
三品」說〔註69〕相當類似的觀點。即丁若鏞也主張天下事物可分為「三等」：

〔註64〕《定本與猶堂全書》6冊，《中庸講義補》，〈天命之謂性節〉，頁284。
〔註65〕「天之主宰，為上帝。其謂之天者，猶國君之稱國，不敢斥言之意也。」見
　　　　《定本與猶堂全書》7冊，《孟子要義》卷2，〈盡心〉，頁228。
〔註66〕「竝言天地而獨言天命者，臣以為『高明配天』之天，是蒼蒼有形之天，『維
　　　　天於穆』之天，是靈明主宰之天。」見《定本與猶堂全書》2冊，《文集》卷
　　　　8，〈中庸策〉，頁76。
〔註67〕《定本與猶堂全書》9冊，《論語古今註》卷9，〈陽貨下〉，頁278。
〔註68〕《定本與猶堂全書》9冊，《論語古今註》卷9，〈陽貨下〉，頁282。
〔註69〕「彼世界之魂有三品。下品名曰生魂，即草木之魂是也。此魂扶草木以生長，
　　　　草木枯萎，魂亦消滅。中品名曰覺魂，則禽獸之魂也，此能附禽獸長育，而
　　　　又使之以耳目視聽，以口鼻啖嗅，以肢體覺物情，但不能推論道理，至死而
　　　　魂亦滅焉。上品名曰靈魂，即人魂也。此兼生魂，覺魂，能扶人長養及使人
　　　　知覺物情，而又使之能推論事物，明辨理義。」見《天主實義今注》，〈第三
　　　　篇　論人魂不滅大異禽獸〉，頁109。

一是草木，二是禽獸，三是人，並且這樣分類的標準就在於「靈明」。人與禽獸草木都「既生既知」，不過只有人「復有靈明神妙之用」，因此才可以「好德恥惡，出於良知」。第二段引文說「然則氣質之性，人物之所同得，而若所云道義之性，惟人有之，禽獸以下所不能得」，這也具有同樣脈絡。人物共有的「生」與「知」是屬於「氣質之性」；只有人單獨具有的「靈明神妙之用」是指「道義之性」，這亦是第一段引文中所提的「良知」。「良知」與「道義之性」，都不是單純意味著高於禽獸草木等自然之物的優越性，而是指從「上帝」獲得的道德先天性，與「靈明」（也是指「靈知」）的含義完全相同：

> 天之靈明，直通人心，無隱不察，無微不燭，照臨此室，日監在茲，
> 人苟知此，雖有大膽者，不能不戒慎恐懼矣。〔註70〕

在此丁若鏞明確地提出，「天（上帝）之靈明」直接通到人之心，這就意味著上帝與人共同享有「靈明」，因此兩者可以互相感動相應。並且，受到「天之靈明」之心，必須有別於氣質、形軀之心：

> 心之為字，其別有三。一曰五臟之心，若云「比干剖心，心有七竅」者，是也。二曰靈明之心，若《商書》曰：「各設中于乃心」、《大學》曰：「先正其心」者，是也。三曰心之所發之心，若《孟子》所云「惻隱之心」、「羞惡之心」，是也。第一、第二，皆全言之者也，其第三，則可一可二，可三可四，可五可六，可百可千。孟子特拈其四心，以證仁義禮智之本，在於人心，與靈明本體之心，有幹枝之別耳。第一五臟之心，謂之氣，可也。第二靈明之心，何以謂之氣也？〔註71〕

> 《說文》曰：「心者，一身之主宰」，則庶幾無誤，而同一心字，原有三等，其一，以靈知之全體為心，若所謂心之官思及先正其心之類，是也。其二，以感動思慮之所發為心，若所謂惻隱之心、非辟之心，是也。其三，以五臟之中主血與氣者為心，若所謂心有七竅，是也。（肝、肺、脾、腎，其字從肉，心字特殊。蓋五臟之心，未必為心字之本，神明之心，未必為心字之假借也。）第一、第三，有一無二，若其第二之心，可四可七可百可千，韻府所列，豈有限制？

〔註70〕《定本與猶堂全書》6冊，《中庸自箴 一》，〈是故，君子戒慎乎其所不睹，恐懼乎其所不聞。〉，頁233～234。
〔註71〕《定本與猶堂全書》4冊，《文集》卷19，〈答李汝弘〉，頁145。

但此百千之心，靜察其分，不出乎人心、道心，非人心則道心，非
道心則人心，公私之攸分，善惡之攸判。〔註72〕

根據丁若鏞所說，「心」有三種含義：一是「五臟之心」（「主血與氣者」），二
是「靈明之心」（「靈知之全體」），三是「心之所發之心」（「感動思慮之所發」）。
顯然地，「天之靈明，直通人心」的靈明之心，與全屬於氣的「五臟之心」是
截然不同的；更重要的是，也不同於「心之所發之心」。在此，丁若鏞將「惻
隱之心」視為一種「感動思慮之所發」，這即意味著，如李珥一般，丁若鏞也
認為所謂「惻隱」、「是非」、「辭讓」、「羞惡」是未定而可變的道德情感，如
同丁若鏞強調「心之所發之心」是「可一可二，可三可四，可五可六，可百
可千」。與此相反，「五臟之心」與「靈明之心」是「有一無二」的，即「五
臟之心」是從氣質上固定而必然；「靈明之心」是性善本體上固定而必然。可
見，這個「靈明」在人反而不屬於氣質範疇，也不與禽獸共享，可見「靈明」
所表示的種種特徵，都是指上帝給予人其自身具備的道德先天本性，如同「義
理之性」〔註73〕。

總之，根據丁若鏞的說法，「靈明之心」是作為本體的「道心」；而可稱
為「人心」的是有兩種：「五臟之心」（「主血與氣者」）與「心之所發之心」（「感
動思慮之所發」）。在此我們需要注意的是，在工夫論上做出善惡是非的價值
判斷，以及進行道德實踐的主宰性，都是在於作為本體的「靈明之心」，而不
在於「心之所發之心」（「感動思慮之所發」），如同與草木禽獸共有的「既生
既知」。就此而言，丁若鏞的「道心人心論」是根源不同的「天理人欲」，而
不像是以心之虛靈知覺為樞紐而主宰性情的朱熹「道心人心論」。即是說，丁
若鏞最後說的「非人心則道心，非道心則人心」，不像朱熹那樣用以指稱因「覺
於理」或「覺於欲」而有的不同現象，而是指永恆不變的「靈明之心」，以及
屬於有形氣質的「五臟之心」或未定可變的「心之所發之心」的本體與現象
之不同，這就是朱熹與丁若鏞「道心人心論」的差異。

二、「性嗜好」說與「道心」

這樣的「靈明」所具有的理論涵義，是與丁若鏞所理解的「性」一脈相通。

〔註72〕《定本與猶堂全書》13 冊，《梅氏書平》卷4，〈梅氏書平十〉，頁358～359。
〔註73〕「若論靈體，其本體虛明，若無可惡之理，特以其寓於形氣之故，眾惡夆興，
　　　交亂本體。」見《定本與猶堂全書》6 冊，《心經密驗》，〈心性總義〉，頁198。

丁若鏞不斷地強調人性是「嗜好」〔註74〕，此時必須要注意的是，其人性所「嗜好」的對象為何。丁若鏞說：「四心之發，發於靈明之本體，靈明之體，其性樂善恥惡而已。」〔註75〕由此可見，從作為終極本體的「上帝」受到的「靈明」在人表現為「樂善恥惡」的道德本能，對丁若鏞而言，這才可以叫做人性，因此說：「人性只是樂善恥惡」〔註76〕。這樣「嗜善」〔註77〕的人性，若具體而言之，即是與「形軀之嗜好」不同的「靈知之嗜好」，也就是指「天命之性」〔註78〕。總之，丁若鏞以「嗜好」為「性」，而其「嗜好」的內容就是將「好善」當作先天具有的、自然而然的一種本能傾向；更重要的是，在丁若鏞哲學體系中「道心」所具有的涵義，完全符合於此「嗜善」之人性：

> 人心惟危者，吾之所謂權衡也。心之權衡，可善可惡，天下之危殆不安，未有甚於是者。道心惟微者，吾之所謂性好也。天命之謂性，率性之謂道，斯之謂道心也。孟子曰：「人之所以異於禽獸者，幾希。」幾希者，微也。性之樂善，雖根於天賦，而為物欲所蔽，存者極微，唯君子察之。〔註79〕

如前所述，禽獸草木與人之所以必須要區分，是因為只有人才可以具有從上帝的「靈明」（「靈知」）而來的道德本能傾向；丁若鏞對「人之所以異於禽獸者，幾希」的解釋也提出類似又詳細的說明。丁若鏞反對將禽獸草木之性與

〔註74〕「余謂性者，主於嗜好而言，若所謂謝安石性好聲樂，魏鄭公性好儉素。或性好山水，或性好書畫，皆以嗜好為性。性之字義，本如是也，故孟子論性，必以嗜好言之。其言曰『口之於味同所嗜、耳之於聲同所好、目之於色同所悅』（原註：〈告子上〉），皆所以明性之於善，同所好也。性之本義，非在嗜好乎？」見《定本與猶堂全書》7 冊，《孟子要義》卷 1，〈滕文公〉，頁 89～90。

〔註75〕「四心之發，發於靈明之本體，靈明之體，其性樂善恥惡而已。以此之性，妙應萬物，故孟子論四端，必以性善為四端之本，其論仁義禮智，皆主行事而言，七篇之文，可歷考也。人性只是樂善恥惡。」見《定本與猶堂全書》4 冊，《文集》卷 19，〈答李汝弘〉，頁 152。

〔註76〕見《定本與猶堂全書》4 冊，《文集》卷 19，〈答李汝弘〉，頁 152。

〔註77〕「性者，人心之嗜好也。如蔬菜之嗜糞，如芙蕖之嗜水。人性嗜善，行善集義則苗壯，行惡負心則沮餒。先儒言性，皆非孟子之本旨也。」見《定本與猶堂全書》6 冊，《大學講義》，〈傳七章〉，頁 153。

〔註78〕「曰：性者，嗜好也。有形軀之嗜，有靈知之嗜，均謂之性。故〈召誥〉曰『節性』，〈王制〉曰：『節民性』，《孟子》曰『動心忍性』，又以耳目口體之嗜為性，此形軀之嗜好也。天命之性，性與天道，性善盡性之性，此靈知之嗜好也。」見《定本與猶堂全書》3 冊，《文集》卷 16，〈自撰墓誌銘（集中本）〉，頁 274～275。

〔註79〕《定本與猶堂全書》6 冊，《心經密驗》，〈心性總義〉，頁 202。

人之性視為同一之說，再次強調人固有的特性仍在於「性靈」〔註80〕；而引用荀子將「性」分為水火、草木、禽獸、人等四個層面的觀點，即主張禽獸與人雖然是最相近，然而在本質上仍有著不可混同的差異，即在於「道心」〔註81〕。在此丁若鏞所理解的「道心」，實際上是與「嗜善」的人性及「靈知之嗜好」毫無差異。具體而言，丁若鏞解釋「道心惟微」為「性好」，這就是指人先天就有的「靈知之嗜好」；正如我們已看過，丁若鏞將「靈知之嗜好」視為「天命之性，性與天道，性善盡性之性」〔註82〕，這個解釋同樣適用於「道心」，因為「道心」已不是在人的氣質之心上探討的概念，而是指天（上帝）賦予的「天命之性」，其具體涵義就是上帝已決定的「性之樂善」：

> 天命之性，亦可以嗜好言。蓋人之胚胎既成，天則賦之以靈明無形之體，而其為物也，樂善而惡惡，（原註：余有先諱，每云樂善）好德而恥污，斯之謂性也，斯之謂性善也。〔註83〕

由此可見，在丁若鏞看來，「道心」是先天被賦予的道德本體；不僅如此，也成為將上帝與人承上啟下的一種媒介，進而顯示出更濃厚的宗教性，而這才是在丁若鏞哲學中「道心」所具有的真正含義：

> 道心與天命，不可分作兩段看。天之儆告我者，不以雷不以風，密密從自己心上丁寧告戒，假如一刻驀有傷人害物之志，萌動出來時，

〔註80〕「《集注》曰『人於其間，獨得形氣之正為小異』，亦此說也。審如是也，人之所以異於禽獸者，在於形氣，不在於性靈。庶民去形氣，君子存形氣，豈孟子之本旨乎？形氣者，體質也，與生俱生，死而後腐焉，庶民獨安得去之乎？性理家謂『本然之性之寓於形氣也，如水之注器，器圓則水圓，器方則水方』，是明明把人性獸性打成一物，特其毛者為牛，羽者為雞，倮者為人而已。」見《定本與猶堂全書》7 冊，《孟子要義》卷 1，〈離婁〉，頁 145。

〔註81〕「蓋其受性之品，凡有四等，而人與禽獸最相近，耳聽目視無以異也，鼻嗅舌舐無以異也，食色安逸之欲無以異也。所異者，惟是一箇道心，而道心為物，無形無質，至微至忽。（原註：《道經》云：『道心惟微。』）若于是從而去之，則禽獸而已，將何以自別乎？」見《定本與猶堂全書》7 冊，《孟子要義》卷 1，〈離婁〉，頁 144。

〔註82〕「曰：性者，嗜好也。有形軀之嗜，有靈知之嗜，均謂之性。故〈召誥〉曰『節性』，〈王制〉曰：『節民性』，《孟子》曰『動心忍性』，又以耳目口體之嗜為性，此形軀之嗜好也。天命之性，性與天道，性善盡性之性，此靈知之嗜好也。」見《定本與猶堂全書》3 冊，《文集》卷 16，〈自撰墓誌銘（集中本）〉，頁 274～275。

〔註83〕《定本與猶堂全書》6 冊，《中庸自箴 一》，〈天命之謂性，率性之謂道，修道之謂教。〉，頁 228～229。

覺得一邊有溫言以止之者，曰「咎皆由汝，何可怨彼？汝若釋然，

豈非汝德」，丁寧諦聽，無所嘻微。須知此言，乃是赫赫之天命，循

而順之，則為善為祥，慢而違之，則為惡為殃。〔註84〕

丁若鏞指出「道心與天命，不可分作兩段看」，這句話當然意味著「道心」是根據「天命」而來的；但對此更正確的說法，應該是丁若鏞所理解的「道心」與「天命」是「合而為一」的關係。因為從「無形之體、妙用之神」的特色而言，上帝與作為人之本體的「靈明之體」是「以類相入，與之相感」。在這樣的前提之下，意謂上帝之命令的「天命」，對人而言是「無形妙用之道心」，「天命」與「無形妙用之道心」之間不必說根源的問題，因為兩者實際上是同一個本體，只是其名稱不同而已〔註85〕。因此，在此丁若鏞解釋「道心」時所提出的觀點，並不是單純的擬人化，而是「一邊有溫言以止之者」為描述的「道心」，也就是指必須要聽命的上帝之話：

天於賦生之初，有此命，又於生居之日，時時刻刻，續有此命。天

不能諄諄然 命之，非不能也，天之喉舌，寄在道心，道心之所儆告，

皇天之所命戒也。人所不聞，而己獨諦聽，莫詳莫嚴，如詔如誨，

奚但諄諄已乎？事之不善，道心愧之，愧怍之發，諄諄乎天命也。

行有不善，道心悔之，悔恨之發，諄諄乎天命也。《詩》云「天之牖

民，如壎如篪」，非是之謂乎？「對越上帝之只在方寸」，正亦以是。

〔註86〕

丁若鏞再次強調，天（上帝）與人之間直接的溝通之所以可能，是因為「道心」的存在，如同他說「天之喉舌，寄在道心」。不僅如此，由於「道心之所儆告，皇天之所命戒也」，因此「道心」又可以說是上帝展示其意志的某種方式。這樣上帝與人之間的互相感應，在人身上顯示為「道心」，其具體內容就是使得人反省「事之不善」、「行有不善」。顯然地，上帝透過「道心」增加人

〔註84〕《定本與猶堂全書》6 冊，《中庸自箴 一》，〈是故，君子戒慎乎其所不睹，恐懼乎其所不聞。〉，頁 233。

〔註85〕「天命不但於賦生之初，畀以此性，原來無形之體‧妙用之神，以類相入，與之相感也。故天之儆告，亦不由有形之耳目，而每從無形妙用之道心，誘之誨之，此所謂『天誘其衷』也。順其誘而從之，奉天命者也。慢其誘而違之，逆天命者也。曷不戒慎，曷不恐懼？」《定本與猶堂全書》6 冊，《中庸自箴 一》，頁 233。

〔註86〕《定本與猶堂全書》6 冊，《中庸自箴 一》，〈天命之謂性，率性之謂道，修道之謂教。〉，頁 230～231。

的道德動力，就此而言，在此所謂的「道心」已超出傳統儒家所說的「天命之性」，也早已成為使人有所領悟的上帝之啟示。

三、由丁若鏞「道心人心論」看「慎獨」的工夫

如前所述，丁若鏞之所以否定將理氣視為宇宙的原理以及其形成，是因為理氣都沒有「靈明」。丁若鏞認為，若「靈明」不是本體的屬性，則不能創造、主宰；換言之，丁若鏞賦予「靈明」以「天」與「上帝」，這一點實際上可以說是肯定人格神的存在。因為雖然在中國古代傳統中不難發現「天」、「上帝」概念的存在，但孔子以來的儒家確實是從未肯定上帝或天具有以知覺為代表的「靈明」，尤其對宋明儒學家而言，這個「靈明」是完整地歸屬於人心的，如同心之「虛靈之覺」。可見，在丁若鏞哲學中所出現的上帝，以及在儒家哲學中的上帝這兩者之間差異，都取決於知覺屬性（「靈明」、「靈知」）要放在那邊這問題。

這樣的差異也影響到工夫論。簡言之，在丁若鏞哲學體系中「靈明」是人與「上帝」共有的屬性，因此人可以成為在工夫論上的實踐主體；不僅如此，既然「上帝」具有這個「靈明」，就可以直接影響到人的工夫，即「上帝」是人在實踐道德時成為一個監視者：

　　天之靈明，直通人心，無隱不察，無微不燭，照臨此室，日監在茲，

　　人苟知此，雖有大膽者，不能不戒慎恐懼矣。〔註87〕

丁若鏞在《中庸自箴》所提出的「天」，並不是單純的擬人化，而是指具有人格性的上帝，明末皈依天主教的楊廷筠（字仲堅，1562～1627）也有於此類似的說法：「惟聖人見其然，故凜凜昭事，畏天命，對上帝，暗室屋，日監在茲，不敢戲逾，不敢兌芒。此真能知天事天，質之東海西海，不相謀而符節合者。」〔註88〕就此而言，在丁若鏞的工夫論中上帝是先於實踐主體的。不過，筆者不是主張丁若鏞工夫論的實踐主體是被動，或者是只因對上帝的恐懼感而進行的工夫。在此筆者所謂的「上帝先於實踐主體」，是指人在進行道德實踐的過程當中，人格神的存在不得不呈現出一種影響

〔註87〕《定本與猶堂全書》6 冊，《中庸自箴 一》，〈是故，君子戒慎乎其所不睹，恐懼乎其所不聞。〉，頁 234。

〔註88〕楊廷筠：〈職方外紀序〉，收入艾儒略（Giulio Aleni）著，謝方校釋：《職方外紀校釋》（北京：中華書局，1996 年），頁 5。

力。丁若鏞也明確地說，上帝的影響力針對人的道德實踐缺一不可的核心關鍵：

> 朱子曰：「雖不見聞，亦不敢忽。」〇又曰：「戒慎乎其目之所不及見，恐懼乎其耳之所不及聞。」（見《或問》）〇又曰：「他人之所不見而己所獨見，他人之所不聞而己所獨聞，是皆常情所忽。」（見《或問》）〇今按《或問》二段，由前之說，則是我所不睹，我所不聞，由後之說，則是人所不睹，人所不聞，將如何適從也？由前之說，則事物未形，兆朕未著，無故戒恐，或近心疾。由後之說，則我雖自知，人尚不覺，所畏者誰耶？若云自畏，則人之睹聞，不必言也。若云畏人，既不睹聞，又何畏焉？於斯二者，兩無確據。以此求畏，誠恐終身求畏，而卒不得斯須之恐懼也。小人之無忌憚，正坐此病。故孔子曰：「小人不知天命而不畏也。」不睹、不聞，豈非所謂天命乎！〔註89〕

先暫停辨析丁若鏞對朱熹之話的理解是否有問題，而只看丁若鏞透過對朱熹的批評而要貫徹的主張。丁若鏞認為，「心疾」為沒有任何實際的理由卻戒慎。並且既然沒有實際的理由，就不怕別人也無妨，因為畢竟是「我雖自知，人尚不覺。」可見，因為人在工夫上應該要「求畏」，因此需要上帝的影響力，這都是為了讓人能夠真心願意實踐道德：

> 原來慎獨云者，謂致慎乎己所獨知之事，非謂致慎乎其所獨處之地也。人每靜坐其室，默念自己所為，油然良心發見。此所以瞻其屋漏，而發其愧悔，非謂屋漏所臨之地，毋敢行惡也。人之行惡，每在於與人相接之處。其或行之於暗室者，唯有偃臥淫褻之咎而已。所謂慎獨，豈唯此咎是慎哉？今人認慎獨二字，原不清楚，故其在暗室，或能整襟危坐，而每到與人相接之處，施之以鄙詐險詖，謂人罔覺，謂天罔聞，所謂慎獨，豈如是乎？〔註90〕

丁若鏞將「慎獨」界定為「慎乎己所獨知之事」，這意味著「慎獨」是著重私下行為要合於善，並要求不要回避或否定內心念頭的純正無邪之面，這即是「良心」。那麼能夠「油然良心發見」之所以何在？那是在於「上帝」的

〔註89〕《定本與猶堂全書》6冊，《中庸講義補》，〈道也者不可須臾離節〉，頁287～288。

〔註90〕《定本與猶堂全書》6冊，《心經密驗》，〈心性總義〉，頁203。

存在，因此丁若鏞說：「君子處暗室之中，戰戰栗栗，不敢為惡，知其有上帝臨女也。」並且，對丁若鏞而言，所謂「上帝之意」就是「天命」。如前所述，此「天命」在於「道心」〔註91〕，因此人必須要順從「道心」之命，並提防「謂人罔覺，謂天罔聞」的邪念。

〔註91〕「天不能諄諄然命之，非不能也。天之喉舌，寄在道心，道心之所儆告，皇天之所命戒也。人所不聞，而已獨諦聽，莫詳莫嚴，如詔如誨，奚但諄諄已乎。事之不善，道心愧之。愧怍之發，諄諄乎天命也。行有不善，道心悔之，悔恨之發，諄諄乎天命也。詩云『天之牖民，如塤如篪』，非是之謂乎。『對越上帝之只在方寸』，正亦以是。求天命於圖籙者，異端荒誕之術也；求天命於本心者，聖人昭事之學也。」見《定本與猶堂全書》6冊，《中庸自箴 一》，〈天命之謂性，率性之謂道，修道之謂教。〉，頁230～231。

第六章　朱熹與丁若鏞的本體論與工夫論比較

第一節　朱熹與丁若鏞的本體論比較：從「理」與「上帝」談起

一、朱熹哲學的宗教向度：「無極而太極」與「理」

　　無論是朱熹或丁若鏞，身為儒者所具有的問題意識必然是相同的，即人在現實世界上，由道德實踐保持良好人際關係及個人生活，以此擴大到社會，這也就是儒學歷久不衰的價值觀。此時，探討人「為何」及「如何」做道德實踐的工夫論，需要一個可以保證道德行為能夠落實在經驗世界的超越根據，如同是朱熹哲學系統中的「理」。即人由「性即理」的命題來獲得以仁義禮智為代表的道德先天性；換言之，對於存有者而言，「性即理」是「為何要實踐」的先天絕對根據。然而眾所周知，道德的根據並不等於在現實上所進行的道德實踐。道德實踐無論是成功還是失敗，天下所有的道德實踐一定先落實在現實的經驗世界；而「理」為性善本體，由於超越經驗世界而不能直接影響到現實世界，圍繞著道德實踐而要執行的整個過程，完全是屬於人的。

　　在此，「道心」是人經由「虛靈知覺」而體認心本有之理（仁義禮智）而產生的道德意識。朱熹從「知覺」來切入解釋「道心」，其目的在於強化人在道德實踐過程中所發揮的主宰性，這就是指人在道德實踐時「思量其當不當」而抉擇其「當」的「道心」；而這「道心」需要支配、控制「人心」而決定「人

心」發動的方向。即一個人在生命過程中面對的所有事情，尤其面對需要做出道德抉擇的情境而言，為了實現性善的價值，指示我、控制我、說服我、引導我、讓我決定運用身體的動力而做出道德行為，這整個實際行為的主宰，都是作為道德意識的「道心」所引發的。

以上作為道德意識的「道心」，雖然是有別於一般的感官知覺，但仍屬於心。即道德意識（道心）根本不同於獨立而永恆存在的本體，這就意味著「道心」總具有可變性而無法保證超越性。在丁若鏞看來，道德實踐是由人所表現出來的，因此對道德實踐而言，道德意識是必要的條件；但即使如此，仍無法接受從人之心而來的物質性（丁若鏞所說的「五臟之心」）與隨意性（丁若鏞所說的「感動思慮之所發之心」），因此丁若鏞將作為道德意識的「靈明」（靈知）當作上帝賦予人的本體。在此，「靈明」原來是上帝具有的道德意志；此外，丁若鏞對「天命之性」與「道心」所具有的看法也與此相同，都是從上帝所稟賦的本體。就此而言，在丁若鏞哲學系統中「道心」，不同於透過經驗心的「知覺」而產生的道德意識，而是指固定不變的「天命之性」；不僅如此，「道心」甚至是蘊含著能夠將上帝的命令直接傳達到人的某種啟示性。

由此可見，從本體的角度來看朱熹與丁若鏞「道心人心論」，比起朱熹，丁若鏞哲學體系所含有的宗教成分更多。然而，這一結論並不是意味著朱熹哲學是無神論；亦不是主張，依據心之知覺而所進行的思考以及實踐行為都理應要排斥針對本體所具有的某種信念〔註1〕，或否定與天合而為一的神秘境界之可能性：

> 儒學的主導傳統和猶太教傳統與基督教福音書一樣，它並不去證實神的存在，同時又明白地承認神。然而基督教的《聖經》中神是主要的角色，在基督教神學中占據了中心位置；在儒家經典和評著裡，

〔註1〕在此筆者所說的「信念」之意，將秦家懿（Julia Ching）的說明為替代：「朱熹繼承了一種傳統，這種傳統即是由孟子和其他人傳播和解釋的儒家傳統。在這種傳統裡，一個關鍵的理論是人性是普遍完善的──即每個人都可以成為像古代的堯和舜那樣的聖人。這是一種樂觀的學說，它宣稱在普遍的可獲得的聖賢之道的目標下，知道人類的統一性。這種學說基於這樣一種信念，即人性本善，通過修身可以變得完善。事實上，在周敦頤和朱熹的形上學裡，人是宇宙的極致，參與太極的完善，並擁有由陰陽五行的相互作用賦予的本質。人性本善，或本『誠』。」參見氏著、曹劍波譯：《朱熹的宗教思想》（廈門：廈門大學出版社，2010年），頁132。

神不過偶被提及。另外，儒家主要學派——儒家經典本身以及孔子和孔子的追隨者——雖肯定神，但孔子的另一些追隨者卻否定神。因而儒學可能是一神論、或者無神論、或說是不可知論為其特點的。但更確切地說，儒家更像是崇尚一神的而不是無神的。今天，儒學的批評者也持這樣的見解。對神理解的衍變中，儒學的神觀更有意思。這裡指的是從初期的一神信仰向後期的對絕對體的哲學詮釋的逐步轉化。（…）我認為，儒學提供的是一個轉化的範例，即從早期典籍中的人格神向後期哲學家的神—絕對體的轉化。我還認為祈禱、靜坐冥思和神秘主義的衍化過程支持了上面的論斷。此處不準備詳細論述，只是想指出哲學理解的後期發展並沒有清除對人格神的早期信仰的殘跡。〔註2〕

以上如秦家懿所說，儒家「不去證實神的存在，同時又明白地承認神」，這即是孔子對怪力亂神一向堅持的模糊性。孔子之所以避免提及宗教觀點，是因為孔子強調光明磊落地做人而不要推卸責任〔註3〕，並以此促進人的道德實踐〔註4〕。儒家對宗教的態度就從此決定下來，這亦即是後世評價孔子以來的儒家哲學具有豐富的人文精神的原因所在。不過，從宗教理論的角度來看，這樣的模糊性反而增加了儒家可以被界定為有神論或無神論、不可知論等的可能性。眾所周知，儒家從未否定「意志天」的存在，甚至批判意志天而主張自然天的荀子也肯定含有超越性的聖人。可見，若提到儒家則離不開某種人格神的存在以及其超越性，就此而言，儒家是「崇尚一神的而不是無神的」，更正確地說，儒家是屬於有神論的。

　　問題是在於秦家懿在引文中所說的「後期哲學」。在儒家傳統中人格神的地位以及其影響力，由漢代董仲舒的天人感應思想達到頂點之後，其古典神論的風格漸漸地散失。從丁若鏞對朱熹的理氣概念所進行的強烈批判而可知，到了朱熹，至少針對理氣陰陽五行之宇宙論而言，所謂「天」明顯地代表荀子與莊子所主張的自然天。然而，在此需特別注意的是，不能將朱熹的理氣宇宙論當作無神論看待，因為在陰陽五行與萬物之氣中必須存在著宇宙萬物

〔註2〕秦家懿著，吳有能、吳華譯：《儒與耶》（台北：文史哲，2000年），頁127。

〔註3〕「王孫賈問曰：『與其媚於奧，寧媚於竈，何謂也？』子曰：『不然，獲罪於天，無所禱也。』」見《論語》〈八佾〉。

〔註4〕「樊遲問知。子曰：『務民之義，敬鬼神而遠之，可謂知矣。』問仁。曰：『仁者先難而後獲，可謂仁矣。』」見《論語》〈雍也〉。

所以然的「理」，這即是「太極」，亦是秦家懿所說的「後期哲學家的神—絕對體」。就是說，孔子以來儒家雖然未給出明確的答案，但對神的存在實際上是已默認，這樣的宗教向度在朱熹那邊也不會消失。朱熹根據「人格神的早期信仰的殘跡」而積極地接受「絕對體」所發揮的超越性以及對它的信念。這個「絕對體」就是作為性善價值本體之「理」，亦即是生成陰陽五行而成為造化之源的「太極」。

　　「太極」這個概念最早出現於《周易‧繫辭傳》，而朱熹是引用周敦頤在〈太極圖解〉對「太極」所做的註解「無極而太極」這句話；對此，秦家懿主張「他（朱熹）的業績可以和托瑪斯‧阿奎那媲美，阿奎那借助於新發現的亞里士多德，綜合了偉大的經院哲學的哲學思想。」〔註5〕，而這不是過甚其辭。具體而言，阿奎那利用亞里士多德的不動的動者（The Unmoved Mover）而證明神的存在，其核心例子即是五路論證中的第一路。我們由感官知覺而可知，萬事萬物都在時時刻刻地運動變化而運作中。然而，正在運動中的所有物體，自己本身反而是不能推動，必須要從外部受到力量才可以推動，從此我們可知最後必然會存在自己本身是不動而讓物體推動的「初始的推動者」：「是以，凡是動者或被動者，必定是被他物所動或推動。（…）所以，必須終結到某第一個推動者，而他卻不為其他任何東西所推動。這就是大家所瞭解的天主。」〔註6〕朱熹也走與此相同之路，即朱熹利用周敦頤的「太極」，賦予「太極」以一切萬物的存在根據之意，而在這樣的定義之下，宇宙萬物都依據「太極」，周而復始的循環著開展並形成秩序。

> 周子所謂「無極而太極」，非謂太極之上別有無極也，但言太極非有物耳。如云「上天之載，無聲無臭」。故云「無極之真，二五之精」，既言無極，則不復別舉太極也。若如今說，則此處豈不欠一「太極」字耶？〔註7〕

〔註5〕秦家懿著，吳有能、吳華譯：《儒與耶》，頁145。

〔註6〕《神學大全》第1集第1冊，〈第二題論天主——天主是否存在〉，〈第三節天主是否存在〉，頁 28。朱熹的論述中可以發現與阿奎那第一路論證相當類似的發言：「問：『太極始於陽動乎？』曰：『陰靜是太極之本，然陰靜又自陽動而生。一靜一動，便是一箇闔闢。自其闔闢之大者推而上之，更無窮極，不可以本始言。』」見《朱子語類》，第 6 冊，卷 94，〈周子之書〉，頁 2366。

〔註7〕《朱子語類》，第 6 冊，卷 94，〈周子之書〉，頁 2366。

　　原「極」之所以得名，蓋取樞極之義。聖人謂之「太極」者，所以
　　指夫天地萬物之根也；周子因之而又謂之「無極」者，所以大（一
　　作「著夫」）「無聲無臭」之妙也。〔註8〕

如前所說，丁若鏞（與李檗）認為《中庸》所引用的《詩經》「上天之載，無
聲無臭」蘊含著濃厚的古典神論之意，即宇宙萬物的生成與安排都是取決於
有覺有靈並無形之人格神的意圖與命令，就此而言，人格神是萬物的存在根
據及生成原理。除了丁若鏞將「上天」當作人格神看待這一點之外〔註9〕，朱
熹也對「太極」進行了與丁若鏞對「上天」所做一般的解釋。就是說，朱熹
將「太極」視為「天地萬物之根」，而既然說「太極」是「天地萬物之根」，「太
極」就不是有「體質」之物，因此朱熹以「無極」為強調「太極」的無形並
由此確保「太極」的普遍性，這即是朱熹所理解的「上天之載，無聲無臭」。

　　這樣的解釋令人聯想到「氣」是有形物質的緣故，而反對將「氣」視為
「鬼神」的丁若鏞。在丁若鏞看來，「上帝」是萬物之源，因此需要抹掉有形
之「氣」以及「氣」所帶來的偶然性與可變性，這樣才可以保證上帝的必然
性與全在性；而朱熹對「太極」所賦予的意義亦不外此。歷來圍繞著「無極
而太極」的爭論已久，不過在朱熹哲學體系中「無極」的第一意義，確實是
強調「太極」是「無形」，並從這個「無形」而顯現出「太極」無所不在的全
在性，如同朱熹說：「太極非是別為一物，即陰陽而在陰陽，即五行而在五行，
即萬物而在萬物，只是一箇理而已。」〔註10〕換言之，「太極」是「無方所，
無形體，無地位可頓放」〔註11〕，就此而言，「太極」是超越時空並可以保證
永恆持續的普遍性，因此朱熹說：「這箇太極，是箇大底物事。『四方上下曰
「宇」，古往今來曰「宙」。』無一箇物似宇樣大：四方去無極，上下去無極，
是多少大？無一箇物似宙樣長遠：亘古亘今，往來不窮！」〔註12〕可見，作
為「天地萬物之根」的「太極」，不僅是滯留於潛能狀態而等待實現的萬物之
原，而更是在經驗現實上以實現狀態而存在著。朱熹又說：

〔註8〕《朱子語類》，第6冊，卷94，〈周子之書〉，頁2366。
〔註9〕朱熹明確地表示「上天之載」的「上天」是自然天：「問：『太極解引「上天之
　　　載無聲無臭」，此「上天之載」，即是太極否？』曰：『蒼蒼者是上天，理在「載」
　　　字上。』」見《朱子語類》，第6冊，卷94，〈周子之書〉，頁2366。
〔註10〕《朱子語類》，第6冊，卷94，〈周子之書〉，頁2371。
〔註11〕《朱子語類》，第6冊，卷94，〈周子之書〉，頁2369。
〔註12〕《朱子語類》，第6冊，卷94，〈周子之書〉，頁2370。

「五行一陰陽也，陰陽一太極也，太極本無極也。」此當思無有陰陽而無太極底時節。若以為止是陰陽，陰陽卻是形而下者；若只專以理言，則太極又不曾與陰陽相離。正當沉潛玩索，將圖象意思抽開細看，又復合而觀之。某解此云：「非有離乎陰陽也；即陰陽而指其本體，不雜乎陰陽而為言也。」此句自有三節意思，更宜深考。通書云：「靜而無動，動而無靜，物也；動而無動，靜而無靜，神也。」當即此兼看之〔註13〕。

「太極」是推動陰陽五行的最初推動者，而與陰陽五行有不離不雜，由陰陽五行之造化而產物的萬物，這就是指「太極」的實現狀態，亦即是「存在的全部」〔註14〕。由此可見，朱熹早已將「太極」當作「絕對者」看待。可見，朱熹賦予周敦頤的「太極」以不動的動者（The unmoved mover）之意，接著以「太極」為性善價值本體之「理」，如同阿奎那以亞里士多德的不動的動者為「神」：

> 或問太極。曰：「太極只是箇極好至善底道理。人人有一太極，物物有一太極。周子所謂太極，是天地人物萬善至好底表德。」〔註15〕

由於朱熹的這一句話，不僅可以將「太極」與「理」等同起來，亦可以將「太極」視為絕對善。在此值得注意的是，二程從來未將「太極」解釋「理」或「道」，二程在自己的著作中都沒有提過一次「太極」。與二程不同，朱熹積極地接受「太極」並將此解釋「理」，其目的在於「極好至善底道理」的絕對化。即是說，如同萬事萬物依循「太極」而安排並運行，人也依循「極好至

〔註13〕《朱子語類》，第6冊，卷94，〈周子之書〉，頁2368。

〔註14〕關於「太極」與「理」的關係，秦家懿在《朱熹的宗教思想》主張「太極」是「超越單個『理』的宇宙的大『理』」：「朱熹似乎也認為，周敦頤的太極是存在的全部，是把萬物聚集成一個單一的整體的原則。（…）問題在於：太極只是內在於所有萬物的單個『理』的總和呢，還是超越單個『理』的宇宙的大『理』呢？馮友蘭對此的回答是兩者兼有。他提醒我們朱熹曾經說過：『本只是一太極，而萬物各有稟受，又自各全具一太極爾。』馮友蘭所指的是佛教中的佛性觀。這種觀點認為，一切事物都包含佛性的全體，其自身就擁有所有其他事物的特性。這意味著佛性或太極本身與所有事物的性質或原則是不同的。重要的區別是：如果太極只是事物所有原理的總和，那麼它就超越不了這些事物。為了確保這種超越性，朱熹強調太極也是無極。他這樣做，說明他的『太極』與其他傳統的哲學和宗教所說的『絕對者』非常相似。」參見氏著、曹劍波譯：《朱熹的宗教思想》，頁56～57。

〔註15〕《朱子語類》，第6冊，卷94，〈周子之書〉，頁2371。

善底道理」而過生活；如同春夏秋冬之變化，人的仁義禮智也是如此，就挑不出「極好至善底道理」的掌心：

> 「『無極而太極』，而今人都想像有箇光明閃爍底物事在那裏。那不知本是說無這物事，只是有箇理，解如此動靜而已。及至一動一靜，便是陰陽。一動一靜，循環無端。『太極動而生陽』，亦只是從動處說起。其實，動之前又有靜，靜之前又有動。推而上之，其始無端；推而下之，以至未來之際，其卒無終。（…）又如善惡：不是善，便是惡；不是惡，便是善。『聖人定之以中正仁義』，便是主張這箇物事。蓋聖人之動，便是元亨；其靜，便是利貞，都不是閒底動靜。所以繼天地之志，述天地之事，便是如此。如知得恁地便生，知得恁地便死，知得恁地便消，知得恁地便長，此皆是繼天地之志。隨他恁地進退消息盈虛，與時偕行，小而言之，飢食渴飲，出作入息；大而言之，君臣便有義，父子便有仁，此都是述天地之事。只是這箇道理，所以君子修之便吉，小人悖之便凶。這物事機關下撥轉，便攔他不住，如水車相似，才踏發這機，更住不得。所以聖賢『兢兢業業，一日二日萬幾』，戰戰兢兢，至死而後知免。〔註16〕

在程頤那裏，只能以「原其所自，未有不善」為說明的「天下之理」〔註17〕；朱熹藉由「無極而太極」更加強其「天下之理」的無所不在之意。更進一步說，由「無極而太極」獲得全在性與必然性的「理」，不僅是以潛能狀態的本質無所不在，亦是「理」本身就是萬物宇宙以及我們的人生，朱熹所說的「隨他恁地進退消息盈虛，與時偕行，小而言之，飢食渴飲，出作入息；大而言之，君臣便有義，父子便有仁，此都是述天地之事」這句話，明顯地表示其「極好至善底道理」全面地、徹底地貫徹於天下萬物。

由此可見，朱熹的「理」所擔當的角色是等同於哲學上的第一原理（First principle）〔註18〕；而不僅如此，以上朱熹對「理」以「無極而太極」所進行

〔註16〕 《朱子語類》，第7冊，卷116，〈訓門人四〉，頁2794～2795。

〔註17〕 「又問：『性如何？』曰：『性即理也，所謂理，性是也。天下之理，原其所自，未有不善。喜怒哀樂未發，何嘗不善？發而中節，則無往而不善。凡言善惡，皆先善而後惡；言吉凶，皆先吉而後凶；言是非，皆先是而後非。』」見《河南程氏遺書》卷22上，《二程集》上冊，頁292。

〔註18〕 萊布尼茲將「理」當作第一原理看待，他認為「理」是所有自然的基礎，最個普遍理性，就不存在比「理」更好的："The first principle of the Chinese is called Li（2:13），that is Reason, or the foundation of all nature（5:32），the most

的絕對化，足以稱之為「神」。萊布尼茲（Gottfried Wilhelm Leibniz，1646〜1716）即是將「理」視為「神」的代表學者。萊布尼茲反對利瑪竇以後在中國傳教的耶穌會神父龍華民（Nicholas Longobardi，1559〜1654）以「理」為第一質料的看法〔註19〕，而主張「理」是能夠推動天的唯一原因（the sole cause），也賦予所有物種能夠繁殖的能力、生成萬物之能力。萊布尼茲將這樣的能力稱為「德」（virtue），而在此他所提出的「德」不屬於事物本身的本質，亦不是依靠事物，而持續著存在於「理」中。萊布尼茲甚至斷言，「理」支配著一切，亦是天地的絕對支配者〔註20〕。在他看來，若西方人教第一原因以及所有本質的原型都在於神之內，則與中國人對「理」的看法並無不同，因為西方人的「神」與中國人的「理」都可以包含一切萬物，即「神」與「理」都在形式上是一者，又是指存在全部〔註21〕。總之，朱熹接受二程從未引用的

---

universal reason and substance （11: 50）; there is nothing greater nor better than the Li （11: 53）. This great and universal cause is pure, motionless, rarefied, without body or shape, and can be comprehended only through the understanding." Leibniz, Gottfried Wilhelm. *Discourse on the Natural Theology of the Chinese.* Translated, with an introduction, notes and commentary by Henry Rosemont, and Daniel J. Cook. Honolulu: University Press of Hawaii, 1977, p.60〜61.

〔註19〕 關於萊布尼茲與龍華民的爭論，孟德偉（David E. Mungello）指出龍華民對「理」所主張的唯物主義觀點有所不恰當：「龍華民說，中國人宗教方面的概念著重的是崇拜的物件而非崇拜的實體，這和基督教的宗教概念不同，因為它們只在表面上是精神性的，沒有司因果報應的真正的神的概念。『理』這個概念，被那些同情中國禮儀的人特別是萊布尼茲當作找到了與基督教的上帝相當的漢字的根據。這個概念，龍華民定義為『基質』，『普遍實體』；他把『理』的補充者（即『氣』）定義為『原初之空氣』。萊布尼茲後來在討論『理』的第4章中，批評了對『理』的這種解釋。他的批評是有理由的。中國人不把『理』看作物質實體。照龍華民給『理』下的定義，他是可以把中國人的這一觀點解釋成唯物主義的，而且沒有基督教中可以看到的那種精神性。」參見氏著，張學智譯：《萊布尼茲和儒學》（南京：江蘇人民出版社，1998 年），頁 27。

〔註20〕 "Thus, according to the Chinese, the Li is the sole cause which always moves Heaven, throughout the centuries, in a uniform motion. It gives stability to the earth; it endows all species with the ability to reproduce their kind, this virtue not being in the nature of the things themselves and not depending at all upon them but consisting and residing in this Li. It has dominion over all; it is present in all things, governing and producing all as absolute master of Heaven and Earth.（p.73）" Leibniz, *Discours*, p.62.

〔註21〕 "We say as much when we teach that the ideas, the primitive grounds, the prototypes of all essences, are all in God. And conjoining supreme unity with the most perfect multiplicity, we say that God is : 'One and all things, one containing all; all things embraced in one; but formally, all things as its perfection.' " *Id.* at 64.

「太極」，由「無極而太極」賦予「理」以萬物造化之根源以及其存在本身之意。經過這樣絕對化過程之「理」，正如萊布尼茲所主張〔註22〕，能夠產出性善價值同時又是其價值本身，這亦符合於朱熹所說「太極只是箇極好至善底道理。人人有一太極，物物有一太極。周子所謂太極，是天地人物萬善至好底表德」之含義。

二、丁若鏞哲學的宗教向度：理智的「神」

如前所述，朱熹之「理」所具有的普遍性與超越性，足以當作如「神」一般的絕對支配者。若只針對這一點而言，就「理」與丁若鏞所說的「上帝」等同起來也無妨。然而，朱熹的「理」之所以終究無法等同於丁若鏞所說的「上帝」，是因為「理」沒有理智；而關注「理」是否具有理智這個問題的是龍華民。就是說，龍華民將「理」視為「一種物質元素」〔註23〕，因而受到了萊布尼茲激烈批判；儘管如此，龍華民與其他神父們所指出的批判反而是正確的，那是「理」沒有理智的批判。

萊布尼茲批判龍華民的主要論點，可分為兩點：第一是以上已提及的，即龍華民使「理」歸屬於物質。雖然龍華民也未必反對將「理」視為普遍實體（universal substance），然而龍華民所提的普遍實體畢竟是屬於物質的第一資料（materia prima）〔註24〕，從這一點來看萊布尼茲的指南是恰當。問題就

在此，萊布尼茲所說的「supreme unity」是指龍華民所提的「太一」，亦即是龍華民所認為的空氣概念。然而，在萊布尼茲看來，無論是「太一」或「理」，都是指精神實體，並不是物質，孟德偉指出：「龍華民和利安當認為中國哲學的概念歸根結蒂是唯物論的；而萊布尼茲則強調，被稱為『理』、『太極』、『道』、『上帝』，這些中國哲學概念從不同側面說是精神性的支配力量。」參見氏著，張學智譯：《萊布尼茲和儒學》，頁72。

〔註22〕 "From the Li qua Li emanate five virtues: piety, justice, religion, prudence and faith（11:49）." Leibniz, *Discours*, p.61.

〔註23〕 有關龍華民將「理」視為物質的看法，孟德偉指出：「（…）而且，他們降低了這種方法的重要性，傾向於把這兩者看作同一種元素的不同表現形式：即，把氣看作『空氣』，把理看作『最初的物質』。但從性理之學的觀點看，理氣並非都是物質元素。氣是物質性的基質，而理，很清楚不是物質性的，它不能離開物質性的元素『氣』而單獨存在；理代表原理，是支配駁雜之氣的那個東西。龍華民和利安當的觀點中似乎有些道理的地方是，他們承認，理表面上好像既是理性的，又是精神性的，只有更深入的考察才能說明它歸根結蒂是物質性的。」參見氏著，張學智譯：《萊布尼茲和儒學》，頁73。

〔註24〕 "I say, that true immortality in not by the Chinese ascribed to anything but the li, or the universal substance, which was before all things, and will remain after they

在於第二點，亦即是萊布尼茲反對龍華民的主要原因之一，則是龍華民與方濟各會神父利安當（Antonio de Santa María Caballero，1602～1669）主張，中國人雖然將唯有「神」才可以擁有的屬性放在「理」、「太極」、「上帝」身上，但反而不接受「神」是有知覺的存在〔註25〕。換言之，「理」是沒有靈魂、生命、智性〔註26〕，因此不能將這樣的「理」當作「神」看待。萊布尼茲對此明顯地表示反對，在萊布尼茲看來「理」、「太極」、「上帝」是全知全能的理智本性（an intelligent nature）〔註27〕。

　　具體而言，龍華民說明，對中國人而言可稱為「spirit」的有兩種：一種是世世代代有變化的「物質精神」（physical spirits），另一種是為了公共利益（共通善，commonwealth）而使人敬畏天地的「文明精神」（civil spirits）。這樣的脈絡下，龍華民主張除了這些自然物（natural things）之外沒有其他的精神〔註28〕。龍華民基於以上的分析而判斷，中國人不知與物質有別的精

are extinct, after the manner of the philosophers used to say the same of the materia prima." Longobardi, Nicholas. *A Short Answer Concerning the Controversies about Xang Ti, Tien Xin, and Ling Hoen and other Chinese Names and Terms*, in *A Collection of Voyages and Travels, Some Now First Printed from Original Manuscripts, Others Now First Published in English: With a General Preface, Giving an Account of the Progress of Navigation, from Its First Beginning*. Published in London by Awnsham Churchill, 1732, p.195.

〔註25〕 "Father de Sainte Marie（p. 84, 85）, recounting the great and good things the Chinese say of the Li, the Taikie and the Xangti, which are appropriate only to God on the one hand, but which they deprive of all consciousness on the other, believes that they thereby contradict one another. " Leibniz, *Discours*, p.71.

〔註26〕 "His second reason is that according to the Chinese, the Li, considered in itself, is inanimate, without life without design and without intelligence." *Id*. at 79.

〔註27〕 "It can be assumed that the Li, Taikie, or Xangti is an intelligent nature which sees all, knows all and can do all. Now the Chinese could not without contradiction attribute such great things to a nature which they believed to be without any capacities, without life, without consciousness, without intelligence and without wisdom." *Id*. at 71.

〔註28〕 "As to the multitude, and the ways of speaking and expressing themselves we find in authors, it is to be observed, that there are two sorts of spirits assigned, one that is called of generations and corruptions, the other of sacrifices. The first are physical sprits, by which they say are signifyed the natural things of the generations and corruptions there are in the world; and these are sometimes taken for the substance of the things operating, other times for the qualities and formality of acting. The others are the civil spirits which were brought into the commonwealth, to restrain the multitude and keep them in awe, by believing there are several spirits in heaven, the earth, mountains etc.（…）and conclude, there are no other spirits besides natural things themselves." Longobardi, *A Short Answer*, p.186.

神實體，例如神、天使、有理性的靈魂（the rational soul），而卻只知包含普遍實體在內並名為「太極」的太初之氣（primogeneous air）〔註 29〕。龍華民在此所提出的太初之氣，亦是指「理」；他不斷地強調「理」沒有生命、知識、力量，而只是沒有體質的靜態元素〔註 30〕。這樣的脈絡下，中國人雖然常說「上帝」，然而他們所理解的「上帝」概念實際上是「氣」，如同龍華民曾提及程朱在《中庸》所說的「神」是沒有生命的、智性的精神（no living or intelligent spirit）〔註 31〕。由此可見，龍華民在《論中國宗教的幾個問題》之所以主張「理」是第一質料，正好是因為在龍華民看來「理」不是精神實體（spiritual things），而他所理解的精神實體不是別的，就其實體是必須要具有認知能力，而這個認知能力亦即是指理性能力。

對天主教理論而言，所謂「神」的存在是否具有理性這個問題，是確立神之位格性（人格性）的重要關鍵。教父特土良（Tertullian，155〜240）最初接受原來是指「面具」的拉丁文「Persona」，而在《駁帕克西亞》（Against Praxeas）發展為「三位一體」的教義〔註 32〕，此時「Persona」是指「說話、行事的那位」。之後，波愛修斯（Boethius，477〜524）將這個「Persona」更具體地界定為「一位乃是一具理性本質的實質個體」（persona est naturae

---

〔註 29〕　"Allowing what has been said, it plainly appears that the Chinese knew nothing of any spiritual substance, distinct from the material, such as GOD, angels, and the rational soul; which is further confirmed by their being ignorant of the creation out of nothing by an infinite power. They only know of an universal, immense, and infinite substance, from which proceeded their tai kie, or primogeneous air, which contains the same universal substance, and investing itself by motion and stillness, with several qualities and accidents, becomes the immediate matter of all things." *Id*. at 183.

〔註 30〕　"This same cause, according to them, has no life, knowledge or power, and is only pure, quite, transparent, subtile, without shape or body, only perceptible to the understanding, as we speak of spiritual things; though it be not spiritual, yet it has not these active and passive qualities of the elements." *Id*. at 177.

〔註 31〕　"Ching Zu upon chung jung, p. Ⅱ. explaining the nature and being of spirits, says, they are the operation of heaven and earth, and certain footsteps of the natural generations and corruptions. (…) Pag. 39. speaking of the name of the spirit of heaven, which is the same with the king of the upper region, he says it is called xin, because the air of heaven always spreads. By which it plainly appears there is no living or intelligent spirit in heaven, but only the substance of the air with its actually and influence." *Id*. at 188〜189.

〔註 32〕　吳道宗：《深知所信：基督徒基要真理》（台北：中華福音神學院出版社，2013年），頁 126。

rationabilis individua substantia）〔註33〕。關於波愛修斯的位格概念，朴承燦指出，我們由波愛修斯所建立的位格定義而可知，為了形成位格，單獨個體性、本性、實體之意是不足的，因此波愛修斯對位格加以「理性」而進行解釋，因為這個「理性」是在所有動物具有的這些特性（「類」）中，可以區別出人的唯一屬性。朴承燦接著說明，阿奎那是根據波愛修斯的位格概念而進行修改，將「位格」界定為「在理性本性中自立存在者」〔註34〕（esse per se subsistens in natura intellectuale）〔註35〕。可見，「理性」是在建立所謂「位格」（「人格」）概念時缺一不可的核心條件。在此我們可以再問：「神」究竟為何需要以「理性」為主的「位格」概念？那就是因為「神」需要「自己主動」，唯有這樣才可以對包括自己在內的一切萬物發揮支配的權力：

> 然而，那些具有理性的自立體，進而以一種更為獨特和完美的方式有自己的「特殊」和「個別」，這些自立體有自己行為的主權，不像是其他物一樣只能被動，而是自己主動；可是，行為是屬於個別的個體。因此，在眾自立體之中，這些具有理性的特殊個體，也有一個獨特的名稱。這個名稱就是「位格」。因此，在上述之位格的定義內置入「個別自立體」，這是用它來表示自立體之類中的特殊個體；又加入「其有理性本性」，則是為表示有理性之自立體中的特殊個體。〔註36〕

可見，具有理性的位格意味著可以自己主動；所謂可以自己主動的就意味著具有主權。就是說，具有理性的位格就是自立存在、自立行為的基礎，而這也是所有天主教徒無法否定神之位格性的理由所在。在此需要注意的是，人的理性也是來自於神。當然，神的理性畢竟是有別於人的理性，然而如同我

〔註33〕麥葛福著（Alister McGrath）著，王瑞琦、劉良淑譯：《基督教神學手冊》（台北：校園書房出版社，1998 年），頁 253～254。

〔註34〕「位格所表示的，是那在整個（物之）自然本性中最完美者，即那在理性本性中自立存在者。因此，既然凡是屬於完美性之一切，都應該歸於天主，因為祂的本質本身含有一切完美性；那麼，用位格這一名稱來稱述天主是合理的。」見《神學大全》第 1 集第 1 冊，〈第二十九題論天主之位或位格〉，〈第三節「位格」這一名稱是否適用於天主〉，頁 437。

〔註35〕朴承燦：〈인격 개념의 근원에 대한 탐구〉〔對人格概念根源的探求〕，《人間研究》13 號（2007 年），頁 84。

〔註36〕《神學大全》第 1 集第 1 冊，〈第二十九題論天主之位或位格〉，〈第一節論位或位格之定義〉，頁 430。

們已看過，天主教理論在接受位格概念時所謂理性就是核心關鍵，且我們透過這樣的理性可以認識神的存在，就此而言，神的理性必定是與人的理性有連接的〔註37〕，因此人若具有理性，神當然具有這個屬性，亦可以說祂具有包含推理與思維的理性在內的「最完美的知識」〔註38〕本身。

　　以上萊布尼茲與龍華民都根據神的位格性，對在朱熹哲學中「理」與「神」的同一性問題而言，反而提出了相反的見解。先說結論，朱熹不認為「理」具有可以思維的理性能力，並沒有賦予「理」人格性。龍華民除了將「理」視為物質元素之外，主張「理」沒有位格性，這是恰當的；而萊布尼茲雖然正確地點出朱熹「理一分殊」之意〔註39〕，但他所理解的「理」是個具有活動性與知覺之靈魂〔註40〕，這難以說是朱熹的「理」，而更接近於丁若鏞的「上帝」：

　　　　問：「命之不齊，恐不是真有為之賦予如此。只是二氣錯綜參差，隨
　　　　其所值，因各不齊。皆非人力所與，故謂之天所命否？」曰：「只是
　　　　從大原中流出來，模樣似恁地，不是真有為之賦予者。那得箇人在

〔註37〕「天主的知識，是萬物的原因。因為天主的知識與一切受造物的關係，就如
　　　　藝術家與藝術品的關係一樣。而藝術家的知識就是藝術品的原因；因為藝術
　　　　家在藉他的理智工作，因此理智的形式就應該是工作的本原，就如熱是熱化
　　　　作用的本原一樣。」見《神學大全》第1集第1冊，〈第十四題論天主的知識〉，
　　　　〈第八節天主的知識是不是萬物的原因〉，頁222。
〔註38〕《神學大全》第1集第1冊，〈第十四題論天主的知識〉，〈第一節在天主內是
　　　　否有知識〉，頁204。
〔註39〕萊布尼茲之所以主張朱熹不是將「理」視為質料，是因為朱熹對「氣」與賦
　　　　予「氣」以靈魂的精神做出截然區分。不僅如此，他還提出相應於統體太極
　　　　與各具太極的理一分殊之意，其解釋可以說相當正確："(…) but at least he has
　　　　said nothing false. Thus his intention is not at all to make the Li's or Spirits (and
　　　　much less the Li absolutely or principally) material. He is far from this since he
　　　　has just distinguished between air and the Spirits which animate it. Nor does he
　　　　say that the Li is the matter of things but seems to suggest that the individual's Li's
　　　　are more or less perfect emanations (according to their bodies) of the great Li."
　　　　Leibniz, *Discours*, p.77～78.
〔註40〕 "The Chinese author, according to the translation which Father Longobardi gives
　　　　us, proceeds as follows: The Spirits are al substance and the universal Being of all
　　　　thin imagine that he means to say that the Li is, so to speak, the quintessence, the
　　　　very life, the power and principal being of things, since he has expressly
　　　　distinguished the Li of the air from the matter of the air. It appears that here the Li
　　　　does not signify prime spiritual substan-ce but spiritual substance or entelechy in
　　　　general; that is it signifies what is endowed with activity and percepti-on or orderly
　　　　action as souls are." *Id.* at 75～77.

上面分付這箇！詩書所說，便似有箇人在上恁地，如『帝乃震怒』之類。然這箇亦只是理如此。」〔註41〕

或曰：「想是聖人稟得清明純粹之氣，故其死也，其氣上合於天。」曰：「也是如此。這事又微妙難說，要人自看得。世間道理有正當易見者，又有變化無常不可窺測者，如此方看得這箇道理活。又如云：『文王陟降，在帝左右。』如今若說文王真箇在上帝之左右，真箇有箇上帝如世間所塑之像，固不可。然聖人如此說，便是有此理。〔註42〕

對朱熹而言，無論是上帝或鬼神，都是屬於氣之作用；換言之，祂們的存在是取決於「氣」之聚散生滅。根據朱熹的說法，這「氣」之聚散生滅即是陰陽的往來屈伸，而所謂「鬼」或「神」都是指陰陽的「屈」與「往」或「伸」與「來」。可見，朱熹對「鬼神」徹底地堅持人文的看法，而基於這樣的觀點，朱熹當然不會接受上帝的人格性。朱熹強調，陰陽之氣的造化似乎看起來是「有箇人在上」而已，實際上並不是「真有為之賦予者」。因此朱熹明顯地否定「文王陟降，在帝左右」是在經驗現實上的實際情況，如同他說：「如今若說文王真箇在上帝之左右，真箇有箇上帝如世間所塑之像，固不可。」既然朱熹所理解的「上帝」脫不了氣之作用，作為位格性的核心因素之理性就不是可以永遠存在的。朱熹關於人死之後的知覺明確地回答：「氣盡則知覺亦盡」。〔註43〕

然而，我們之所以不能使朱熹歸屬於無神論者，是因為朱熹雖然「八分」確信包括上帝之內的「物怪神姦」是陰陽之氣的屈伸往來，但他卻仍然留著「二分」的餘地〔註44〕。這亦是以上引文最後朱熹還說「然這箇亦只是理如此」、「然聖人如此說，便是有此理」的原因所在：

蒼蒼之謂天。運轉周流不已，便是那箇。而今說天有箇人在那裏批判罪惡，固不可；說道全無主之者，又不可。這裏要人見得。〔註45〕

〔註41〕《朱子語類》，第1冊，卷4，〈性理一〉，頁63。

〔註42〕《朱子語類》，第1冊，卷3，〈鬼神〉，頁48。

〔註43〕「問：『人死時，這知覺便散否？』曰：『不是散，是盡了，氣盡則知覺亦盡。』」見《朱子語類》，第4冊，卷63，〈中庸二〉，頁1551。

〔註44〕「問：『世俗所謂物怪神姦之說，則如何斷？』曰：『世俗大抵十分有八分是胡說，二分亦有此理。多有是非命死者，或溺死，或殺死，或暴病卒死，是他氣未盡，故憑依如此。又有是乍死後氣未消盡，是他當初稟得氣盛，故如此，然終久亦消了。』」見《朱子語類》，第4冊，卷63，〈中庸二〉，頁1551。

〔註45〕《朱子語類》，第1冊，卷1，〈理氣上〉，頁5。

這句話，就是朱熹的鬼神與上帝觀的結論。簡言之，朱熹雖然尚未否定絕對體的存在，然而確實否定具有理性的、全知全能的「神」。不僅是朱熹，所有做儒家哲學的人都認定並接受，在我之本性內先天地賦有喜歡道德及其實踐的傾向。若更進一步說，我的本性就是性善價值本身，那是從天命而來的，亦從天道而來的。在朱熹看來，這些天命、天道都是從絕對本體之「理」，而不是從似乎「有箇人在那裏批判罪惡」的上帝。可見，朱熹由「無極而太極」而進行絕對化的對象是「理」，而不是「上帝」。朱熹將「理」絕對化之後，賦予「心」以能夠管轄性情的形而上意義，而根據「心之虛靈知覺」的道德意識並強化道德實踐的主宰性，這就是朱熹建立「道心」的含義與思路。

　　丁若鏞也積極地肯定好善道德的先天傾向，然而在他看來，這當然由上帝而來的：

　　　　憙曰：「心是何物？」鏞曰：「有形之心，是吾內臟。無形之心，是吾本體，即所謂虛靈不昧者也。」憙曰：「虛靈不昧者，是何物？」鏞曰：「是無形之體，是不屬血肉者。是能包括萬狀，妙悟萬理，能愛能惡者。是我生之初，天之所以賦於我者也。」〔註46〕

於 1789 年，正祖在昌德宮熙政堂開了一場《大學》講義會，當時被任命為內奎章閣抄啟文臣〔註47〕的丁若鏞與其他抄啟文臣討論《大學》章句的詮釋〔註48〕。在以上引文金憙（字善之，1729～1800）提問「心」的定義，從丁若鏞對此的回答可知，除了「有形之心」的「內臟」之外，丁若鏞所理解的「心」，首先是指沒有體質的「無形之心」，這即意味著「心」是與「氣」無關；再者，「無形之心」是作為「吾本體」的「虛靈不昧」，雖然此與朱熹的虛靈知覺其名相同，但丁若鏞所認為的「虛靈不昧」並不是理氣之合，而是

〔註46〕《定本與猶堂全書》6 冊，《大學講義》，〈傳七章〉，頁 152。
〔註47〕正祖即位之後，設立奎章閣選拔有才的年輕學者，使他們歸屬於奎章閣並講習學問，稱之為「抄啟文臣」。這是繼承於朝鮮前期賜暇讀書制，即從三十七歲之下的堂下官（朝鮮時代官吏品級中從正三品以下到從九品）中選拔人才，免職務而專心研究，一個月兩次口試與一次筆試來評價其成果。教課內容以四書三經為主，但其內容而言，盡量排除朝鮮性理學心性論為主的空理空談，並為了警惕為科文的詞章學，因此偏重於文義而研究經典真意的傾向比較強。參見：「韓國民族文化大百科詞典」http://encykorea.aks.ac.kr/Contents/Item/E0056940。
〔註48〕「乾隆己酉春，余忝甲科，即被內閣抄啟。四月，上御熙政堂，召抄啟諸臣，講《大學》。歸而錄之如左。」見《定本與猶堂全書》6 冊，《大學講義》，〈序〉，頁 148。

由「天（上帝）之靈明」直接得到的，如同丁若鏞說：「是我生之初，天之所以賦於我者也。」；而我們如前已看過，丁若鏞所說的「我生之初」是指上帝賦予我的性善〔註49〕：

> 古今大病全在乎認天為帝，而堯、舜、周、孔不如是錯認。故以今眼釋古經，一往多誤，凡以是也。上帝者何？是於天地、神人之外，造化天地、神人、萬物之類，而宰制安養之者〔註50〕也。謂帝為天，猶謂王為國，非以彼蒼蒼有形之天，指之為上帝也。〔註51〕

職是之故，對丁若鏞而言，天與上帝必定是具有理性的實際存在。天（上帝）不僅是虛靈不昧之心的根源，亦是一切存在的根據，若祂只是「蒼蒼有形之天」，怎麼可以「宰制安養」一切？如前已述，丁若鏞將「理」視為「依附之品」，其原因與龍華民的批判正好相同，因為「理」是「無靈識之自用」。由體質而成的天地自然都沒有「靈識」，怎麼可能將沒有「靈識」之物當做孝敬的對象？因此丁若鏞提出疑問：「然上蒼、下黃，都是無情之物，與日月山川均為氣質之所成，了無靈識之自用，聖人明理，豈有父事、母事之理？」〔註52〕恰好，龍華民也提過類似疑問，他認為若上帝（the king of the upper region）不是有生命的、有理智的存在，上帝如何勸善懲惡〔註53〕以及我們

〔註49〕 「天命之性，亦可以嗜好言。蓋人之胚胎既成，天則賦之以靈明無形之體，而其為物也，樂善而惡惡，（原註：余有先諱，每云樂善）好德而恥污，斯之謂性也，斯之謂性善也。」見《定本與猶堂全書》6 冊，《中庸自箴 一》，〈天命之謂性，率性之謂道，修道之謂教。〉，頁 228～229。

〔註50〕 利瑪竇《天主實義》的首篇之題就是「論天主始制天地萬物而主宰安養之。」在韓國古典綜合 DB 檢索所謂「主宰安養」，只出現兩件結果：一件是李睟光的《芝峯類說》（詳參第四章第二節之一註22）；另一是在 1785 年發生乙巳秋曹摘發事件（詳參第四章第二節之三）時，安鼎福為了廣而告之天主教的害處而寫出《天學考》（《順菴集》卷 17，《韓國文集叢刊》第 230 輯，頁 138a～141c），在此他引用《芝峯類說》所介紹的《天主實義》之文，此時出現一次「主宰安養」。丁若鏞引文中所說的「宰制安養」，除了丁若鏞之外並未出現在其他人的著作。從此可推，丁若鏞將「上帝」界定為「宰制安養之者」，與《天主實義》有密切關係。

〔註51〕 《定本與猶堂全書》14 冊，《春秋考徵 四》，〈先儒論辨之異〉，頁 301。

〔註52〕 「然上蒼、下黃，都是無情之物，與日月山川均為氣質之所成，了無靈識之自用，聖人明理，豈有父事、母事之理？惟其皇皇上帝無形無質，日監在茲，統御天地，為萬物之祖，為百神之宗，赫赫明明，臨之在上。故聖人於此，小心昭事。」見《定本與猶堂全書》14 冊，《春秋考徵 一》，〈郊 四〉，頁 59。

〔註53〕 "I asked, Whether this king was a living and intelligent being, so as to know the good or ill men do, to reward or punish them?" Longobardi, *A Short Answer*, p.197.

如何受到命令做事〔註54〕？可見，丁若鏞、龍華民以及萊布尼茲，對神的位格性都具有同樣的問題意識，而如前所說，若龍華民與萊布尼茲所理解的上帝是能夠自己活動的、有理智（what is endowed with activity and perception or orderly action as souls are），那他們所說的「上帝」則是合於丁若鏞之上帝觀，而不是指朱熹哲學之「理」。

第二節　朱熹與丁若鏞工夫論之比較：從「自主之權」談起

一、「自主之權」與近代性問題

　　總之，丁若鏞徹底地接受上帝的位格性而主張具有「靈明」的上帝，並且作為我們的本體之「靈明」亦是上帝所賦予的。既然如此，依據「靈明」而進行道德實踐的意志，就難以說是全面地歸屬於人。關於這一點，《利瑪竇與朱熹以及丁若鏞》的作者金善姬，在《教會史研究》作評論時提出了值得注意的意見：

> 茶山之「性」，雖然似乎看起來沒有決定性並可以自由自在地「嗜好」，但實際上是已包含道德命令的實踐機制，而它可能是並不自由，因為人會害怕聽不到（上帝的）命令，總是讓自己處於緊張狀態。若稍微加以過度的引申，作為「天命」的「性」並不是指可以自主地「嗜好」外部對象之意，而是決定往「善」之方向實踐的關鍵條件，甚至可以成為（上帝）不斷地要求緊張的他律規制。若如此，茶山所強調的「嗜好」或「自主之權」之意，則不能排除僅僅是停滯在語言上的表達而已的可能性。我認為，（茶山）雖然改變了「性」的意義，但仍未放棄「天命」與「道心」，這一點就是，由「自主之權」、「性嗜好」、「靈明之體」來超越以往儒學的茶山哲學，往西學方向繞行之後可以重返儒學的裝置。然而，我一向苦惱：正因為如此，（茶山哲學）恐怕再次限制了對人提出新理解的可能性。〔註55〕

〔註54〕 "I asked, If the king of the upper region is not a living creature, but only the air, or virtue of heaven, how comes it to be said in some authors, that he conversed with kings, who said, they had his orders for doing somthing?" *Id.*

〔註55〕 「그렇다면 이때 다산의 성은 사실 결정되지 않은 것을 기호할 수 있는 자율적인 능력인 것처럼 보이지만 사실은 이미 도덕적 명령을 내장한 실천

如前已提過，在丁若鏞哲學中的「性」，其實質內容「只是樂善恥惡」，而其根據在於「靈明之本體」，這是「上帝」所稟賦的。這即意味著，「靈明之（本）體」是已被上帝決定為「性善」，而不能是指「感動思慮之所發為心」〔註 56〕，如同丁若鏞說：「四心之發，發於靈明之本體，靈明之體，其性樂善恥惡而已。」〔註 57〕金善姬就指出這一點。她認為，在丁若鏞那裡表面上彷彿是「生之謂性」一般自由地選擇好惡的「性」，「但實際上是已含道德命令的實踐機制」，這就是筆者對丁若鏞哲學所堅持的主要看法。至於丁若鏞哲學可否歸屬於儒學傳統，筆者就不敢隨意斷定，在此只能提出，最後金善姬所說的「往西學方向繞行之後可以重返儒學」，筆者對這樣的看法仍然有所保留。不過這並不意味著筆者主張丁若鏞哲學的工夫論是他律的，如同不能將中世紀士林哲學的工夫論全視為他律。儘管如此，筆者對丁若鏞哲學的「自主之權」所含有的自律性仍有所懷疑，並反對將此「自主之權」與近代啟蒙意義上的自由意志等同的觀點。

眾所周知，儒學思想在東亞各地有多元化的展開，在其發展的過程中，不可能不建立與其自身之外的其他力量的關係。就此而言，有時儒學脫離儒

기제라고 볼 수 있습니다. 또 명령을 듣지못할까 두려워하며 늘 자신을 긴장 상태에 두어야 한다는 점에서 자유롭다고도 볼 수 없을지 모릅니다. 의도적으로 과하게 해석한다면 천명으로서의 성은 사실 외부 대상을 기호할 수 있는 자주적인 것이 아니라 이미 선으로 향하도록 정해진, 결정적 조건이자 끝없는 긴장을 요구하는 타율적인 규제력이 될 수도 있을 것 같습니다. 그렇다면 다산이 강조한 기호나 자주지권의 의미나 의의가 단순히 수사적 차원에 그치게 될 가능성도 배제할 수 없을 것입니다. 저는 성의 의미를 전환하되 천명과 도심을 버리지 않은 점이 자주지권, 성기호, 영명지체 등으로 기존 유학을 초과했던 다산 철학이 서학이라는 모종의 우회를 거쳐 유학의 본령 안으로 회귀하도록 하는 가장 유학적인 장치라고 생각합니다. 그러나 바로 그 점 때문에 새로운 인간 이해의 가능성이 다시 제한되는 것은 아닌가하는 고민을 해왔습니다.」參見金善姬：〈白敏貞「利瑪竇與茶山丁若鏞哲學的距離」討論文（二）〉，《教會史研究》第 39 集（2012年），頁 268。

〔註 56〕《定本與猶堂全書》13 冊，《梅氏書平》卷 4，〈梅氏書平十〉，頁 145。詳參第五章第二節之一。

〔註 57〕「四心之發，發於靈明之本體，靈明之體，其性樂善恥惡而已。以此之性，妙應萬物，故孟子論四端，必以性善為四端之本，其論仁義禮智，皆主行事而言，七篇之文，可歷考也。人性只是樂善恥惡。」見《定本與猶堂全書》4冊，《文集》卷 19，〈答李汝弘〉，頁 152。

學思想該要追求的目標，反而成為儒學以外的目的之工具，這是難以避免的。朝鮮後期朱子學，就面臨這樣的情境，遂漸失去以人倫道德為代表的內在動力，被利用而成為政治手段。丁若鏞對此做出最激烈的批判，尤其他對「理」的指責始終不斷，丁若鏞認為不能自作主宰的「理」，必然會使道德實踐的動力減弱，其結果造成社會問題叢生，社會弊端接踵而至。丁若鏞對道德實踐特別關注的批判意識使人注意，這就是目前丁若鏞哲學之所以受到重視與闡揚的主要原因之所在。

　　然而，丁若鏞哲學所受到的肯定，是否能夠意味著他的哲學體系在理論上強化了道德實踐的動力及主宰性，應尚有討論的空間。例如說，對於丁若鏞思想的研究而言，從前就有著一種明顯的傾向，就是丁若鏞的思想頗有近代性的看法；而這種看法之所以似乎成為對丁若鏞研究的基本前提，是因為正好與實學研究前後銜接。具體而言，近代時期在韓國所形成的開化文明，不是從外部進入而發展，而是我國傳統思想內部已蘊含著近代精神，所謂「實學」即是其近代精神之所在。此時，不少韓國歷史學者認為丁若鏞是個實學的代表者，因而迄今為止所謂「近代性」的標籤一直伴隨著丁若鏞。

　　丁若鏞的思想是否真的與近代性有關？將丁若鏞看待韓國近代化的先驅者是否恰當？關於這些問題，現在已有不少負面的看法出現。就是說，雖然近代性的具體內容以及近代化的發展途徑，在不同的地區當然不盡相同，然而從一般通用的近代性概念來看，在丁若鏞思想中存在近代精神的觀點恐怕難以確認〔註58〕；更進一步說，在通常被稱為「實學者」的士大夫之著作中，並沒有像傳說中那樣可以找到近代文明的構成要素〔註59〕。可見，從 19 世紀

〔註58〕例如，吳文煥主張，若要建立作為近代政治社會原理的契約社會，則需要出現身為契約者的個人；而為此，也需要確保康德所說的具有道德自律性之個人。就此而言，丁若鏞所提出的人，不合於近代性的個人。不僅如此，丁若鏞將超越存在與現實存在截然區分，並預設超越化的主宰天，這即促使由本然之性能夠完成道德的自律性意義會減弱。就此而言，雖然在東方所理解的道德自律不同於康德的道德自律性，但丁若鏞的人間觀也不合於東方哲學所探討的道德自律，參見氏著：〈다산 정약용의 근대성 비판〉〔茶山丁若鏞的人觀批判〕，《政治思想研究》7 號（2002 年 11 月），頁 7～29。本文雖然並不完全同意這篇文章所解釋的丁若鏞哲學的意義，然而作者所提出的問題意識仍然值得參考。

〔註59〕根據鄭豪薰的分析，日帝時期以脫朝鮮意識與民族自尊精神，以及解放的脈絡來進行的實學研究，到了 1970 年代在實學研究傾向上發生了支持近代性的南韓與批判封建性的北韓的衝突。之後從 1980 年代開始全面批判以往的實學研究，而尋找新的意義，這樣的研究傾向主要是關注實學與近代性之間

初開始，丁若鏞思想研究一直得到以近代精神為焦點的正面評價，現在人們反而逐漸提出應該還有商量空間的意見。

問題在於，對丁若鏞的工夫論而言，卻難以發現以上針對在丁若鏞思想中近代精神而所引起的懷疑；而筆者認為，這是因為之前丁若鏞研究由近代性所受到的刻板印象，在有形無形中影響著丁若鏞的倫理思想。即是說，丁若鏞尖銳地批判當時社會政治、經濟，由此得到似乎代表近代精神的印象；而此印象自然聯於倫理思想的近代性，使得將「自主之權」（「權衡」）概念當自由意志看待。不僅如此，這個觀點又連上朱熹哲學是個反近代性學術的看法，因為朱熹的倫理思想通常被描述為，在道德實踐上無法找到像丁若鏞所說那樣的「自主之權」。筆者在此不是要討論丁若鏞或朱熹的倫理思想是否具有近代性與自由意志；而是再考察丁若鏞以「自主之權」來批判朱熹的倫理思想缺乏道德實踐的思路是否恰當，也試圖再思考丁若鏞這樣的看法所根據的「理」否定論，是否仍有商量的空間，這即是本文比較兩者的重點所在。

二、「自主之權」與道德抉擇

丁若鏞的「自主之權」之所以不能成為近代啟蒙意義上不再受到任何限制（尤其是從形而上本體而來的束縛）並排斥所有目的的自由意志，是因為所謂「自主之權」可以成立的根據，即在於天所賦予的「好德恥惡之性」：

> 孟子之謂性善，豈有差乎？但不得不善，人則無功。於是又賦之以可善可惡之權，聽其自主，欲向善則聽，欲趨惡則聽，此功罪之所以起也。天既賦之以好德恥惡之性，而若其行善行惡，令可游移，任其所為，此其神權妙旨之凜然可畏者也。何則？好德恥惡，既分明矣。自此以往，其向善，汝功也，其趨惡，汝罪也，不可畏乎？禽獸之性，本不能好德恥惡，故善不為功，惡不為罪，斯大驗也。苟使人性不得不善，如蠶之不得不孝，如蜂之不得不忠，如元央之不得不烈，天下其復有善人乎？〔註60〕

根據引文，可以分成三個次序來看道德實踐的過程：一、人根據固有的「好

的關係，就出現兩種研究傾向：其一是認定實學具有近代性，但此時所謂的近代性有別於資本主義的近代性；另一是主張實學與近代性實際上沒有關係。參見鄭豪薰：〈한국 근현대 실학 연구의 추이와 그 문제의식〉〔韓國近現代實學研究趨勢與其問題意識〕，《茶山與現代》2號（2009年），頁339～377。

〔註60〕《定本與猶堂全書》9冊，《論語古今註》卷9，〈陽貨下〉，頁279。

德恥惡之性」而分別出是非善惡；二、由「可善可惡之權」選擇「向善」或「趨惡」；三、選擇「向善」或「趨惡」之後必定有結果，若你選擇「向善」則是「功」，若你選擇「趨惡」則是「罪」。首先，我們從第一點可知，若人不知善惡，所謂權衡（自主之權）是無法成立的。即是說，人知道什麼是善、什麼是惡之後才可以「聽其自主」，那人如何可以認識並分別善惡？答案就在於因「天既賦之以好德恥惡之性」可知其善惡，這就是指丁若鏞所主張的「性嗜好」說，亦是指上帝賦予人的「靈明」（「天之靈明，直通人心」〔註61〕）。其次，針對第二點而言，人雖然具有「可善可惡之權」，而似乎可以隨意選擇我們的行為，但這並不意味著人可以放縱不拘；反而「自主之權」之所以是「其神權妙旨之凜然可畏者」，亦是因為人已有能夠分別出善惡的「靈明」，如同「好德恥惡，既分明矣」。可見，使得人能夠選擇「欲向善則聽，欲趨惡則聽」，其背後早就設定好了以「好德恥惡之性」為代表的道德本能，甚至這個道德本能是人格神賦予我們的，就此而言，此與近代自由意志的距離實在太遠。

　　除了以上「自主之權」的成立根據之外，我們還需要注意的就是最後第三點，「自主之權」與「功罪」關係。丁若鏞認為，人基於自主之權並自願行善之可能在於好德恥惡的靈明，因此沒有靈明的禽獸，不僅善惡，亦說不上任何功罪。在此，丁若鏞之所以將善惡行為與「功罪」連接起來，當然不是因為他主張人是因利益損害而行善的，而是因為丁若鏞積極地反對傳統以來宋明儒學因「性即理」而主張的「不得不善」。在丁若鏞看來，人自願行善才是真善，並且實際落實出來其道德行為之後才可以稱之為「善人」，因此丁若鏞說：「苟使人性不得不善，如蠶之不得不孝，如蜂之不得不忠，如元央之不得不烈，天下其復有善人乎？」在此我們不能忽略，丁若鏞這樣的說法，與利瑪竇的觀點是完全相同：

> 吾以性為能行善惡，固不可謂性自本有惡矣。惡非實物，乃無善之謂，如死非他，乃無生之謂耳。如士師能死罪人，詎其有「死」在己乎？苟世人者，生而不能不為善，從何處可稱成善乎？天下無無

〔註61〕「天之靈明，直通人心，無隱不察，無微不燭，照臨此室，日監在茲，人苟知此，雖有大膽者，不能不戒慎恐懼矣。」見《定本與猶堂全書》6冊，《中庸自箴　一》，〈是故，君子戒慎乎其所不睹，恐懼乎其所不聞。〉，頁232～234。關於「靈明」，詳參第五章第二節之一。

意於為善而可以為善也。吾能無強我為善而自往為之，方可謂為善
之君子。天主賦人此性，能行二者，所以厚人類也，其能取舍此善，
非但增為善之功，尤俾其功為我功焉。故曰：「天主所以生我，非用
我；所以善我，乃用我。」此之謂也。即如設正鵠，非使射者失之；
亦猶惡情於世，非以使人為之。彼金石鳥獸之性不能為善惡，不如
人性能之以建其功也。其功非功名之功，德行之真功也。人之性情
雖本善，不可因而謂世人之悉善人也，惟有德之人乃為善人。德加
於善，其用也，在本善性體之上焉。〔註62〕

利瑪竇強調，若因人性本善而人就「不能不為善」，即便行善仍不能稱之為
行善。在利瑪竇看來，所謂「行善」不是像個人的習慣那樣「無意」地所做
的行為，而是有意並自願做道德實踐的人，才可以叫做「為善之君子」。在
此利瑪竇所謂的「意」，並不是指求名求利的意圖，而是指在道德實踐上的
「欲善」，也可以說是丁若鏞所說的「好善」之先天傾向性。並且，如同丁
若鏞說「禽獸之性，本不能好德恥惡，故善不為功，惡不為罪」，利瑪竇也
主張「金石鳥獸之性不能為善惡，不如人性能之以建其功也」，再加上所謂
「功」不是名利而是「德行之真功」，可見利、丁兩者對「可善可惡」、「取
舍此善」的「自主之權」的脈絡是相同的。職是之故，從理論的角度來看，
丁若鏞的「自主之權」所蘊含的含義是接近於在神學觀點上以善行得救來而
論的自由意志。

不過，若從其工夫的內容來看，「自主之權」亦可以說是典型的儒家工夫
論：

天之於人，予之以自主之權，使其欲善則為善，欲惡則為惡，游移
不定，其權在己，不似禽獸之有定心。故為善則實為己功，為惡則
實為己罪。此心之權也，非所謂性也。〔註63〕

如前所述，丁若鏞主張人有「自主之權」，所以我們行善或行惡都未定，隨
著其行為之後的功罪也屬於自己。丁若鏞又指出，「自主之權」之「權」（「權
衡」）是可善可惡的，因此聽從自我的意念而實行善或惡，可見丁若鏞所強
調的「自主之權」確實是蘊含著道德抉擇以及其實踐的自由。針對道德抉擇
而言，這亦是儒家工夫論的典型，在朱熹「道心人心論」中也可發現與此同

〔註62〕《天主實義今注》，〈第七篇 論人性本善，而述天主門士正學〉，頁184。
〔註63〕《定本與猶堂全書》7冊，《孟子要義》卷1，〈滕文公〉，頁94。

樣內容：

> 次日，恭甫又問：「道心，只是仁義禮智否？」曰：「人心便是饑而思食，寒而思衣底心。饑而思食後，思量當食與不當食；寒而思衣後，思量當著與不當著，這便是道心。聖人時那人心也不能無，但聖人是常合著那道心，不教人心勝了道心。道心便只是要安頓教是，莫隨那人心去。這兩者也須子細辨別，所以道『人心惟危，道心惟微』」。〔註64〕

> 問：「『擇善而從之』，是已知否？」曰：「未擇時則未辨善惡，擇了則善惡別矣。譬如一般物，好惡來雜在此，須是擇出那好底，擇去那惡底。擇來擇去，則自見得好惡矣。」〔註65〕

如前我們已看過，在與弟子的問答中，朱熹說明「道心」與「人心」的差異在於仔細思考應當、不應當後所進行的抉擇及其實踐〔註66〕。可見朱熹「道心人心論」也可以說是「擇善而從之」工夫，朱熹明確說還沒作出一個選擇之前並未固定其好惡，選擇之後才可辨其好惡與否；而強調擇「好」而去「惡」，可見與「自主之權」的涵義是相同的。

　　總之，丁若鏞的「自主之權」（「權衡」）是根據「性嗜好」說，「性嗜好」說是丁若鏞為否定形而上道德本體（「理」）而提倡的主張。可見，丁若鏞是以「上帝」作為永恆普遍的本體的，因此實際上丁若鏞也脫不了朱熹之「理」所擔當的形而上道德本體之角色。丁若鏞主張，可善可惡的「權衡」（「自主之權」）是天所賦予的；但此時要注意，「權衡」能夠「可善」的必然性是來自於「性」，而在此「性」雖然不能確定其行為之後的善惡，但卻固定「樂善惡惡」的向善性。換句話說，因為由天受到先天地「好善」的「性」，因此人能夠道德抉擇以及其實踐；若沒有這個「性」，人就無法做道德實踐，因此丁若鏞說：「天既予人以可善可惡之權衡。於是就其下面，又予之以難善易惡之具，就其上面，又予之以樂善恥惡之性。若無此性，吾人從古以來，無一人能作些微之小善者也。」〔註67〕。可見，丁若鏞以「嗜好」為「性」，而其「嗜好」的內容就是將「好善」當作先天具有的、自然而然的道德本能。並且，

〔註64〕《朱子語類》，第5冊，卷78，〈尚書一〉，頁2016。
〔註65〕《朱子語類》，第3冊，卷34，〈論語十六〉，頁899。
〔註66〕詳細內容參本文第3章第3節之二。
〔註67〕《定本與猶堂全書》6冊，《心經密驗》，〈心性總義〉，頁199～200。

在丁若鏞看來，所賦予這個「好善」之「性」的「天」是道德本體，但此「天」不是與自然界一般的「蒼蒼有形之天」，而是具有「靈明」的「上帝」，這實際上意味著用「上帝」來取代以「理」為本體的觀念。

朱熹的「道心人心論」是與此不同。在朱熹的工夫論上，進行道德抉擇以及其行為的知覺是由理氣之合而成，因此全屬於「心」。相較於以具有「靈明」的上帝為道德行為的絕對根據，朱熹「道心人心論」所呈現的主宰性會更強。針對道德實踐而言，「性」是我們固有的道德先天性，我們將此視為道德實踐的根據。換句話說，人處在任何情境能夠做出道德行為的絕對可能性及其動機，是在於「性」；但主宰其實際行為而進行道德實踐的主體，必須是「心」。在經驗現實上所有道德實踐，必須產生「自作主宰」的追求，因而以心之「虛靈知覺」來保證人心能夠發揮其主宰性。總之，朱熹對心之虛靈知覺具有強烈的問題意識，都是針對「心」的主宰性而來，因此所謂「虛靈」所指的，則是心之知覺，而不是本體。就此而言，丁若鏞對「自主之權」稱之為「心之權」，實際上朱熹與丁若鏞兩者都具有同樣脈絡。即是說，面臨需要道德抉擇及其實踐的情況時，「理」不能成為道德主體，而是「心」才可以當作道德主體，就此而言，兩者是同樣的。

以上同樣的條件下，問題的爭點終究再回到道德本體這一方面。就是說，在實行道德實踐時所根據的本體而言，其一是對人世「無造作」的道德形而上本體，另一是有意有知並可切入經驗現實世界的人格神。從道德實踐的角度來看，哪一個是自己做主的主宰性會更強呢？如同丁若鏞當時所批駁一般，朱熹的倫理思想是否真的沒有實踐上的自由及其動力？這些問題可能仍然有著需要再討論的空間。

第七章 結 論

　　本文一共分作七章來討論，第一章為緒論，最後一章為結論，正文部分則分作五章來進行，以下將針對各章論述作一簡要回顧與整理。

　　第一章主要敘述了本文寫作的研究背景與動機。關於丁若鏞哲學的「贊朱」或「反朱」所引起的討論中，「道心人心論」之所以已成為朱熹與丁若鏞哲學之間有著高度相關性的判準，是因為中韓學界皆認為朱熹與丁若鏞的「道心人心論」幾乎沒有差別。然而，本文卻認為兩者對「道心人心」的理解仍有不同之處，而其主要差異在於朱熹與丁若鏞對「道心」的觀點，這即是本文的問題意識所在。簡言之，朱熹哲學之「道心」是先必須透過「知覺」之後才形成的道德意識，與作為本體的「性即理」仍有區別。與此相反，丁若鏞將「道心」視為如同「天命之性」的本體，此時丁若鏞所提出的「靈明」是成立「道心」的根據。並且，此「靈明」是「上帝」與人共有的道德先天性，即在丁若鏞看來，以「靈明」、「天命之性」、「道心」為代表的道德先天性成立的終極本體是「上帝」。

　　第二章探討了朱熹「道心人心論」的理論背景及其問題意識。通常是與天理本體並論的「道心」，最後不再是本體而是具有「覺於理」的道德意識之意，在理論上能夠使得如此轉換，其背景有兩個重點：第一、程頤首次點出與本體不同的「已發之心」；第二、朱熹脫離中和舊說而建立中和新說。本文從程頤與呂大臨關於「中」與「未發已發」之辯論談起，考察了程頤基於「體用自殊」而主張本體與現象之區分，並肯定人在經驗現實上的「已發之心」。然而在程頤之前，也就是北宋後期與南宋初期，對「已發之心」的主流觀點是與「未發本體」混為一體，視之為「未發本體」之流行作用。原來根據如此「性體心用」而展開中和舊說的朱熹，開始懷疑作為實踐主體的經驗之心

實在沒有落腳之地，於是建立中和新說。朱熹認為，「性」固然是未發本體，但其本體之發用必須透過「心」才可以呈現，在此心性情三分結構之下，原來在「性體心用」裡總被性本體當作次級概念的「心」，升為可以主宰的知覺處而統攝性情，這意味著朱熹哲學中的「心」更鞏固了工夫論上的地位，也可以說強化「心」在現實上實踐主體的功能。以上朱熹建立中和新說的過程中，最凸顯的一個特色就是可思可決的「知覺」，如同朱熹直接地說「人心是知覺」，這亦是「道心」獲得名為道德意識的知覺意義之理論基礎。

第三章的主要論點在於，以上從中和舊說到新說的變遷過程，與朱熹早晚期「道心人心」的理論變化正好相同，於是從此論起了朱熹「道心人心論」的緣起與發展。朱熹早期「道心人心論」主要是以《孟子》「操則存，舍則亡」的詮釋為主，進而以「天理人欲」的框架理解「道心人心」。此時「道心」等同於作為本體的「天理純全者」，皆可規定為本體，這是在中和舊說上所建立的解釋。朱熹晚期「道心人心論」是根據中和新說之架構，此時無論是「道心」還是「人心」，都不是從本體層面上說起，而是在實踐主體之經驗心上從「覺於理」之與否來區分為「道心」還是「人心」。可見「心」就成為以現實的、經驗之心為主的道德實踐主體，朱熹積極地運用「知覺」來鞏固「心」理應發揮的主宰性，在此脈絡下「知覺」自然地進入朱熹哲學體系內而被討論。朱熹為了拒絕當時賦予「知覺」以道德先天性的主流看法，透過「知覺訓仁」及「知覺為性」之說的批判來對本體與「知覺」進行截然區分。朱熹又指出「知覺」是由理氣而成，並且以「氣之虛靈」凸顯出心之知覺可以統攝性理及應萬事的能力，他如此重新奠定「知覺」的界說，從此心之知覺在工夫論的實際操作上鞏固其主宰性。根據以上的理論基礎，朱熹晚期「道心人心論」可以界定為：心的知覺，「覺於理」之後，稱之為「道心」；「覺於欲」之後，稱之為「人心」；若沒有分辨此二者而過度追求飲食飽暖的滿足，則流於人欲。

第四章從天主教信仰論述了丁若鏞「道心人心論」的問題意識。不僅僅是針對「道心人心論」，丁若鏞整個哲學所點出的問題意識，即在於對「理」的批判。然而，他之所以批判「理」，不是因為他否定一個哲學系統對本體之需求，而是因為在他看來「理」擔當不起所謂本體的角色，因此將人格化的「上帝」放在原來「理」所代表的本體之位。從本體論的觀點來看，人格神取代了「理」，這即意味著整個哲學體系的方向轉換，就此而言，丁若鏞哲學

體系更接近於以有神論為前提而關注道德實踐的神學之意。由此可見，他的哲學理論中可發現的天主教成分不是單純的「補儒」，這亦是本章首先從歷史觀點來探討丁若鏞與天主教的關係的原因。本章批判以往天真庵講學的研究，而主張應從信西派入手，因為丁若鏞樹立對儒家經典的解釋觀點時，他身為信西派一員所接觸的天主教理論具有更深厚的影響力。實際上，天真庵講學與丁若鏞是無關，更進一步說不僅是天真庵講學，星湖左派接受天主教信仰而變為信西派的過程中亦難以發現在思想觀點上的連續性。即是說，左派變為信西派的 1784 年之前，安鼎福與左派是圍繞在經典詮釋上「私意」與「自得」的觀點而僵持，並不是因為接受天主教信仰與否引起了爭論。左派接受天主教信仰的契機，不是從天真庵講學開始認真探求天主教思想開始，而在於他們以「自得」為代表的學術風格以及李檗的個人傳教行為。在此脈絡下，丁若鏞雖然自稱為私淑星湖李瀷，但從建立自己的思想體系的角度來看，他是屬於因李檗的傳教而加入的信西派。

第五章首先從哲學理論的角度考察丁若鏞哲學體系與天主教理論之間的類似性。本章由「理」、「氣」、「鬼神」這三個概念為主進行討論，丁若鏞的理論體系奠基於利瑪竇《天主實義》所呈現的反理學模式。丁若鏞將朱熹之「理」視為需要依靠「自有者」才能存在的「依附之品」，「氣」因具有體質而能夠獨立存在的「自有者」，丁若鏞如此觀點亦見於利瑪竇對理氣所界定的「依賴者」與「自立者」。不僅如此，兩者亦同樣批判「理」沒有「知覺」，可見丁若鏞與利瑪竇對性理學具有相同的問題意識。丁若鏞對「鬼神」與有形有質的「氣」做截然區分並主張「鬼神」與「上帝」是「同德」。此時「同德」即是指可以掌握並安排萬物的運行與其作用，亦可以影響到經驗現實。可見，丁若鏞積極地接受鬼神的主宰性，再加上他將上帝視為鬼神中的「其至尊至大者」，如此鬼神觀是準確地根據利瑪竇的「天主」。本章基於以上要點，其次探討丁若鏞「道心人心論」的含義。丁若鏞的「道心」是指上帝給予人其自身具備的先天道德本性，即是「靈明之心」，亦是丁若鏞以「性嗜好」所說明的「樂善恥惡」之道德本能，就此而言，丁若鏞的「道心」等於是名為「天命」的本體。由此可見，丁若鏞的「道心」與「人心」是以「靈明之心」與屬於有形氣質的「五臟之心」或「心之所發之心」為代表的本體與現象之二分，而不像朱熹那樣用「道心」與「人心」指稱因「覺於理」或「覺於欲」而有的不同現象。

　　基於以上的論述，第六章延伸探討了朱熹與丁若鏞的本體論與工夫論之比較。朱熹與丁若鏞都絕對肯定本體的存在，在此相同立場上，若說丁若鏞以「靈明」來進行本體的人格化並帶有濃厚的宗教色彩，那麼朱熹則賦予「太極」以一切萬物的存在根據之意，並將此與性善價值本體之「理」等同起來。可見，朱熹亦對「理」以「無極而太極」進行了絕對化，足以稱之為「神」。萊布尼茲是支持如此看法的代表學者。他主張「理」是能夠推動天的唯一原因（the sole cause），而批判龍華民使「理」歸屬於物質。然而，至於本體是否具有理智，萊布尼茲與龍華民都認為本體（上帝）理應是「有靈有覺」並可以自己活動，因此他們所理解的本體則是合於丁若鏞之上帝，而不是指朱熹哲學之「理」。可見，丁若鏞哲學體系的本體即是具有「靈明」的上帝，並且作為我們的本體之「靈明」亦是上帝所賦予的。在此脈絡下，人依據「靈明」而進行道德實踐的意志，也許難以說是全面地歸屬於人。就此而言，以往被認為指出一種自由精神的丁若鏞之「自主之權」，不是意味著近代啟蒙意義上不再受到任何限制（尤其是從形而上本體而來的束縛）並排斥所有目的的自由意志，而是已包含某種特定的意圖，如同在中世紀基督教神學中善行得救的自由意志。不僅如此，從儒家的角度來看，丁若鏞的「自主之權」是根據「性嗜好」說的儒家傳統工夫論，與近代性不太相關。更進一步說，丁若鏞對「自主之權」稱之為「心之權」，蘊含著道德抉擇及其實踐的自由，而這正好同於朱熹「道心人心論」的含義，因為朱熹亦指出「道心」與「人心」之差異在於仔細思考應不應當後所進行的抉擇與其實踐。可見，在工夫論上做出實際的道德行為是「心」而不是本體；換言之，不是本體而是「心」才可以當作道德主體，就此而言，實際上朱熹與丁若鏞兩者都具有同樣脈絡。

　　如此的相同立場上，問題的爭點終究再回到他們在理論上所設定的本體：「理」與「上帝」。即是說，就實行道德實踐時所根據的本體而言，一是對人世「無造作」的道德形而上本體，另一是有意有知並可切入經驗現實世界的人格神，從道德實踐的角度看，哪一邊是自己做主的主宰性更強？如同丁若鏞當時所批駁一般，朱熹的工夫論是否真的無法使人能積極奮勉實踐道德行為等，這些問題可能仍然有著需要再討論的空間。

參考文獻

（古籍文獻依作者生年先後排列；近人著述依作者姓氏筆劃排列）

一、古籍文獻及當代譯注

（一）中文古籍

1. 〔漢〕孔安國傳，〔唐〕孔穎達疏，李學勤主編：《尚書正義：虞夏商書》，臺北：臺灣古籍出版，2001 年。

2. 〔宋〕張載，章錫琛點校：《張載集》，北京：中華書局，2006 年。

3. 〔宋〕張載，林樂昌編：《正蒙合校集解》，北京：中華書局，2012 年。

4. 〔宋〕程顥、程頤，王孝魚點校：《二程集》，北京：中華書局，2006 年重印。

5. 〔宋〕程顥、程頤，郭齊譯注：《二程文選譯》，南京：鳳凰，2011 年。

6. 〔宋〕呂大臨，陳俊民輯校：《藍田呂氏遺著輯校》，北京：中華書局，1993 年；2012 年重印。

7. 〔宋〕胡宏，吳仁華點校：《胡宏集》，北京：中華書局，2009 年重印。

8. 〔宋〕謝良佐：《上蔡語錄》，收入朱傑人等主編：《朱子全書外編》，上海：華東師範大學出版社，2010 年。

9. 〔宋〕楊時，林海權校理：《楊時集》，北京：中華書局，2018 年。

10. 〔宋〕張九成：《中庸說》，收入《四部叢刊》第 6 冊，臺北：臺灣商務，1981 年。

11. 〔宋〕黃倫：《尚書精義》，《景印文淵閣四庫全書》，第 58 冊。（「高等學校中英文圖書數字化國際合作計劃（Books from the China-US Million Book Digital Library Project）」：https://archive.org/details/cadal）

12. 〔宋〕朱熹，陳俊民校編：《朱子文集》，臺北：德福文教基金會，2000 年。

13. 〔宋〕朱熹，黎靖德編，王星賢點校：《朱子語類》，北京：中華書局，2007 年。

14. 〔宋〕朱熹：《四書章句集注》，北京：中華書局，2001 年。

15. 〔宋〕朱熹、呂祖謙編，張京華輯校：《近思錄集釋》，長沙：岳麓書社，2009 年。

16. 〔明〕利瑪竇，梅謙立注，譚傑校勘：《天主實義今注》，北京：商務印書館，2014 年。

17. 〔明〕楊廷筠：〈職方外紀序〉，收入艾儒略（Giulio Aleni）著，謝方校釋：《職方外紀校釋》，北京；中華書局，1996 年。

（二）韓國古籍

1. 《推案及鞠案》（「『추안급국안』정서화 및 DB 기반 구축」〔《推案及鞠案》的正書化以及 DB 基礎的建立〕：http://waks.aks.ac.kr/rsh/?rshID=AKS-2012-CAB-1101）

2. 《光海君日記》（「韓國古典綜合 DB」：http://db.itkc.or.kr/）

3. 《正祖實錄》（「韓國古典綜合 DB」：http://db.itkc.or.kr/）

4. 李晬光：《芝峯類說》（「韓國古典綜合 DB」：http://db.itkc.or.kr/）

5. 李瀷：《星湖全集》，收入《韓國文集叢刊》第 198～199 輯，首爾：民族文化推進會，1997 年。

6. 李瀷：《星湖僿說》，收入民族文化推進會編譯：《國譯星湖僿說》，首爾：民族文化推進會，1977 年。

7. 韓元震，郭信煥譯註：《朱子言論同異考》，首爾：昭明出版，2002 年。

8. 安鼎福：《順菴集》，收入《韓國文集叢刊》第 229～230 輯，首爾：民族文化推進會，1998 年。

9. 李基慶，李晚采編，金時俊譯：《闢衛編》，首爾：明文堂，1931 年。

10. 丁若鏞，茶山學術文化財團校編：《定本與猶堂全書》，首爾：圖書出版松樹，2012 年。

11. 徐壽錫：《潁水先生全集》，首爾：景仁文化社，1997 年。

12. 丁奎英：《俟菴先生年譜》，1921 年。（「首爾大學奎章閣韓國學研究院」：http://kyujanggak.snu.ac.kr/home/index.do?idx=06&siteCd=KYU&topMenuId=206

13. &targetId=379）

（三）外文古籍

1. Thomas Aquinas. *Summa Theologica*. 中譯本：高旭東、陳家華譯：《神學大全》第一集，台南：中華道明會／碧岳學社聯合出版，2008 年。

2. Longobardi, Nicholas. *A Short Answer Concerning the Controversies about Xang Ti, Tien Xin, and Ling Hoen and other Chinese Names and Terms*, in *A Collection of Voyages and Travels, Some Now First Printed from Original Manuscripts, Others Now First Published in English: With a General Preface, Giving an Account of the Progress of Navigation, from Its First Beginning*. Published in London by Awnsham Churchill, 1732.

3. Leibniz, Gottfried Wilhelm. *Discourse on the Natural Theology of the Chinese*. Translated, with an Introduction, Notes and Commentary by Henry Rosemont, Jr. and Daniel J. Cook. Honolulu: The University Press of Hawaii, 1977.

4. Dallet, Charles. *Histoire de l'église de Corée*, Paris: V. Plame, 1874. 韓譯本：安應烈、崔奭祐譯：《韓國天主教會史》，首爾：韓國教會史研究所，1980年。

二、近人著述

（一）中文專書

1. 王邦雄等著：《中國哲學史》，臺北：里仁書局，2005年。

2. 牟宗三：《心體與性體》第一冊，臺北：正中，1966年。

3. 牟宗三：《心體與性體》第二冊，臺北：正中，1968年。

4. 牟宗三：《心體與性體》第三冊，臺北：正中，1990年。

5. 何俊：《南宋儒學建構》，上海：上海人民出版社，2004年。

6. 李澤厚：《中國古代思想史論》，臺北中和：谷風，1986年。

7. 余英時：《朱熹的歷史世界：宋代士大夫政治文化的研究》上篇，臺北：允晨文化，2007年。

8. 杜保瑞：《北宋儒學》，臺北：臺灣商務印書館，2005年。

9. 杜保瑞：《南宋儒學》，臺北：臺灣商務印書館，2010年。

10. 杜保瑞：《中國哲學方法論》，臺北：臺灣商務印書館，2013年。

11. 束景南：《朱熹年譜長編》，上海：華東師範大學，2001年。

12. 杜保瑞：《朱子大傳》，上海：商務印書館，2003年。

13. 吳道宗：《深知所信：基督徒基要真理》，臺北：中華福音神學院出版社，2013年

14. 林月惠：《異曲同調──朱子學與朝鮮性理學》，臺北：臺大出版中心，2010年。

15. 林月惠、李明輝編：《高橋亨與韓國儒學研究》，臺北：臺大出版中心，2015年。

16. 唐君毅：《中國哲學原論·原性篇》，臺北：臺灣學生書局，1990年。

17. 徐洪興：《思想的轉型：理學發生過程研究》，上海：上海人民出版社，1996 年。

18. 郭曉東：《經學、道學與經典詮釋》，臺北：臺大出版中心，2011 年。

19. 陳來：《朱子哲學研究》，上海：華東師範大學出版社，2000 年。

20. 陳來：《宋明理學》，臺北：洪葉文化，1994 年。

21. 陳來：《朱子書信編年考證：增訂本》，北京：生活‧讀書‧新知三聯書店，2007 年。

22. 陳立勝：《王陽明「萬物一體」論：從「身—體」的立場看》，臺北：臺大出版中心，2005 年。

23. 張永儁：《二程學管見》，臺北：東大，1988 年。

24. 馮友蘭：《中國哲學史新編》，收入《三松堂全集》第八卷，鄭州：河南人民，2000 年。

25. 勞思光：《新編中國哲學史》，臺北：三民書局，1981 年。

26. 勞思光：《思想方法五講新編》，香港：中文大學出版社，2000 年。

27. 黃俊傑編：《東亞視域中的茶山學與朝鮮儒學》，臺北：臺大出版中心，2006 年。

28. 黃俊傑、林維杰編：《東亞朱子學的同調與異趣》，臺北：臺大出版中心，2006 年。

29. 黃俊傑、林維杰編：《朝鮮儒者對儒家傳統的解釋》，臺北：臺大出版中心，2012 年。

30. 楊祖漢：《從當代儒學觀點看韓國儒學的重要論爭》，臺北：臺大出版中心，2005 年。

31. 楊儒賓：《從《五經》到《新五經》》，臺北：臺大出版中心，2013 年。

32. 劉述先：《朱子哲學思想的發展與完成》，臺北：臺灣學生書局，1995 年。

33. 蔡振豐：《朝鮮儒者丁若鏞的四書學——以東亞為視野的討論》，臺北：臺大出版中心，2010 年。

34. 蔡茂松：《朱子學》，臺南：大千世界出版社，2007 年。

35. 錢穆：《朱子新學案》，收入錢賓四先生全集編輯委員會編：《錢賓四先生全集》11～12，臺北市：聯經，1995 年。

36. 錢穆：《朱子新學案》，北京：九州出版社，2011 年。

37. 錢穆：《朱子學提綱》，臺北：素書樓基金會出版；蘭臺網路總經銷，2001 年。

（二）韓國專書

1. 尹敏求：《한국 천주교회의 기원》〔韓國天主教會之起源〕，首爾：國學資料院，2002 年。

2. 尹敏求：《초기 한국천주교회사의 쟁점 연구》〔早期韓國天主教會史的爭端研究〕，首爾：國學資料院，2014 年。

3. 卞基榮：《이벽 성조와 천진암》〔李檗聖祖與天真庵〕，首爾：進明出版社，1981 年。

4. 李元淳：《韓國天主教會史研究》，首爾：韓國教會史研究所，1986 年。

5. 金玉姬：《韓國天主教思想史》，首爾：殉教之脈，1990 年。

6. 金善姬：《마테오 리치와 주희, 그리고 정약용》〔利瑪竇與朱熹，及丁若鏞〕，首爾：심산〔Sim-San〕，2012 年。

7. 姜世求：《성호학통 연구》〔星湖學統研究〕，首爾：慧眼，1999 年。

8. 琴章泰：《정약용—한국실학의 집대성》〔丁若鏞—韓國實學的集大成者〕，首爾：成均館大學出版部，2002 年。

9. 趙珖：《조선후기 사회와 천주교》〔朝鮮後期社會與天主教〕，首爾：景仁文化社，2010 年。

10. 韓亨祚：《주희에서 정약용으로—조선 유학의 철학적 패러다임 연구》〔從朱熹到丁若鏞—朝鮮儒學的哲學模式研究〕，坡州：世界社，1996。

（三）外文專書（含翻譯著述）

1. 安善材（Brother Anthony of Taizé）and Robert Neff. *Brief Encounters : Early Reports of Korea by Westerners*, Irvine: Seoul Selection, 2016.

2. 孟德偉（David E. Mungello），張學智譯：《萊布尼茲和儒學》，南京：江蘇人民出版社，1998 年。

3. 秦家懿（Julia Qing），曹劍波譯：《朱熹的宗教思想》，廈門：廈門大學出版社，2010 年。

4. 秦家懿（Julia Qing），吳有能、吳華譯：《儒與耶》，臺北：文史哲，2000 年。

5. 麥克·彼得森（Michael Peterson）外，孫毅游譯：《理性與宗教信念：宗教哲學導論》第三版，北京：中國人民大學出版社，2005 年。

6. 麥葛福（Alister McGrath），王瑞琦、劉良淑譯：《基督教神學手冊》，臺北：校園書房出版社，1998 年。

三、中、韓論文（含期刊論文、專書論文、學位論文）

（一）中文論文

1. 李明輝：〈朱子對「人心」、「道心」的詮釋〉（上），《鵝湖月刊》，第 387 期，2007 年 9 月。

2. 李明輝：〈朱子對「人心」、「道心」的詮釋〉（下），《鵝湖月刊》，第 388 期，2007 年 10 月。

3. 李明輝：〈朱子性理學與韓儒丁時翰的四端七情論〉，收入黃俊傑、林維杰編：《東亞朱子學的同調與異趣》，臺北：臺大出版中心，2006 年。

4. 李明輝：〈省思中國哲學研究的危機——從中國哲學的「正當性」問題談起〉，《思想》第 9 期，2008 年 5 月。

5. 李賢中：〈中國哲學研究方法之省思〉，《哲學與文化》34 卷 4 期，2007 年 4 月。

6. 李紅霞：〈呂大臨《中庸解》簡論〉，收入陳來主編：《早期道學話語的形成與演變》，何肥：安徽教育出版社，2007 年。

7. 李俸珪：〈韓國學界關於茶山學研究的焦點〉，收入黃俊傑編：《東亞儒學研究的回顧與展望》，臺北：臺大出版中心，2005 年。

8. 宋榮培：〈論丁茶山與利瑪竇《天主實義》之間哲學範式的類似性〉，收入古偉瀛編：《東西交流史的新局：以基督宗教為中心》，臺北：臺大出版中心，2005 年。

9. 沈享民：〈再探訪朱熹格物致知論：並從德性知識論的視域略論其可能性與限制〉，《哲學與文化》39 卷 2 期，2012 年 02 月。

10. 林月惠：〈高橋亨「主理派／主氣派」解釋框架之批判〉，收入林月惠、李明輝編：《高橋亨與韓國儒學研究》，臺北：臺大出版中心，2015 年。

11. 林月惠：〈太極與萬物一體：利瑪竇對宋明理學的詮釋與批判〉，收入《東亞哲學的終極真理》，臺北：中央研究院中國文哲研究所，2017 年。

12. 金春峰：〈朱熹道統說的建立與完成——從思想史所作的分析〉，《九州學林》4 卷 1 期，2006 年 11 月。

13. 陳榮開：〈朱子的《中庸》說：《中庸章句·序》中有關道心、人心問題的看法〉，收入朱杰人編：《邁入 21 世紀的朱子學——紀念朱熹誕辰 870 周年、逝世 800 周年論文集》，上海：華東師範大學，2001 年。

14. 郭曉東：〈論朱子在對《中庸》詮釋過程中受呂與叔的影響及其對呂氏之批評〉，收入黃俊傑：《中日《四書》詮釋傳統初探》，上海：華東師範大學，2007 年。

15. 黃連忠：〈從哲學範疇詮釋中國哲學的方法論思維及其系統架構的局限〉，《臺北大學中文學報》1 期，2006 年。

16. 黃瑩暖：〈從「心之知覺」論朱子之「心」的道德動能——從「知覺是智之事」談起〉，《國文學報》57 期，2015 年 06 月。

17. 楊儒賓：〈論「觀喜怒哀樂未發前氣象」〉，《中國文哲研究通訊》15 卷 3 期，2005 年 9 月。

18. 鄭家棟:〈「中國哲學」與「哲學在中國」〉,《哲學動態》第 5 期,2000年 5 月。

19. 鄭家棟:〈「中國哲學之合法性」問題的由來、實質及其對於相關討論的期望〉,《北京行政學院學報》第 1 期,2005 年 2 月。

20. 鄭宗模:《程明道的德性觀念研究:從應物論觀點看儒家玄學的建構》,國立中央大學哲學研究所博士論文,2016 年。

21. 鍾彩鈞:《二程聖人之學研究》,國立臺灣大學中國文學研究所博士論文,1990 年。

(二) 韓國論文

1. 卞基榮:〈한국 천주교회 창립 1779 년인가 1784 년인가?〉〔韓國天主教會之創立:1779 年還是 1784 年〕,《司牧》144 卷,1991 年。

2. 朴承燦:〈인격 개념의 근원에 대한 탐구〉〔對人格概念根源的探求〕,《人間研究》13 號,2007 年。

3. 李佑成:〈鹿庵 權哲身의 思想과 그 經典批判—近畿學派에 있어서의 退溪學의 繼承과 展開—〉〔鹿庵權哲身的思想及其經典批判:近畿學派中退溪學之繼承與展開〕,《退溪學報》36 卷,1982 年。

4. 李光虎:〈동서 융합의 측면에서 본 정약용의 사상〉〔從東西融合的層面看丁若鏞的思想〕,《退溪學報》第 113 輯,2003 年。

5. 李光虎:〈從《中庸講義補》與《中庸自箴》看茶山之「誠」哲學〉,收入茶山學術文化財團編、金海鷹譯:《茶山的四書經學》,北京:商務印書館,2008 年。

6. 李光虎:〈퇴계 이황의 심학적 이학이 다산 정약용의 도덕론 형성에 미친 영향〉〔退溪李滉的心學式理學對茶山丁若鏞的道德論之形成所給的影響〕,《韓國實學研究》12 卷,2006 年。

7. 吳文煥:〈다산 정약용의 근대성 비판〉〔茶山丁若鏞的人觀批判〕,《政治思想研究》7 號,2002 年 11 月。

8. 呂珍千:《黃嗣永 帛書와 그 異本의 研究》〔黃嗣永帛書與其異本研究〕,韓國天主教大學國史學系碩士論文,1999 年。

9. 金相洪:〈다산과 천진암의 관계〉〔茶山與天真庵的關係〕,《東洋學》35 卷,2004 年 2 月。

10. 金治完:〈천진암 주어사 강학회의 성격에 관한 연구: 다산의 자찬묘지명을 중심으로〉〔關於天真庵走魚寺講學會的性格研究:以茶山《自撰墓誌銘》為中心〕,《歷史與實學》47 號,2012 年 4 月。

11. 金玉姬：《서학의 수용과 그 의식구조》〔西學的受容及其意識構造〕，首爾大學歷史學系碩士論文，1973 年。

12. 金善姬：〈白敏貞「利瑪竇與茶山丁若鏞哲學的距離」討論文（二）〉，《教會史研究》第 39 集，2012 年。

13. 徐鍾泰：《星湖學派의 陽明學과 西學》〔星湖學派的陽明學以及西學〕，西江大學史學系博士論文，1995 年。

14. 孫興徹：〈조선후기 천주교 수용의 학술사적 의미 고찰 — 다산 정약용과 신서파·공서파를 중심으로〉〔朝鮮後期天主教受容的學術史的意義考察——以茶山丁若鏞與信西派・攻西派為中心〕，《茶山學》9 號，2006 年。

15. 崔奭祐：〈한국 천주교회의 기원 문제〉〔韓國天主教會的起源問題〕，《韓國基督教與歷史》卷 1，1991 年。

16. 崔奭祐：〈茶山 西學에 관한 논의〉〔有關茶山西學的討論〕，收入崔奭祐外：《茶山 丁若鏞의 西學思想》〔茶山丁若鏞的西學思想〕，首爾：圖書出版五車，1993 年。

17. 張勝求：〈정약용의 향외적 철학과 그 근대적 성격〉〔丁若鏞的向外性哲學與其近代性格〕，《東方學志》90 號，1995 年 2 月。

18. 琴章泰、成泰鏞外：〈茶山、西學及朱子學〉，收入茶山學術文化財團編：《茶山學》第 2 號，2001 年 5 月。

19. 琴章泰、成泰鏞外：〈茶山의 心개념과 마테오 릿치의 영혼론〉〔茶山的心概念與利瑪竇的靈魂論〕，《宗教與文化》8 卷，2002 年。

20. 琴章泰、成泰鏞外：〈다산의 사천학과 천주교 교리의 활용〉〔茶山的事天學與天主教教理的使用〕，《教會史研究》第 39 輯，2012 年。

21. 琴章泰、成泰鏞外：〈茶山의 儒學思想과 西學思想〉〔茶山的儒學思想與西學思想〕，收入崔奭祐、琴章泰、朴東玉、金玉姬：《다산 정약용의 서학사상》〔茶山丁若鏞的西學思想〕，首爾：五車（意譯），1997 年。

22. 裵賢淑：〈17 · 18 世紀에 傳來된 天主教書籍〉〔17、8 世紀傳來的天主教書籍〕，《教會史研究》3 卷，1981 年。

23. 鄭豪薰：〈한국 근현대 실학 연구의 추이와 그 문제의식〉〔韓國近現代實學研究趨勢與其問題意識〕，《茶山與現代》2 號，2009 年。

24. 權仁浩：〈인심도심 논쟁: 도덕심과 욕망 그리고 하늘의 도리는 같은가 다른가〉〔人心道心論爭：道德心與欲望，及天道是否一樣〕，收入韓國哲學思想研究會編著，《논쟁으로 보는 한국철학》〔從論爭來看的韓國哲學〕，首爾： 禮文書院，1998 年。

四、網站資料庫

1. 「中國哲學書電子化計劃」：https://ctext.org/zh
2. 「高等學校中英文圖書數字化國際合作計劃（Books from the China-US Million Book Digital Library Project）」：https://archive.org/details/cadal
3. 「韓國古典綜合 DB」：http://db.itkc.or.kr/
4. 「『추안급국안』 정서화 및 DB 기반 구축」〔《推案及鞫案》的正書化以及 DB 基礎的建立〕：http://waks.aks.ac.kr/rsh/?rshID=AKS-2012-CAB-1101
5. 「首爾大學奎章閣韓國學研究院」：http://e-kyujanggak.snu.ac.kr/home/main.do?siteCd=KYU
6. 「韓國民族文化大百科詞典」：http://encykorea.aks.ac.kr/

附錄　丁若鏞年譜

* 此年譜是收入於琴章泰：《정약용—한국실학의 집대성》〔丁若鏞—韓國實學的集大成者〕（首爾：成均館大學出版部，2002 年，頁 353～362）。在此，琴章泰參考丁若鏞的玄孫丁奎英（1872～1927）在 1921 年所編纂的《俟菴〔註 1〕先生年譜》，此《俟菴先生年譜》在 2014 年以《다산의 한평생》〔茶山的一生〕之名（丁奎英著、宋載邵譯註；首爾：創作與批評社，2014 年）出版。

* 筆者以琴章泰參考《俟菴先生年譜》做的年表為原文，進行翻譯。其中筆者與原作者稍微持有不同意見的部分，請參見註解。

西曆及干支	年號、朝代及帝王名		朝鮮王曆		年齡	紀　事
1762 壬午	乾隆清 高宗	27	英祖	38	1	－ 六月十六日（以下日期是農曆）巳時（上午 9 時至上午 11 時）出生於京畿道廣州草阜面馬峴（現今京畿道南楊州市鳥安面陵內裡），父親丁載遠（號荷石，1730～1792）、母親海南尹氏夫人（孤山尹善道的後代）。長子若鉉是前室宜寧南氏所生；次子若銓、三子若鍾、四子若鏞是後室海南尹氏所生。 － 羅州丁氏家門，小名歸農，冠名若鏞；字美庸，號三眉子、茶山、俟菴、洌樵、紫霞道人、門巖逸人；堂號與猶堂；天主教教名若望。 － 當年莊獻世子（朝鮮英祖的兒子、朝鮮正祖的父親）死亡；父親因此事而辭官歸隱時丁若鏞先生出生，因此得到「歸農」之名。

〔註 1〕丁若鏞之號。

1763 癸未		28		39	2	患天花。
1765 乙酉		30		41	4	開始學習《千字文》。
1767 丁亥		32		43	6	隨遷父親的任所寄居京畿道漣川。
1768 戊子		33		44	7	－ 到私塾受業。 － 開始寫五言詩。由於此時先生所寫的「小山蔽大山、遠近地不同」，展現出其尖銳的觀察力，受到父親的稱讚。 － 因天花的後遺症，眉毛裂成三條，自己起名為「三眉子」；當時有 10 歲之前寫作的詩文集《三眉集》，現今佚散，沒有流傳下來。
1770 庚寅		35		46	9	母親海南尹氏 43 歲逝世。茶山長得像外曾祖父尹斗緒（號恭齋，1668～1715，朝鮮後期畫家）。
1771 辛卯		36		47	10	與引退在家的父親學習經典與歷史。此時努力寫作，一年之間所寫的文章累積到自己的身高那麼多。
1774 甲午		39		50	13	模仿杜甫詩之韻寫出幾百首詩，受長輩稱讚。
1776 丙申		41		52	15	－ 二月，娶洪和輔（1726～1791，朝鮮後期武臣）之女兒豐山洪氏。 － 父親再取得官職，為戶曹佐郎，隨父親到首爾，居於南村。 － 三月，英祖駕崩，王世孫（正祖）即位。 － 當年美國從英國獨立。
1777 丁酉	乾隆清高宗	42	正祖	1	16	－ 與星湖學派的前輩，例如星湖的長孫李家煥（號錦帶，1742～1801）與姐夫李承薰（號蔓川，1756～1801）等，讀星湖李瀷的遺稿，立志於實學〔註2〕。茶山平時也說：「博學星湖

〔註 2〕根據〈自撰墓誌銘（集中本）〉，對於當年的紀事，丁若鏞並沒有提到「實學」，他說：「十五而娶，適先考復仕為戶曹佐郎，僑居京內。時李公家煥，以文學聲振一世，姊夫李承薰，又飭躬勵志，皆祖述星湖李先生（瀷）之學。鏞得見其遺書，欣然以學問為意。」（《定本與猶堂全書》3 冊，《文集》卷 16，頁 253。）在〈自撰墓誌銘（壙中本）〉也沒有「實學」此詞語：「十五娶豐山洪氏，武承旨和輔女也。旣娶游京師，則聞星湖李先生瀷學行醇篤，從李家煥‧李承薰等，得見其遺書，自此留心經籍。」（同上，頁 250。）所謂「立志於實學」此處，偏向於作者琴章泰本人的見解，需要注意。

1778 戊戌		43		2	17	<ul><li>秋，遊覽全羅道同福縣的勿染亭與光州瑞石山。</li><li>冬，在和順縣東林寺與仲兄若銓讀《孟子》及討論，提出對宋儒註解的批判。</li></ul>
						<ul><li>老，吾從百世師。」〔註3〕</li><li>與朴趾源（號燕巖，1737～1805）、李德懋（號炯庵，1741～1793）、朴齊家（號楚亭，1750～1805）等，與北學派開始交流。</li><li>秋，父親擔任全羅道和順縣監，隨父親到全羅道和順。</li></ul>
1779 己亥		44		3	18	<ul><li>因父親之命而上首爾，為了考科舉，與仲兄若銓學習多種文體。</li><li>冬，考上成均館施行的考試「陞補試」。</li></ul>
1780 庚子		45		4	19	<ul><li>父親改任為慶尚道醴泉郡守，隨父親去醴泉，遊覽晉州矗石樓。此時茶山的岳父洪和輔為慶尚右道兵馬節度使，任於晉州。</li><li>父親被禦史的誣告免職，迎接父親歸鄉讀書。</li></ul>
1781 辛丑		46		5	20	<ul><li>在首爾學習為考科舉的詩。</li><li>七月，女兒生，但五天之後死亡。</li></ul>
1782 壬寅		47		6	21	<ul><li>最初買房子定居在首爾倉洞（現今南大門市場）棣泉。</li><li>秋，在奉恩寺學習為考科舉的經義。</li></ul>
1783 癸卯		48		7	22	<ul><li>二月，考上慶祝冊封世子（純祖）的增廣監試之經義初試。</li><li>四月，生員三等第七人為考上會試。在宣政殿進行謝恩時，正祖命令抬頭，問年齡。當月進入成均館。</li><li>搬到會賢坊的在山樓。</li><li>九月，長子學淵生。</li></ul>
1784 甲辰		49		8	23	<ul><li>夏，正祖因將太學生所提問《中庸》七十條目的答案作為《中庸講義》並獻給正祖，受到囑目。此答案透過與李檗討論完成。而對退溪與栗谷的四端七情說而言，因支持栗谷，被正祖稱讚為最傑出的答案。</li><li>四月十五日，在故鄉馬峴做大嫂的祭祀之後，茶山三兄弟（若銓、若鍾、若鏞）與長兄（若鉉）的妻舅李檗（號曠庵，1754～1785）一起回首爾，沿漢江往首爾的船經過鬥尾峽時，聽</li></ul>

〔註3〕《定本與猶堂全書》1 冊，《詩集》卷2，〈博學〉，頁257。作者琴章泰所引用的丁若鏞之話，無法找出正確的原文，以類似意義的原文代替。

						到李檗對天主教教理的說明，銘感五內。回到首爾之後，去水標橋找李檗，向他借到《天主實義》、《七克》等天主教教理書籍，醉心於天主教。前年（1783）之冬，在北京天主堂受洗禮的李承薰，當年之春帶著有關天主教的書籍回國。
1785 乙巳		50		9	24	－ 二月及四月，在「泮製」（針對成均館儒生所施行的考試）考取狀元，受到正祖稱讚同時領取紙筆的獎項；十二月，正祖親自到春塘臺與誠正閣，命令寫〈賦〉，茶山居首得到《大典通編》。 － 十月，在庭試的初試考取狀元。 － 十正月，考上「柑製」（從濟州島獻上柑橘時，給成均館儒生所施行的考試）的初試。
1786 丙午		51		10	25	－ 二月，考上別試的初試。 － 七月，次子學遊生。 － 八月，考上「到記」（給得到一定出席成績的城均館儒生所施行的考試）的初試。
1787 丁未		52		11	26	－ 多次考上「泮製」，受到正祖的稱讚，領獎《八子百選》、《國朝寶鑑》、《兵學通》。
1788 戊申		53		12	27	－ 正月與三月，考上「泮製」。
1789 己酉		54		13	28	－ 正月，在「泮試」，以〈表文〉考取狀元；三月，考殿試，大科居甲科第二名，任命為宗七品禧陵直長。 － 中選為堂下文官中文學傑出的抄啟文臣。 － 四月，正祖在熙政堂與抄啟文臣討論《大學》的內容，記錄為《大學講義》。 － 五月，轉任為五衛的副司正；六月，除授為承政院假注書。 － 冬，建築船橋時寫出製作規定而立功。 － 十二月，三子懼㨾生，但三天之後死亡。 － 將莊獻世子（思悼世子）的墓遷葬到水原。 － 當年發生法國革命，瓦解封建時代舊體制。
1790 庚戌		55		14	29	－ 二月，薦入翰林，任命為藝文館檢閱。 － 三月，薦入翰林過程中出問題，流放到海美縣（現今忠清南道瑞山郡），但十天之後釋放。 － 五月，再度任命為藝文館檢閱，不久後升職為龍驤衛副司果。 － 九月，除授為司諫院正言與司憲府持平。 － 當年，《十三經策》、《文體策》、《孟子策》中提示改革性見解。

1791 辛亥		56		15	30	– 五月，除授為司諫院正言；十月，除授為司憲府持平。 – 冬，向正祖獻上《詩經講義》八百條，深受正祖的獎譽。 – 冬，在湖南珍山（現今忠清南道錦山郡珍山面）天主教徒尹持忠（1759～1791，茶山的舅表兄）、權尚然（1750～1791，尹持忠的舅表兄）廢除祭祀、焚燒神主牌位（辛亥珍山事件）被處死。此時睦萬中、洪樂安、李基慶等南人僻派（攻西派）將南人時派（信西派）李家煥與茶山當成天主教徒而集中攻擊。
1792 壬子		57		16	31	– 三月，除授弘文館修撰。 – 四月，身為晉州牧師的父親，在任中逝世；到晉州奔喪，葬於荷潭（現今忠州市金加面荷潭裡）的先塋。 – 居喪中收到特命，設計水原城。參考鄧玉函（Johann Terrenz Schreck，1576～1630，耶穌會士）的《奇器圖說》，研製起重器、轆轤，以此建築水原城，省四萬兩的建築費用。此時的著述為《城說》、《起重圖說》。
1794 甲寅		59		18	33	– 六月，父親喪事結束。 – 七月，除授為成均館直講；八月，任命為備邊司郎。 – 十月，除授為弘文館校理、弘文館修撰。 – 同月，任命為京畿暗行禦史，在外看到貧困、受壓迫的百姓之苦。告發並處罰前漣川縣監金養直與前朔寧郡守康命吉的暴政。 – 十二月，任命為景慕宮上尊號都監的都廳，除授為弘文館副校理。
1795 乙卯		60		19	34	– 正月，除授為司諫院司諫、承政院同副承指。 – 二月，除授為兵曹參議。成為監試會試的考官。 – 三月，任命為儀軌廳的纂輯文臣。受到王命，擔任《整理通攷》的編纂。除授為承政院右副承旨。 – 七月，中國神父周文謨被發現潛入及活動。以此為契機，引起對茶山的指責，被左遷為忠清道洪州（現今洪城）的金井驛察訪。在此茶山啟發陷於天主教的驛吏與驛卒，使他們做祭祀。此時在內浦（現今忠清南道插橋川西邊，包括牙山、唐津、洪州、德山的地域）的親友們，陪同星湖的從孫李森煥（號木齋，1729～1814）到溫陽的石嚴寺，進行校對星湖的遺

					稿《家禮疾書》。此時所講學的內容，記錄為《西嚴講學記》。
					－ 茶山在任金井驛察訪時，每早洗臉後讀一封退溪之信；結束上午事務後，中午記錄對那封信的感懷，此即是〈陶山私淑錄〉。
					－ 十二月，轉任為龍驤衛副司直。
1796 丙辰	嘉慶清仁宗	1		20	35	－ 十月，受到王命，在奎瀛府（現今奎章閣）校勘《史記英選》。
					－ 十二月，除授為兵曹參知，接著升職為左副承旨、右副承旨之後，任命為副護軍。
1797 丁巳		2		21	36	－ 三月，以王命校勘《春秋經傳》；在摛文院（昌德宮內保管朝鮮歷代王的禦真、禦製、禦筆的官署，也是奎章閣官員的宿舍。）校勘《杜詩》。
					－ 六月，除授為承政院同副承旨，但上〈辨謗辭同副承旨〉的疏，表明自身陷於天主教之後不再信的始末，對被稱為天主教徒的指責做解釋。
					－ 閏六月，除授黃海道穀山府使。谷山之民李啟心〔註 4〕因為不合理的稅收，與一千多名百姓來到官署抗議，官署下逮捕令。茶山赴任時李啟心自首。茶山釋放他，說：「官所以不明者，民工於謀身，不以瘝犯官也。如汝者，官當以千金買之也。」
					－ 冬，完成《麻科會通》十二卷。
1798 戊午		3		22	37	－ 四月，受王命而獻上《史記纂註》。
1799 己未		4		23	38	－ 二月，由於清高宗駕崩，中國使臣來到朝鮮。受到王命，身為迎慰使到黃州。在黃州時，受到監察黃海道地方官的密命。
					－ 春，上〈應旨論農政疏〉，提出發展農業的方案。

〔註 4〕根據〈自撰墓誌銘（集中本）〉，將原作「尹啟心」改為「李啟心」：「谷山之民，有李啟心者，性喜談民瘼。前政時，砲手保棉布一疋，代徵錢九百，啟心率小民千餘人，入府爭之。官欲刑之，千餘人蜂擁啟心，歷階級，呼聲動天。吏奴奮梃以逐之，啟心逸，五營譏之，不可得。鏞至境，啟心疏民瘼十餘條，伏路左自首。左右請執之，鏞曰：『毋。既首不自逃也。』既而釋之曰：『官所以不明者，民工於謀身，不以瘝犯官也。如汝者，官當以千金買之也。』於是凡京營上納之布，鏞親於面前度而受之。鄉校有《五禮儀》，載〈布帛尺圖〉，校之時用尺，差者二寸。於是按圖作尺，期合乎京營銅尺，以收民布，百姓便之。厥明年，布益貴，鏞乃出勅需錢及官俸錢二千餘兩，貿布于沔西，以充京納，徵其賈于民以償之，皆不過二百，民以為家獲一犢矣。」見《定本與猶堂全書》3 冊，《文集》卷 16，〈自撰墓誌銘（集中本）〉，頁 262。

					－ 四月，由於除授兵曹參知，離開穀山。 － 五月，到首爾即除授刑曹參議。 － 十二月，四子農牂生。
1800 庚申		5	24	39	－ 春，反對派對茶山的指責愈加嚴重。帶著妻孥歸鄉，但因王命而回到首爾。 － 六月，正祖駕崩。純祖十一歲即位，金大妃（英祖德繼妃、貞純王后）開始垂簾聽政，老論僻派掌握政權。 － 隱退歸鄉，堂號起名為「與猶堂」，精研學問。此時完成《文獻備考刊誤》。
1801 辛酉		6	純祖	1	40	－ 二月九日，三兄若鍾（教名：奧古斯丁）將放置聖像、教理之書籍，以及周文謨神父信的書櫃隱秘地搬出去時被發現。由於此事件，茶山三兄弟被逮捕關在義禁府。三兄若鍾被處死；次兄若銓被流放到薪知島（現今莞島郡薪知面）；茶山被流放到慶尚道長鬐（現今迎日郡只杏面）。由於此「辛酉教獄」，茶山身邊的親人李家煥、權哲身（號鹿庵，1736～1801）、李承薰都以「邪學」的罪名被處死。 － 在長鬐著述《爾雅述》六卷、《己亥邦禮辨》，也編纂《百諺詩》。（於1820年修補《百諺詩》，完成為《耳談續纂》。） － 十月，因黃嗣永帛書事件被傳喚，回首爾受審。十一月，若銓再被流放到全羅南道新安郡黑山島；茶山被流放到全羅南道康津郡。
1802 壬戌		7	2	41	－ 流放初期，沒有地方可住。租賣年糕老媼房子的內間住了八年。 － 四子農牂四歲死亡。
1803 癸亥		8	3	42	－ 金大妃下解放之命，但因徐龍輔反對而無成。 － 此時著述《檀弓箴誤》、《弔奠考》、《禮箋喪儀匡》。
1804 甲子		9	4	43	－ 著述《兒學編訓義》。
1805 乙丑		10	5	44	－ 春，在白蓮寺見兒庵惠藏禪師。 － 夏，著述《正體傳重辨：己亥邦禮辨》三卷。 － 冬，長子學淵來訪，在寶恩山房（現今高聲寺）講論《周易》、《禮記》，此時問答記錄為《僧菴問答》。
1806 丙寅		11	6	45	－ 搬到李晴（初名：鶴來，茶山的弟子）之家。
1807 丁卯		12	7	46	－ 五月，長孫大林生。 － 冬，著述《喪具訂》。

1808 戊辰		13		8	47	－ 春，搬到處士尹博的山亭，這就是現今的「茶山草堂」。東菴與西菴藏一千多卷的書。茶山整理周邊及附近的石壁刻「丁石」二字，培養後學，專心著述。 － 次子學遊來訪。 － 此時的著作，有《茶山問答》一卷、《茶山諸生贈言》、《祭禮考定》、《周易心箋：周易四箋》。
1809 己巳		14		9	48	－ 春，著述《喪服商》。
1810 庚午		15		10	49	－ 長子學淵向朝廷投訴，得到解放之命；但因洪明周、李基慶的毀謗而無成。 － 此時的著作，有《詩經講義補》十二卷、《冠禮酌儀》、《嘉禮酌儀》、《尚書古訓蒐略》、《梅氏書評》、《小學珠串》。
1811 辛未		16		11	50	－ 當年著述《我邦疆域考》、《尚書知遠錄》；也寫完〈喪期別〉，完成以〈喪儀匡〉、〈喪具訂〉、〈喪服商〉、〈喪期別〉此四篇形成的《喪禮四箋》五十卷。
1812 壬申		17		12	51	－ 當年發生洪景來之亂；此時著述《民保議》、《春秋考徵》。
1813 癸酉		18		13	52	－ 完成《論語古今註》四十卷。弟子李綱會、尹峒有助。
1814 甲戌		19		14	53	－ 四月，義禁府欲解放，但因薑浚欽的上疏而被阻止。 － 李載毅（號文山，字汝弘，1772～1839）來訪茶山草堂，之後由書信往來與他討論人性問題。 － 此時著述《孟子要義》、《大學公義》、《中庸自箋》；修改《中庸講義補》；使李晴收集註解，完成《大東水經》。
1815 乙亥		20		15	54	－ 著述《心經密驗》、《小學枝言》。
1816 丙子		21		16	55	－ 六月，次兄若銓在黑山島逝世。著述〈巽菴先生墓地名〉。 － 著述《樂書孤存》。
1817 丁丑		22		17	56	－ 著述《喪儀節要》；編輯《經世遺表》（邦禮草本），但未完成。
1818 戊寅		23		18	57	－ 春，完成《牧民新書》；夏，完成《國朝典禮考》。 － 八月，由於李泰淳的上疏，結束十八年的流放。九月初，離開康津，回到故鄉。

1819 己卯		24		19	58	－ 到忠州荷潭的先塋掃墓；秋，游覽龍門山。 － 冬，朝廷欲登用茶山使他進行經田（測量土地），但因徐龍輔的反對而無成。 － 完成《欽欽新書》、《雅言覺非》。
1820 庚辰		25		20	59	－ 游覽春川清平山。
1821 辛巳	道光清 宣宗	1	純祖	21	60	－ 九月，長兄若鉉逝世。 － 著述《事大考例刪補》；完成《易學緒言》。
1822 壬午		2		22	61	－ 為了紀念花甲，寫〈自撰墓誌銘〉，分為〈壙中本〉與〈集中本〉。 － 春，與金邁淳（號臺山，1776～1840）討論經義；夏，與申綽（號石泉，1760～1828）以書信往來討論《周禮》。
1823 癸未		3		23	62	－ 為承旨候選人提名，但被取消。
1827 丁亥		7		27	66	－ 世子（以翼宗為追尊）代理聽政的初年，欲登用茶山，尹克培上疏陷害茶山，但被發現是誣告。
1830 庚寅		10		30	69	－ 朝廷肯定茶山通達醫術，任命為副護軍，使茶山治療代理聽政的世子。茶山入宮看世子，但治療之前世子就逝世了。
1833 癸巳		13		33	72	－ 洪奭周（號淵泉，1774～1842）將從燕京帶來的《十三經校勘記》，借給茶山讀。
1834 甲午		14		34	73	－ 十一月，因純祖病情危重，接到詔書急著上首爾，但進入興仁門時，聽到純祖駕崩，而歸鄉。
1836 丙申		16	憲宗	2	75	－ 二月二十二日辰時（上午 7 時至上午 9 時），在馬峴老家（與猶堂）逝世。當天是茶山與豐山洪氏結婚六十周年日。 － 四月一日，埋葬於老家後山。